企業経営の国際展開

企業経営の国際展開（'25）

©2025　原田順子・洞口治夫

装丁デザイン：牧野剛士
本文デザイン：畑中　猛

s-32

まえがき

　本書は放送大学教養学部の専門科目「企業経営の国際展開（'25）」の印刷教材（教科書）として執筆されました。本科目は，カリキュラム上重要なテーマであり，これまで執筆陣を交代しながら「国際経営論」や「国際経営」というタイトルで長期にわたり講義が続けられてきました。このたびタイトルを改め，内容を発展させました。専門科目ではありますが，初めて学ぶ人も無理なく理解できるように丁寧な説明を心がけています。

　現代において産業の発展は著しく，高度な工業技術を必要とする多くの製品が作られるようになりました。それを支える産業基礎物資は世界に遍在しているものもあります。たとえばレアアース（希土類元素）は半導体，LED，太陽光パネル等のさまざまな製品に不可欠ですが，日本は輸入に依存しています。日本は，どのような生産にも必須であるエネルギー（原油，天然ガス等）も，生きる糧（食料，飼料等）も，海外からの輸入無しでは成り立ちません。今日，企業の国際展開は一層の深まりを見せています。物的，金融的，人的に広範囲から資源が集められ，新たな物やサービスが生み出されています。

　企業の国際展開が経済活動の重要な要素であることは言うまでもありません。世界に広がった大きな市場には，発展の可能性が大きいという良い点があります。しかし一方で，国際展開しているがゆえに世界各地における経営環境の変化に影響を受けることになり，経営には難しさが伴います。

　本書では，最初に経済活動のグローバル化について基礎的な事柄を解説し，その後に，多国籍企業の参入形態，国際展開の歴史，リスク，知

識創造，技術移転，M&A，グローバル競争の学説，デジタル化の影響，新興国企業の台頭と組織能力，外国為替レートの決定理論，資本調達，企業の社会的責任等について解説します。全15章にわたる「企業経営の国際展開」に関する学習を通じて，ご自身の関心に応じた更なる知の探求への基礎づくりとなることを期待します。

　本書と同名の放送大学ラジオ授業があり，2025～2028年度に放送予定です。印刷教材と放送授業は補完的な関係にあります。両者には重複する部分もありますが，異なる部分もあります。ラジオ講義では，私たち執筆者が熱弁をふるっています。ラジオ講義には多彩なゲストに出演いただいている回もあり，国際ビジネスの理解に役立つお話をお聴きいただけます。2025～2028年度の放送期間中，各回の放送日時は，毎学期放送大学のホームページで検索することができますので，一般の方々にも聴取していただければ嬉しく存じます。なお，放送大学の学生は大学のホームページからオンデマンドでいつでも聴くことができます。

　最後に，本書とラジオ講義が完成するまでにご協力くださった皆様に御礼申し上げます。資料の提供，インタビューの収録，ゲスト出演，適宜の助言など，多くの方々にお力添えを賜りました。なかでも，編集を担当いただいた研文社の中井陽氏とラジオ講義の制作指揮をされた放送大学制作部プロデューサーの小笹浩氏に，この場を借りて深く感謝いたします。

2025年初春

原田順子
洞口治夫

目次

まえがき　　3

1 | 経済活動のグローバル化　　│ 原田順子　　9

1. はじめに　　9
2. 日本企業のグローバル化　　11
3. 経済連携協定の状況　　18

2 | 多国籍企業の参入戦略　　│ 洞口治夫　　23

1. 国際経営の基本類型　　23
2. 中間的三類型　　31
3. グローバルに展開した戦略　　34
4. 事例による理解―明治期の貿易―　　35
　 まとめ　　37

3 | グローバル化の歴史的変遷　　│ 洞口治夫　　40

1. 資本主義の第七世代　　40
2. 重商主義と産業革命　　43
3. 帝国主義と軍国主義　　48
4. 冷戦期とグローバリズム　　51
5. ディグローバリゼーション　　53
　 まとめ　　54

4 | 多国籍企業と国際展開のリスク

洞口治夫　58

1. グローバル展開のリスク　58
2. テロリズムの組織原理　60
3. テロリズムへの防御策　66
4. 政治リスクへの対応策　69

まとめ　72

5 | 多国籍企業の知識創造

洞口治夫　76

1. 人工知能の登場　76
2. 知識の基盤　78
3. 知識創造理論　82
4. 暗黙知依存の危険性　84
5. 生成 AI との対話　87

まとめ　89

6 | 技術移転のサブシステム

原田順子　93

1. 多国籍企業と産業立地　93
2. グローバル・タレント・マネジメント　100

7 | 多国籍企業と M&A

洞口治夫　107

1. M&A とグリーンフィールド・インベストメント　107
2. コーポレート・ガバナンスと M&A　110
3. 出資比率と予算　114
4. クロスボーダー M&A　118

まとめ　124

8 | 多国籍企業のグローバル競争 | 洞口治夫 127

1. 国際ビジネスの分類学　127
2. パールミュッターの進化論　131
3. 進化方向の実証的根拠　136
4. ディグローバリゼーションへの対応　140

まとめ　142

9 | デジタル化と巨大 IT 企業の出現

| 吉岡英美　145

1. デジタル市場における米国企業の競争優位　145
2. 巨大 IT 企業の弊害と課題　152

まとめ　156

10 | IT 機器産業における東アジア企業の成長

| 吉岡英美　159

1. 後発性の利益を通じた東アジア企業の成長　159
2. 後発企業への技術伝播の加速化　163

まとめ　172

11 | 東アジア企業の能力構築 | 吉岡英美　175

1. 後発企業の能力構築をみる視点　175
2. PC 受託生産企業の能力構築　176
3. 半導体企業の能力構築　181

まとめ　191

12 | 多国籍企業と外国為替レート　｜ 洞口治夫　195

1. 参入戦略と円高・円安　195
2. 為替レートの決定理論　198
まとめ　211

13 | 国際経営と資金調達　｜ 篠沢義勝　214

1. 資金調達の基礎　214
2. 海外からの資金調達：利点と難点　217
3. 外国株式市場への上場　225
4. オフショア市場と社債による資金調達　228
まとめ　231

14 | 多国籍企業の社会的責任　｜ 原田順子　234

1. 企業と倫理―社会的責任，持続可能性の視点から―　234
2. 社会的指標と経営　237
3. エシカル消費（倫理的消費）　241

15 | 組織と文化　｜ 原田順子　245

1. 日本人と国際化　245
2. 多文化と経営　248
3. 企業文化　251
4. 組織文化と社会文化　254

索引　261

1 | 経済活動のグローバル化

原田順子

《目標＆ポイント》　日本国内に住んでいても，経済活動のグローバル化を日常生活からも感じとることができる。本章では日本企業の経済活動に焦点を当てて，グローバル化の状況や歴史についてデータを示しながら学習する。また，国際的な経済活動の自由化を促進する経済連携協定を知り，わが国がどのように他の国や地域と結びついているか解説する。

《キーワード》　輸出入，産業構造，ブレトン・ウッズ体制，プラザ合意，経済連携協定

1. はじめに

　わたしたちが日常生活を送る中でグローバル化を実感する場面は沢山あるのではないだろうか。新型コロナウイルス感染症（COVID-19）は2019年12月に中国の武漢市で第一例目の感染者が確認されてから，瞬く間に全世界に広がり猛威をふるった。日本においては2020年1月に最初の感染者が確認され，5類感染症の位置づけに変わったのはようやく2023年5月のことであった。その間，マスク，医療用エプロン，医薬品等を十分輸入できず，国内に焦りが広がったことは記憶に新しい。フライドポテトにも影響が現れた。米国からの海上輸送に問題が生じ，日本のファストフード店で欠品となったことが注目を集めた。世界最適生産を標榜していた産業界においてもコロナ禍でサプライチェーン（供給網）の脆弱性が露呈された。このような経験は特定重要物資の安定供給確保という経済安全保障上の取組（経済政策）に結び付いた。

一方，国外においては，ロシアによるウクライナ侵攻が 2022 年 2 月に起きたことをきっかけに世界経済のデカップリング（分断）が進展した。米国や欧州の西側諸国陣営，中国・ロシアなどの東側陣営，そしてグローバル・サウスといわれる ASEAN・インド・中南米など中立国という区分が認識された。西側と東側は互いに財・サービス貿易に制限を課す動きをみせた。日本は 2023 年 7 月から先端半導体製造装置など 23 品目を輸出規制の対象とし，経済産業省が軍事転用の恐れがあると判断すれば輸出は許可されなくなった。EU は段階的に中国製電池の使用を減少させ，2027 年までに使用を廃止することを目指している（プラカシュ，2023）。磯野（2023）によると，企業は両陣営の経済安全保障政策や他の地政学的要素をふまえて慎重にサプライチェーンを再構築することを迫られるが，現状では特定の国からの撤退ではなく集中度の変更が行われる傾向にある。たとえば中国の生産拠点は残しつつ，他国に工場を新設するなどチャイナ・プラス・ワンといわれる行動が進展している。

　また，農林水産省（2022）は日本の食料確保について次のように警鐘を鳴らした。新型コロナウイルス感染拡大等の「いざという時」には，

表 1−1　主な農産物・食品の輸出規制に関する動き（2022 年 9 月時点）

ロシア	・小麦，大麦，とうもろこし：変動的輸出税（21 年 6/2 〜）
アルゼンチン	・小麦，大豆，とうもろこし，牛肉等：輸出税（19 年 12/14 〜） ・牛肉：一部輸出停止（21 年 6/23 〜 23 年 12/31） ・小麦，とうもろこし：輸出上限数量設定（21 年 12/17 〜）
インド	・小麦：輸出禁止（22 年 5/13 〜） （輸入国が食料安全保障上必要とする場合を除く） ・コメ：砕米の輸出禁止，精米等への輸出税導入（22 年 9/9 〜）

（出典）農林水産省（2022）『知ってる？日本の食料事情 2022 〜食料自給率・食料自給力と安全保障〜』p. 18 より 3 か国抽出。

食料輸出国も自国内の供給を優先させた。表1−1のように，ロシア，アルゼンチン，インド，ウクライナ，ベトナム，ミャンマー，インドネシア等では小麦，ライ麦，米，パーム油等の農産物・食品の輸出規制が実施された。

以上のように非常事態に際しては貿易の安定性が必ずしも維持されるわけではない。しかし歴史をふりかえれば，こうした不安定性は周知のことである。ただ，それを補って余りあるほどグローバル化の果実は魅力的であり，各国は相互依存を深めてきた。世界は経済的な結びつきを強め，日本は国際的な経済活動で中心的な役割を果たしてきた。

2. 日本企業のグローバル化

本節では，経済活動のグローバル展開が進展した背景について考える。まず外国市場への参入形態について，洞口（2019）の整理にしたがって紹介する。基本となるのは，①輸出・輸入，②対外直接投資（外国に企業を設立・登記し，親会社が株式を保有して永続的に経営に関わること），③ライセンシング（技術，ブランド，ノウハウ，フランチャイズ契約，著作権の許諾等を有償で行うこと）である。さらに，これらに分類しきれない中間的形態として，④国際合弁事業（対外直接投資とライセンシングの中間形態），⑤プラント輸出（輸出と対外直接投資の中間形態），⑥OEM（他社ブランドによる生産。Original Equipment Manufacturing。輸出とライセンシングの中間形態）があげられる。企業活動はこれらの類型を一つに絞る必要はなく，同時に複数実行することができる。したがって，1社のなかで輸出・輸入と対外直接投資やライセンシングが行われることもある。なお，海外展開をする場合，企業は自らの事業ドメイン（主軸），事業方針に応じて，最適な方法を選択する。そのため，上記の類型を一定の法則性にしたがって移行するとい

図1-1 輸出入総額の推移
(出典) 財務省 (2024)『貿易統計：年別輸出入総額 (確定値)』。

うわけではない。

　図1-1はわが国の輸出入総額の推移を示しているが，1950年以降，初めて輸出が輸入を上回ったのは1965年のことだった。翌1966年も輸出超過で貿易黒字だったが続かなかった。その後は1969-1972年，1976-1978年が貿易黒字を示している。そして1981年から2010年まで連続30年間，輸出が輸入を大幅に上回る貿易黒字の時代が到来した。1980年代には日米貿易摩擦が起きた。加工貿易（原材料を輸入し，製品を輸出する）を中心とした貿易立国という自己イメージはこの時代に作られたと考えられる。

　およそ過去60年の産業構造（国内総生産の産業部分の構成）の変化を表したのが図1-2である。この期間，第1次産業（農林水産業）の割合は少なく，かつ低下傾向が示されている。第2次産業（鉱業，製造業，建設業）は4割を超えていた時期が続いた後に徐々に低下し，3割

弱へと減少した。代わって第3次産業（上記産業以外。サービス業等）が堅実に増加し，2000年以降は7割を占める中心産業になっている。1960年時点で日本はすでに農業国ではなく，第2次産業，とりわけ製造業が著しく成長していた。一般的に工業化が進展したあとにはサービス産業の隆盛を迎えるが，わが国も同様の道筋をたどったようである。

その後，1985年のプラザ合意による劇的で人為的な円高が製造拠点の海外移転を促したことは特筆に値するであろう。以下，プラザ合意までの歴史的背景を解説する。

第二次世界大戦の終結間際の1944年，連合国の代表が米国，ニューハンプシャー州のブレトン・ウッズで戦後の国際金融体制について協議を行った（連合国通貨金融会議）。各国は戦争によって経済力を落としており，戦後の復興への取組は大きな課題であった。金本位制度とは金を通貨の価値基準とするもので，19世紀前半に英国で開始され，日本は1897年に金本位制を採用した。その後，第一次世界大戦，世界大恐慌などの事情により，主要国は金本位制度を離脱し，さらに第二次世界

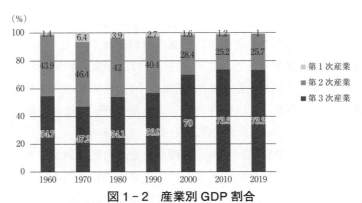

図1-2 産業別GDP割合

注：第1次産業は農林水産業，第2次産業は鉱業・製造業・建設業，第3次産業はその他である。数値は暦年。
　　　　　（出典）内閣府『国民経済計算』各年版より筆者作成。

大戦が勃発したのだった。そして戦争末期，ブレトン・ウッズにおける協議の結果，戦争による経済力の毀損が最小だった米国のドルのみ金と交換比率（1オンス＝35 USドル）を固定し，他国はドルを決済手段とすることで間接的に金にリンクするという体制が考案された。これがブレトン・ウッズ体制と称される戦後の国際金融体制である。同時に，国際通貨基金と国際復興開発銀行の設立が決められ，通貨と貿易体制の整備が図られた。ドルとの交換比率は日々刻々と変動するのではなく，1ドル360円というように固定的であった。この制度が成立するためには，米国のドルと金のバランスが維持される必要があった。ところが米国にもベトナム戦争などの事情があり，金の保有量以上に通貨を発行し続けた結果，制度は持ちこたえられなくなった。1971年に米国大統領ニクソンが金とドルの兌換停止を宣言し，ブレトン・ウッズ体制は終焉した。直ちに別の国際金融制度に移行するのではなく，しばらくの間，ドルとリンクしていた通貨は固定相場制を維持した。ドルの価値は下がり，たとえば円は1ドル360円から308円へと変わった。これ（金兌換が停止したドルと固定相場で結ぶ）をスミソニアン体制というが，暫定的なものであり，1973年に世界の主要通貨は変動相場制に移行した（主要通貨以外は，米ドルや，主要通貨を組み合わせたバスケット方式に対して為替相場を固定する「ペッグ制」をとった）。変動相場制度は，理論的には経済のファンダメンタルズ(基礎的条件)と市場の需給関係によって為替レートが決まると説明された。人為的な介入のない綺麗（クリーン）な市場原理によって均衡点に流れ着く（クリーン・フロート）ことが理想とされた。中央銀行や通貨管理局などが自国経済を守るために通貨の乱高下を嫌うのは自然であるが，中央銀行等による国際為替市場への介入はダーティー・フロートという非難をこめた言葉で表現されていた。したがって，1985年9月，米国ニューヨークのプラザ・ホテルに

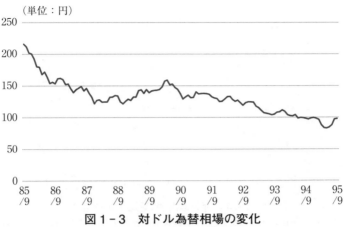

図 1-3　対ドル為替相場の変化
注：東京市場，ドル・円スポット 17 時時点／月末
　　（出典）日本銀行『主要時系列統計データ表』2024 年 5 月 1 日更新。

おいて，主要 5 カ国（日，米，英，西独，仏）の蔵相（米国は財務長官）と中央銀行総裁が，通貨当局の一斉介入によるドル安誘導を実行したことは国際金融市場に大きなインパクトを与えた。米国が双子の赤字（貿易赤字と財政赤字）に苦しんでおり，東西冷戦のなかで西側諸国は米国を助けるために，貿易赤字対策のドル安誘導を決定したと説明されている。これを契機に円高が劇的に進行した（図 1-3）。1985 年 8 月末には 1 ドル 237 円だったが，プラザ合意がなされた 9 月末に 216 円へ急騰し，95 年 9 月には 98 円となった。つまり 1985 年 8 月と比較して 10 年間で円の対ドル価値は劇的に上昇したのである。

　日本の輸出企業は急激な円高の対応を図り，1990 年代には製造業の海外生産移転，経済の空洞化が進展した。図 1-4 に示されるように海外現地生産比率は高まっていった。その後，(1) 国内市場の縮小と新興国市場の拡大，(2) 新興国の技術水準の上昇などがあり，海外進出の背

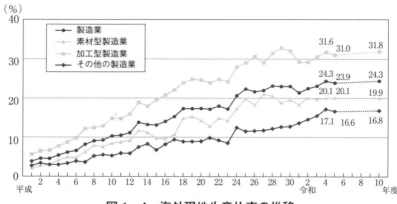

図 1-4　海外現地生産比率の推移

注1：海外現地生産比率＝海外現地生産による生産高／（国内生産による生産高＋海外現地生産による生産高）
注2：令和5年度は実績見込み，10年度は見通し。
注3：海外現地生産比率を0％と回答した企業を含めた単純平均。
（出典）内閣府（2024）『令和5年度 企業行動に関するアンケート調査結果（概要）』

景は「国内生産代替型」から「現地市場獲得型」へと変容した（内閣府，2013）。

　日本企業は主にアジア内で工程間分業，適地生産，適地調達を進め，2021年度末における現地法人数は約2万5千社（製造業43％，非製造業57％）である（経済産業省，2023a）。その地域別分布比率は，アジア67.7％（中国28.8％，ASEAN10＝29.4％，その他アジア9.6％），北米12.6％，欧州11.1％，その他8.6％となっている。現地法人従業者数は，アジア378万人，北米84万人，欧州64万人，その他43万人である。最多地域であるアジアにおける従業者数は，ASEAN10＝206万人，中国126万人，その他アジア46万人で構成されている。産業別に現地法人従業者数をみると，製造業420万人（74％），非製造業150

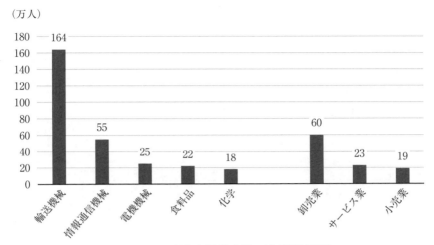

図 1-5 現地法人従業者数（主要業種別）
（出典）経済産業省（2023a）『第 52 回海外事業活動基本調査の概要：2021 年度（令和 3 年度）実績 2022 年（令和 4 年）7 月 1 日調査』。

万人（26％）である。先述のように現地法人数では非製造業が製造業を上回っているが，製造業の雇用吸収力が相対的に大きいため従業者数では逆転している。最後に，現地法人従業者数を主要業種別にみると，輸送機械が最多で，それに卸売業と情報通信機械が続く（図 1-5）。

次に，経常収支に注目したいと思う。経常収支とは以下の 3 つの項目の合計である。すなわち，(1) 貿易（実物取引）・サービス（輸送・旅行・金融・知的財産権等使用料）収支，(2) 第 1 次所得収支（対外金融債権・債務から生じる利子・配当金），(3) 第 2 次所得収支（官民の無償資金協力，寄付，贈与の受払等）である。図 1-6 に示されるように，貿易収支赤字にも関わらず経常収支がほぼ黒字で推移するのは，プラスの第一次所得収支に負うところが大きい。第一次所得収支は，主に直接投資

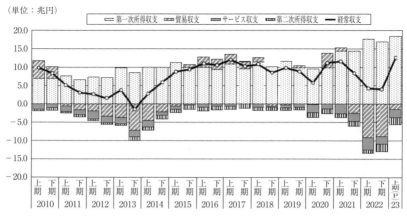

図1-6 経常収支の推移（単位：兆円）

注：(P) は速報値
（出典）財務省 (2023)『令和5年度上期中 国際収支状況（速報の概要）』

収益（親会社と子会社間の配当金・利子等），証券投資収益（株式配当金，債券利子の受取・支払），その他投資収益（貸付・借入，預金利子等）から成る。日本経済は国内で生産して輸出によって稼ぐという構造から，海外直接投資，間接投資等から利益をあげる構造に変化してきたと言えよう。

3. 経済連携協定の状況

国際的な経済活動の自由化について，FTA（Free Trade Agreement：自由貿易協定）と EPA（Economic partnership Agreement：経済連携協定）の締結が進展している。前者は特定の国や地域の間で関税を削減・撤廃して自由貿易を行う取り決めであり，後者はモノ（貿易）に加えてヒト・カネ（投資）の自由化など幅広い分野

にかかわる取り決めである。輸出企業以外の企業（外国に投資財産を有する企業，サービスを提供する企業）にとっては，次のような利点がある（経済産業省，2023b，p. 252）。

・投資財産の保護
・海外事業で得た利益を我が国へ送金することの自由の確保
・現地労働者の雇用等を企業へ要求することの制限・禁止
・民間企業同士で交わされる技術移転契約の金額及び有効期間への政府の介入の禁止等

　2023年3月時点で日本は50カ国との間で21の連携協定を署名・発効済で，国際的な経済活動の枠組みが整えられている（経済産業省，2023b）。発効済・署名済EPA/FTA等の相手国との貿易が，日本の貿易総額に占める割合は78.8％にのぼる（2024年1月時点。外務省2024）。

　世界の主要な経済連携を挙げると，ASEAN（東南アジア諸国連合，1967年発足），アジア太平洋経済協力会議（APEC，1989年発足），ヨーロッパ連合（EU，1993年発足），南米南部共同市場（MERSCOUR，1995年発足），環太平洋経済連携協定（TPP，2016年調印），包括的及び先進的な環太平洋パートナーシップ協定（CPTPP，2018年発効），米国・メキシコ・カナダ協定（USMCA，2020年発効），アフリカ連合（AU，2002年発足），アフリカ大陸自由貿易圏（AfCFTA，2021年運用開始），地域的な包括的経済連携協定（RCEP，2022年発効），インド太平洋経済枠組み（IPEF，2023～2024年に4つの協定の実質妥結と発効）等がある。さらに，以上のような包括的なEPAの他に，デジタル経済やグリーン経済といった分野別の協定を締結する動きもみられる（経済産業省，2023b）。

　わが国はアジア太平洋経済協力会議（APEC），環太平洋経済連携協

20

我が国の発効・署名済ＥＰＡ等（50カ国）

2002年11月	日シンガポールＥＰＡ発効

●日本初の FTA

●アセアン諸国に対し、日本とのＥＰＡ締結への関心を喚起

> 2003年12月　タイ、フィリピン、マレーシアとの間でＥＰＡ交渉開始に合意

2005年4月	日メキシコＥＰＡ発効
2006年7月	日マレーシアＥＰＡ発効
2007年9月	日チリＥＰＡ発効
2007年11月	日タイＥＰＡ発効
2008年7月	日インドネシアＥＰＡ発効
2008年7月	日ブルネイＥＰＡ発効

2008年12月	日アセアンＥＰＡ発効

●初の広域ＥＰＡ
・二国間ＥＰＡを締結していなかったカンボジア、ラオス、ミャンマーをカバー
・日本とアセアン域内にまたがるサプライチェーンで、ＥＰＡが利用可能に
　（原産地規則の累積規定）

●二国間ＥＰＡとは別個の協定
・企業は、日アセアンＥＰＡと既存のアセアン諸国との二国間ＥＰＡを
　比較して、関税率や利用条件が、より有利な協定を選択して利用可能

2008年12月	日フィリピンＥＰＡ発効
2009年9月	日スイスＥＰＡ発効
2009年10月	日ベトナムＥＰＡ発効
2011年8月	日インドＥＰＡ発効
2012年3月	日ペルーＥＰＡ発効
2015年1月	日豪ＥＰＡ発効
2016年2月	ＴＰＰ12署名
2016年6月	日モンゴルＥＰＡ発効

2018年12月	CPTPP発効(6カ国)
2019年2月	日ＥＵ・ＥＰＡ発効

●メガFTAを主導
・米国のTPP協定脱退後、11カ国でのCPTPP締結を主導。日ＥＵ/ＥＰＡ締結。
・アジアでは、RCEP協定発効。

2020年1月	日米貿易協定発効
2020年8月	AJCEP協定改訂（サービス・投資）
2021年1月	日英ＥＰＡ発効
2022年1月	RCEP発効

図 1-7　日本の EPA 交渉の歴史
（出典）経済産業省（2023b）『令和 5 年版 通商白書』p. 254。

定（TPP12），地域的な包括的経済連携協定（RCEP），インド太平洋経済枠組み（IPEF）等に参加している。RCEP には日本，中国，韓国，豪州，ニュージーランド，ASEAN10 か国が参加しており，わが国の貿易総額の約 5 割を占める（外務省，2024）。

　本章では経済活動のグローバル化について基礎的な事柄を学習した。次章以降では，多国籍企業の参入戦略，グローバル化の歴史，リスク，知識創造技術移転，M&A，グローバル競争の学説，デジタル化の影響，東アジア企業の台頭や組織能力，金融面（外国為替レートの決定理論，資金調達），社会的責任，組織と文化等について解説し，国際経営の理解を図る。

《**学習課題**》

1. あなたが最も気になる時代を10年間とりあげ，主にどのような国と地域に日本企業が進出したか政府統計などを利用して調べてみましょう。
2. 経済連携協定であるAPEC，CPTPP，RCEP，IPEFの参加国を地図上に書き込み，日本の立ち位置を確認しましょう。

参考文献

・磯野生茂（2024）「経済グロックの行方（中）中立国に『漁夫の利』顕著」『日本経済新聞』，2023年4月28日朝刊，p. 35。
・外務省（2024）『我が国の経済連携協定等（EPA/FTA）の取組』＜https://www.mofa.go.jp/mofaj/files/000490260.pdf＞（2024年4月30日最終閲覧）。
・経済産業省（2023a）『第52回海外事業活動基本調査の概要：2021年度（令和3年度）実績 2022年（令和4年）7月1日調査』＜https://www.meti.go.jp/statistics/tyo/kaigaizi/index.html＞（2024年4月30日最終閲覧）。
・経済産業省（2023b）『令和5年版 通商白書』＜https://www.meti.go.jp/report/tsuhaku2023/pdf/zentai.pdf＞（2024年4月30日最終閲覧）。
・財務省（2023）『令和5年度上期中 国際収支状況（速報の概要）』＜https://www.mof.go.jp/policy/international_policy/reference/balance_of_payments/preliminary/pg2023hfy.htm＞（2024年4月30日最終閲覧）。
・財務省（2024）『財務省貿易統計 年別輸出入総額（確定値）』＜https://www.customs.go.jp/toukei/suii/html/nenbet.htm＞（2024年4月30日最終閲覧）。
・内閣府（2013）『平成25年度年次経済財政報告』〈https://www.cao.go.jp/j-j/wp/wp-je13/index_pdf.html〉（2024年6月5日最終閲覧）/index_pdf.html
・内閣府（2024）『令和5年度 企業行動に関するアンケート調査結果（概要）』＜https://www.esri.cao.go.jp/jp/stat/ank/r5ank/r5ank_houdou.pdf＞（2024年4月30日最終閲覧）。

・日本銀行『主要時系列統計データ表』2024 年 5 月 1 日更新＜https://www.stat-search.boj.or.jp/ssi/mtshtml/fm08_m_1.html＞（2024 年 5 月 1 日最終閲覧）。
・農林水産省（2022）『知ってる？日本の食料事情 2022 ～食料自給率・食料自給力と安全保障～』＜https://www.maff.go.jp/j/zyukyu/zikyu_ritu/attach/pdf/panfu1-12.pdf＞（2024 年 4 月 30 日最終閲覧）。
・プラカシュ・アビシュール（2023）「中国巡り分断される世界：新たな国国の集団形成へ」『日本経済新聞』，2023 年 4 月 28 日朝刊，p. 10。
・洞口治夫（2019）「多国籍企業の参入形態」，原田順子・洞口治夫『新訂 国際経営』第 2 章，放送大学教育振興会。

2 | 多国籍企業の参入戦略

洞口治夫

《目標＆ポイント》 グローバル展開を続けてきた多国籍企業は，さまざまな国でビジネスを行っている。企業が市場で活動することを参入といい，参入戦略とはビジネスのやり方を選択することを指している。本章では，国際ビジネスの方法を分類し，説明する。外国市場への参入形態が異なれば，経済環境の変化がビジネスに与える影響も異なることを解説する。

《キーワード》 参入，退出，輸出・輸入，貿易，対外直接投資，対内直接投資，ライセンシング，OEM，プラント輸出，国際合弁事業，戦略的提携，キャピタル・ゲイン，インカム・ゲイン

1. 国際経営の基本類型

（1） お寿司の国際性

　株式市場に上場する企業にはさまざまな義務がある。日本では，金融商品取引法に基づき，有価証券報告書を毎年1回証券取引所に提出することが義務付けられている。有価証券報告書には，企業の財務状況や経営状況，業績などの情報が記載され，投資家や株主が企業の評価や投資判断をするための情報源として利用される。具体的には，貸借対照表や損益計算書，キャッシュフロー計算書などの財務諸表，事業報告書，経営者の経営方針，社会的責任の報告書などが含まれる。さらに，上場企業は年次有価証券報告書の他に，中間報告書も提出する。財務諸表や監査結果は，株式会社法や金融商品取引法などの法令に基づき作成・提出される。また，有価証券報告書に記載される事業報告や社会的責任に

関する報告は，企業の自主的な取り組みに基づき作成される場合がある。

　金融庁には，企業が提出した有価証券報告書などの書類をデータベース化した EDINET（電子開示システム）というシステムがある。EDINET には，企業が提出した有価証券報告書などの情報が収録されており，一般の利用者が閲覧できる。

　一例として，日本の大手水産会社である株式会社極洋が 2023 年 3 月期に公表した有価証券報告書を見ると，さまざまなデータを確認することができる。2022 年 4 月から 2023 年 3 月までの一年間の連結売上高は約 2,721 億円，連結での売上原価は約 2,411 億円，連結売上総利益は約 310 億円であった。

　有価証券報告書に記載された極洋の「沿革」欄を見ると，1996 年 1 月「水産物の買付販売を目的に Kyokuyo America Corporation （現：連結子会社）を設立」，2005 年 5 月「タイに冷凍食品の製造及び販売を目的に合弁会社 K&U Enterprise Co., Ltd.（現：連結子会社）を設立」，同年 10 月「中国に水産物等の買付販売を目的に青島極洋貿易有限公司（現：連結子会社）を設立」，2006 年 8 月「オランダに冷凍食品の買付販売を目的に Kyokuyo Europe B. V.（現：連結子会社）を設立」，2014 年 4 月「ASEAN 市場に向け日本食材の販売を行うことなどを目的に Kyokuyo（Thailand）Co., Ltd.（現：連結子会社）を設立」，2019 年 4 月「タイに冷凍食品の製造及び販売を目的に Kyokuyo Global Seafoods Co., Ltd.（現：連結子会社）を設立」，2022 年 7 月「ベトナムに食品の製造等を目的に Kyokuyo Vina Foods Co., Ltd.（現：連結子会社）を設立」といった歴史が記録されている。

　有価証券報告書に記載された極洋の「関係会社の状況」欄をみると，Kyokuyo America Corporation の住所がアメリカ，ワシントン州シアトルであり，極洋の出資比率 100 パーセントであることがわかる。また，

K&U Enterprise Co., Ltd. の住所はタイのサムット・サコーン（Samut Sakhon）であり，極洋の出資比率は 50 パーセントであることがわかる。同名の住所には，2019 年 4 月に設立された Kyokuyo Global Seafoods Co., Ltd. が立地していることも記載されている。

　有価証券報告書に記載された極洋の「特定投資株式」欄には，極洋が投資をして株式を保有した会社と，その投資目的が記載されている。投資目的としては「取引先として友好的な事業関係の形成」と記載された投資先が多い。そのなかには，元気寿司㈱，㈱ FOOD & LIFE COMPANIES（ブランド名・スシロー）のような回転寿司チェーン店，築地魚市場㈱，中央魚類㈱，㈱大水といった魚の卸売り会社，イオン㈱といったスーパーの大手チェーン店などがある。

　我々が回転寿司で寿司を食べ，スーパーで生の魚を購入するときにも，国際的な経営を行う企業の活動がその食を支えている。魚を輸入するためには，良い魚を見分ける眼が必要である。英語によって魚の買い付けに関する契約書を作成する必要もある。ロジスティックス企業と呼ばれる物流を担う企業とともに，日本への輸入に必要な税関書類を整える必要もある。アメリカのシアトルから日本の港湾に運搬するまでの間，荷物に損害保険をかける必要もある。代金を支払うときには外貨支払いのために外国為替の知識を持つ必要があり，外国の銀行に口座を持つ必要もある。こうした知識と外国語での専門用語などを体系的に教えるために商学部が設立されてきた。一橋大学，慶應義塾大学，早稲田大学などにも商学部が設置され，日本の貿易を支えてきた。日本では大手貿易会社を総合商社と呼ぶが，その「商」とは商人による商いという意味だけでなく，広く国際貿易を指している。

（2）国際経営戦略の体系性

　経営学は，企業活動にともなう諸問題を解決するための科学的なアプローチの総称である。工場生産の管理を主たる研究領域として発達してきた点が商学と比較した場合の特徴であり，日本では神戸大学，明治大学，法政大学などに経営学部が設立されてきた。医学に内科と外科という分類があるように，経営学にも体系性があり，大別して，戦略論，組織論，管理論という大きな研究領域がある。戦略論とは，企業が何をするべきか，に関わる諸問題を研究する学問である。組織論では，企業を構成するメンバー相互の関係性や権限のあり方を研究する。管理論は，生産，販売，財務，情報，人事，知識といった仕事領域の対象ごとに分かれている。企業が国境を越えて経営されるときには，国際経営の実務が研究課題となる。

　本章では，国際経営戦略について概説する。国際経営戦略とは，経営戦略において国際化の果たす役割というほどの意味である。学問分野としての経営戦略論では，起業，新規事業開発，多角化，国際化，コーポレート・ガバナンスといったテーマが探究されるが，本章はそのなかの国際化に関する戦略を扱う，という意味でもある。

　経済学の用語では，企業がある市場で活動することを参入（entry）という。多国籍企業とは自国の市場だけでなく外国の市場にも参入する企業のことである。参入の対義語は退出（exit）であり，企業が市場での活動をやめることを意味している。外国市場への参入には，さまざまな方式があり，多国籍企業のなかには複数の参入方法を同時に採用している場合もある。

　以下では7つの国際経営戦略を概説する。第一の類型群は①輸出・輸入，②直接投資，③ライセンシングの基本三類型である。第二の類型群はそれらの中間に位置する④OEM（相手先ブランドによる生産，

Original Equipment Manufacturing），⑤プラント輸出，⑥国際合弁事業である。第三の類型群としては，3社以上の企業による⑦戦略的提携がある。このように参入戦略を7つに分類しておくことで，多様な国際経営戦略を整理して理解することができる。

（3）基本三類型
①輸出と輸入

　輸出（export）と輸入（import）は，総称して貿易（trade）と呼ばれる。外国市場に対する製品の販売は輸出，また，外国市場から製品を購入することは輸入である。輸出とは，一国の財を他の国で販売することであり，国境を越えた商業的取引である。輸入は，他国の財を買い付けて，自国で販売することである。貿易はモノの移動を中心としている。したがって，製品だけでなく農水産物，原材料の取引を含む。つまり，第一次産業，第二次産業における財の移動が中心である。人類が，モノとモノ，モノと貨幣との交換（trade）を開始し，そして国家の領土を画定したときから存在したのが国際貿易（international trade）という取引形態である。その歴史は古い。

　サービス産業については，サービス貿易という言い方がある。これは，私たちが海外旅行をしたときに，カード会社を利用して海外で支払いをするとき，カード会社が取り扱い手数料を得るサービス手数料などが該当する。そのほかにも，海外旅行の航空運賃，物流を行うロジスティックス企業が外国に荷物を運搬するときに荷受代金を得る場合などが，サービス貿易に該当する。

　貿易については，経済学の分野において，貿易論，国際経済論といった研究領域があり，アダム・スミスやデビッド・リカードなどの古典派経済学者によっても議論されてきた。その後，国際経済論の分野では，

数学的に抽象化された水準でのモデル分析と統計データに基づいた推計などが行われており，経済政策に影響を与え続けている。たとえば，TPP（Trans-Pacific Partnership，環太平洋戦略的経済連携協定）が結ばれて関税が下げられたときに，どれだけの農産品輸入の増加が見込まれるのか，といった問題を議論するときに経済学的なアプローチが採用される。

②対外直接投資

　対外直接投資（FDI，Foreign Direct Investment）とは，外国で運営される企業への永続的な経営への関与を目的として，その株式を保有することを意味する。対外直接投資は，海外直接投資とも，単に直接投資とも呼ばれる。IMF（国際通貨基金，International Monetary Fund）が発行する国際収支マニュアル（Balance of Payments Manual）においては，世界各国の政府が直接投資統計を作成するときに10パーセント以上の出資比率になっているときに直接投資と認定されるべきとの指針を示している。出資比率100パーセントの直接投資を完全所有という。

　自国企業が対外直接投資を行っているとき，その投資先となる外国企業を在外子会社と呼ぶ。直接投資が輸出を代替しうるという意味では「現地生産」とも表現される。外国で販路を拡大するための販売代理店は「輸出拠点」とも言われる。「海外子会社」という呼び方で製造子会社，販売代理店など，法人格を有している対外直接投資を指す場合も多い。総合商社が外国に「支店」を置くことも直接投資である。その商社が外国支店からの輸入を行うとき，それを企業内貿易と呼ぶ場合がある。自国が外国企業から直接投資を受け入れることを対内直接投資と呼ぶ。

　対外直接投資の対義語としては，対外間接投資ないし対外証券投資（foreign portfolio investment）がある。これは，外国企業の株式を保有するときに，経営への関与を目的とせず，資産としての株式の売却益

を獲得しようとする場合を指す。対外証券投資では，株式を購入して一定期間保有したのちに売却して売却益を得るか，あるいは，保有期間中に配当を手にすることが目的である。

ここで，企業財務の基本的な用語としてキャピタル・ゲインとインカム・ゲインの違いを理解しておくことは重要である。株式の売却益のような資産の売買差益をキャピタル・ゲインという。キャピタル・ゲインを手に入れるための資産は，土地，建物，証券，絵画，プロ野球選手のサインボールなど，資産としての価値を認める人が存在すればよい。対外証券投資によって外国企業の証券を保有して，その証券価格が高くなったときに売却すれば，キャピタル・ゲインを得ることができる。売買差額がマイナスになった場合には売買差損ないしキャピタル・ロスという。

株式の配当のように，資産からもたらされる収入のフローのことをインカム・ゲインという。土地であれば地代，建物であれば賃貸料，証券であれば配当，銀行預金であれば預け入れの利子がインカム・ゲインの例である。インカム・ゲインを得ることが期待できない資産もある。その代表例は金である。金は資産としての価値を高めることは期待できるが，それを持っていても利子はつかず，インカム・ゲインをもたらすことはない。絵画やプロ野球選手のサインボールなども，すべてがインカム・ゲインをもたらすわけではない。それらを展示館に陳列したときに鑑賞料金を支払おうとする人が存在すればインカム・ゲインを生み出すことになる。絵画をもっているだけではインカム・ゲインが生まれないのは，土地をもっているだけで地代を得ることができないのと同様である。たとえば，土地を駐車場として整備し，利用する客をさがすという作業がなければ地代というインカム・ゲインを得ることはできない。

対外証券投資とは出資比率にかかわらず株式を保有していることを指

し，外国企業の経営に永続的に参加しようとしているとも限らない。対外証券投資ではキャピタル・ゲインの獲得が重要な目標となる。ただし，対外直接投資でも，対外証券投資でも，外国企業の株式を保有しており，その企業が利益を上げて配当を出していれば，配当を手にすることはできる。

③ライセンシング

　ライセンシング（licensing）とは，技術，ブランド，ノウハウ，特許，著作権などを有償で供与する対価として，ロイヤルティ（royalty）を受け取る活動を言う。こうした活動は，一般的には「技術供与」あるいは「ライセンシング契約」などとも呼ばれる。技術やブランドなどを供与する側となるライセンシング契約の主体をライセンサー（licenser），ライセンシング料（licensing fee）を支払う側をライセンシー（licensee）という。RとLの区別がつかない日本人の英語発音に関連して注意が必要なのはroyaltyとloyaltyという2つの英単語が存在しており，別の意味を持つことである。前者のroyaltyは知的財産を有償で貸与した対価を意味しているが，後者のloyaltyは君主や祖国に対する忠誠を意味する単語であり，両者の意味は異なる。

　ライセンシング契約に基づく業態としては，フランチャイズ・ビジネスと呼ばれる形態があり，ヒルトン・ホテルのような大規模ホテルチェーンの設立と運営，マクドナルドのような外食産業，セブンイレブンのような小売業での多店舗展開を可能にした経営手法である。こうした業態における「技術」には，フランチャイズ契約による店舗展開のノウハウや，店舗の看板に利用されるブランドの使用料も含まれる。また，楽曲，マンガ，アニメ，ゆるキャラなどの著作権の許諾などもライセンシングに含まれる。

　ライセンシングが直接投資と異なるのは，ライセンシング契約を結ん

でライセンシーとなる海外の企業に対して，本国の企業からの投資が行われないことである。純粋な形態としては，ライセンシングでは出資比率はゼロパーセントであり，直接投資では100パーセントの出資である。すなわち，純粋なライセンシングの場合，財務会計上の自己資本に該当する株式への出資が行われていないことが最大の違いである。

東京ディズニーランドは，純粋なライセンシング契約の典型的な事例である。千葉県浦安市に立地する東京ディズニーランドを運営する会社は㈱オリエンタルランドであり，オリエンタルランドに対してアメリカのディズニーランド本社からの出資は行われていない。フランスには，ユーロディズニーがあるが，こちらにはアメリカのディズニーランド本社からの出資が行われている。この場合には，ラインセンシング契約と直接投資が同時に行われていることになる。

2.　中間的三類型

出資比率・可動性・ブランド

上記の基本的な三類型の中間的な参入形態がある。それは，④国際合弁事業，⑤プラント輸出，⑥OEM（相手先ブランドによる生産，Original Equipment Manufacturing）である。中間的という意味は，それぞれの国際経営戦略が出資比率，製品の可動性，ブランドという視点から見たときに中間的な形態であると考えられるからである。それぞれの意味を以下で説明しよう。

④国際合弁事業

国際合弁事業とは，新規事業を立ち上げるときに，2社以上の企業が出資することによって外国に企業を設立することを意味する。合弁事業は，国内においても多くみられる。これは，ライセンシング契約が国内の企業間で結ばれることも多いことと同様である。国際経営戦略として

の合弁事業（JV, Joint Venture）は，出資比率ゼロパーセントのライセンシング契約と完全所有の海外直接投資の中間的形態である。ライセンシング契約のみが交わされている場合には，多国籍企業の本社からの出資を必要としていない。出資比率はゼロパーセントである。完全所有の直接投資であれば，出資比率は 100 パーセントである。合弁事業は，出資比率がゼロパーセントでもなく，100 パーセントでもない，という意味で中間的である。

　国際的なライセンシング契約と直接投資との間に出資比率という軸をおくと，国際合弁事業とは，複数の企業が出資を行うことによって単一の企業経営に関与することを指していることがわかる。ライセンシング契約を結ぶ企業間の関係を密にするために，数パーセントから数十パーセント程度の資本を出資する試みは多く，そのことは結果的に合弁事業を成立させていることになる。

　M&A（mergers and acquisitions）とは合併・買収の略称であり，既存企業の株式を，別の企業が取得する活動を意味する。M&A の結果として，完全所有の子会社となるか，合弁事業となるかは，出資比率に依存する。出資比率が重要なのは，企業の一年間の活動報告と決算報告を行う株主総会において，経営方針の承認が，株主によって行われるからである。M&A については，本書第 7 章において改めて解説する。

⑤プラント輸出

　プラント輸出（plant export）は，海外直接投資と輸出との中間的形態である。輸出・輸入と直接投資との間に，輸出される製品の可動性という軸をおいてみると，そこにはプラント輸出と呼ばれる輸出の形態が位置づけられる。ここで「輸出」される製品は，移動可能な財ではなく，石油精製，化学などの工場（プラント，plant）である。当然のことながら，巨大な工場を移送することはできず，要請された場所に工場を建

設することになる。プラント輸出と同様の活動に対して，BOT，すなわち，Build（建設），Operation（運営），Transfer（引き渡し）という呼称やターン・キー契約（turnkey agreement）という呼称もある。ターン・キー契約とは，工場設備を起動する鍵を回すだけで機械設備全体が動く状態にして工場を引き渡す契約というほどの意味である。

　直接投資は，企業を海外に設立して経営する活動である。製造業であれば，工場が設立される。設立された工場は，永続的な企業活動の中心として，投資主体である多国籍企業によって運営される。プラント輸出の場合，工場は設立されるが，それは工場設備の発注者に販売されるのであって，プラント輸出をした業者が企業経営に携わるわけではない。ただし，工場の操業方法を現地企業に教えることまでを契約内容に含めてプラントを販売する場合もある。プラント輸出の典型例としては，日本のエンジニアリング企業が，中近東やアフリカで石油化学プラントを建設して販売する事例がある。

⑥ OEM

　輸出・輸入とライセンシングとの間に，ブランドの認知度という軸をおくと，OEM（Original Equipment Manufacturing，相手先ブランドによる生産）という戦略があることがわかる。OEM は，輸出とライセンシング契約の中間的形態であるとみなされる。すなわち，OEM とは，自社ブランドではなく，製品販売を担当する企業のブランドをつけた製品の製造を他社に委託することである。

　OEM とは，たとえば，日本のアパレル・メーカーが中国メーカーと契約し，中国メーカーが日本企業のブランド名をつけた製品を製造して日本のアパレル・メーカーに納めることをいう。従って，自社ブランド製品を販売する日本のアパレル・メーカーからすれば，自社の製品に満たされるべき品質・性能を維持するために，OEM によって供給を行う

中国企業に技術指導や工場の監督指導を行うことになる。なお，OEM
は，国内企業間でも行われるのであり，その場合には，必ずしも国際的
な広がりを持つとは言えない。

　以上，6つの基本類型は，排他的なものではない。つまり，直接投資
を行いながらライセンシング契約をして，同時にOEMによる輸入をす
るということもある。

3.　グローバルに展開した戦略

（1）第7の分類

　以上の6類型のほかに，3社以上の企業による「戦略的提携（strategic
alliances)」がある。国内のビジネスでも業務提携ないしコラボ
（collaboration，共同制作の略）などと呼ばれる協業の形態があるが，
国際的な「戦略的提携」の場合には，短期のプロジェクトを遂行するた
めの業務提携というよりは，むしろ，長期の提携を意味している。「戦
略的提携」では，出資関係がない長期の業務提携の場合もある。「戦略
的提携」では，貿易のように財の輸出・輸入が行われない場合もあり，
ライセンシング契約のように技術，ブランド，ノウハウ，特許，著作権
などを有償で供与する対価として，ロイヤルティ（royalty）を受け取
る活動をしていない場合もある。
　「戦略的提携」によって共同ブランドを立ち上げているケースとして
は，全日空が加盟するスターアライアンスが挙げられる。1997年5月
14日 エア・カナダとルフトハンザ・ドイツ航空，スカンジナビア航空，
タイ国際航空，ユナイテッド航空の5社がスターアライアンスを設立し，
その後，1999年に全日空も正式メンバーとして加わった。2018年2月
には世界で28の航空会社が加盟していたが，その後2019年に2社が倒

産したため，2024 年 6 月現在では世界で 26 社が加盟している。国際線のアライアンスによって，世界の各都市が単一の予約手続きで結ばれることになった。マイレージ・プログラムの共通化，共同運航便による顧客の利便性確保などのメリットもある。

（2）類型化の意義

このように参入戦略を類型化することは，経営環境の変化と国際的な企業活動との対応を理解することに役立つ。為替レートの変動を例として考えてみよう。円高ドル安の状態では，日本からアメリカへの輸出が困難になる。しかし，合併・買収（M&A）を行ってアメリカに生産拠点を設けようとするときには有利に働く。円高であれば海外資産は割安になるからである。日本企業の技術をアメリカ企業にライセンシングしてドル建てでライセンシング・フィー（技術利用料）を手に入れるときには，円高の場合には日本円での受け取り額は目減りする。逆に，アメリカ企業からライセンシングを受けて技術や特許を利用し，ライセンシング・フィー（技術利用料）を支払おうとするときには円高が有利に働く。円高ドル安の影響は，外国市場への参入形態に応じて異なる。参入形態の多様性を理解することで，ビジネス・チャンスを捉えるタイミングを発見できることになる。

4．事例による理解—明治期の貿易—

三井物産，三菱商事といった日本の総合商社は，輸出・輸入の活動を 140 年以上継続してきた企業である。ウィルキンス（1994）によれば，明治維新ののち，1879（明治 12）年には三井物産がニューヨークシティ事務所を開設している。その後，1881 年までには日本から 14 の商社がニューヨークシティに支店を開設し，合計で 31 名の従業員を雇用して

いたという。この当時，アメリカ市場に進出した総合商社は，アメリカ南部で生産される原綿の輸入を行っていた。1879年に三井物産がニューヨークシティに開設した事務所は，三井物産から事務所への株式出資による直接投資である。ウィルキンス（1994，p. 134，注3）によれば，このニューヨークシティの事務所は1880年代のはじめに休眠し，1890年代中盤に再開したという。

　商社が貿易を行うときには補完的な業務が必要となる。貿易代金の決済のための外国為替業務を行う銀行，貿易する財の輸送を担当するロジスティックス企業，ロジスティックス企業の輸送に対してかけられる損害保険を扱う損害保険会社である。三菱UFJ銀行は，三菱東京UFJ銀行から名称変更したが，三菱東京UFJ銀行は三菱銀行，東京銀行，UFJ銀行が合併して成立した。東京銀行の前身である横浜正金銀行は，1880年にはニューヨークに代理店を開設し，その後，サンフランシスコ，ロスアンジェルス，ハワイに支店を開設していった。ロジスティックス企業として輸出入品を運搬したのは日本郵船であり，それらの運送品に対する損害保険を請け負ったのは1879年に設立された東京海上保険であった。同社は，1918年に東京海上火災保険に社名変更し，2004年には日動火災海上保険と合併して東京海上日動火災保険となった。明治時代の対米貿易のケースでは，総合商社である三井物産，三菱商事の活動は「輸入」であり，横浜正金銀行，日本郵船，東京海上保険が受け取った手数料，料金，保険料などは「サービス貿易」に分類される。

　アメリカの南北戦争は1861年から1865年であり，奴隷解放宣言は1863年であった。1868年には明治維新が起こり，その11年後となる1879（明治12）年には日本の総合商社がニューヨークシティ事務所を開設している。140年以上前に国際化というベンチャー精神を発揮した日本企業は，現代でも優良企業であり続けている。三井物産，三菱商事，

三菱 UFJ 銀行，東京海上日動火災保険といった企業は大学生の就職希望企業として常に上位にランキングされている。日本において自動車が普及したのちの東京海上日動火災保険のメインビジネスは自動車損害保険であるが，「海上」という名称の由来は，明治時代に海上輸送された綿花をはじめとするさまざまな商品に損害保険をかけた国際ビジネスの歴史に由来している。

まとめ

日本の大学では，いまでも貿易論ないし国際貿易論という科目が教えられている。貿易の歴史は古く，企業活動の国際化を牽引してきた。しかし，企業活動のグローバル化は貿易という活動にとどまらずに多様化している。対外直接投資やライセンシングは，多国籍企業の子会社と本国本社間との貿易取引を補完する概念でもある。対外直接投資やライセンシングには企業間の技術移転を促進するという効果もある。

実務において国際的な経営に携わる場合，輸出・輸入，対外直接投資，ライセンシングだけではなく，国際合弁事業，プラント輸出，OEM といった参入形態を理解しておく必要もある。出資比率，生産される財の可動性，ブランド・マネジメントといった戦略の軸を理解することで，これらの参入戦略の必要性を理解することができる。多数の多国籍企業による戦略的提携（strategic alliances）の重要性も増してきている。航空会社の戦略的提携を事例として見ると，貿易・直接投資・ライセンシング・国際合弁事業・プラント輸出・OEM といった類型に当てはまることなく，新たなブランドの立ち上げが企図され，共同運航によって顧客の利便性が提供されていることがわかる。

《学習課題》

1．㈱ゼンショーホールディングス，㈱松屋フーズホールディングスのホームページを探し，どのような海外展開をしているか，記載事項やデータを確認してみましょう。また，㈱吉野家ホールディングスおよび㈱壱番屋の海外展開とも比較してみましょう。
2．ウィルキンス（1994）には，第二次世界大戦前にアメリカで活動した美術商・山中商会についての記述が出てきますが，その経営史については十分な記述がありません。朽木（2011）を読み，山中商会の経営史と日本美術の輸出について理解を深めましょう。

参考文献

本章は原田順子・洞口治夫『改訂新版　国際経営』（2019 年，放送大学教育振興会）の第 2 章をもとに大幅に加筆修正したものである。

・ウィルキンス，マイラ（1994）「日本企業対米進出の 100 年」安保哲夫編著『日本的経営・生産システムとアメリカ―システムの国際移転とハイブリッド化―』第 3 章，洞口治夫訳，ミネルヴァ書房.
・朽木ゆり子（2011）『ハウス・オブ・ヤマナカ―東洋の至宝を欧米に売った美術商―』新潮社.（改題・文庫本，朽木ゆり子（2013）『東洋の至宝を世界に売った美術商―ハウス・オブ・ヤマナカ―』新潮文庫.）
・高橋伸夫・中野剛治編著（2007）『ライセンシング戦略―日本企業の知財ビジネス―』有斐閣.
・原田順子・洞口治夫編著（2019）『改訂新版　国際経営』放送大学教育振興会，第 2 章.
・洞口治夫（1992）『日本企業の海外直接投資―アジアへの進出と撤退―』東京大学出版会.

・洞口治夫・行本勢基（2012）『入門・経営学—はじめて学ぶ人のために—』第2版，同友館.

・Horaguchi, H. H.（2022）*Foreign Direct Investment of Japanese Firms: Investment and Disinvestment in Asia, c.1970–1989*, Academic Research Publishing.

3 | グローバル化の歴史的変遷

洞口治夫

《目標＆ポイント》 企業経営の国際展開を歴史的な視点から理解する。企業が生まれたのはいつ頃なのか。企業は世界をどう変化させたのか。戦争と革命は企業経営の国際展開にどのような影響を与えたのか。本章では，資本主義と呼ばれる社会制度がどのように進化してきたのかをまとめ，その未来像を描く一助とする。

《キーワード》 重商主義，大航海時代，新大陸の発見，産業革命，奴隷貿易，帝国主義，軍国主義，植民地分割，戦間期，冷戦期，植民地の独立，グローバリズム，ディグローバリゼーション，パンデミック，ウクライナ侵攻

1. 資本主義の第七世代

（1）資本主義の進化

　企業経営の国際展開を歴史的に理解することは，現代と未来を理解するための方法の一つである。後述するように，私たちは資本主義の第七世代に暮らしているが，その開始時期は 2020 年前後であると推論することが可能である。資本主義の第七世代において，人類は，いかなる経済政策を採用すべきだろうか。

　資本主義の第七世代が迎える未来の数十年間は，第六世代が生み出した諸問題の認識にもとづき，それを乗り越える活動が模索される。資本主義の世代は予測の対象ではなく，政府の政策，企業の戦略，個人の意志と行動パターンの集積によって，その性格を決定づけていくことになる。

歴史家たちは，年代区分に対する注釈を加える仕事をしている。日本史で言えば，縄文時代，弥生時代がいつ始まったのか，といった問題であり，室町時代，鎌倉時代，江戸時代はいつから始まり，いつまで続いたのか，についても諸説ある。生物学では地質の相対年代として先カンブリア時代，古生代，中生代，新生代などを大別するが，先カンブリア時代を約6億年前，古生代を5.4億年前に始まったとしている。0.1億年とは一千万年であり，「約」という単語で含意されている程度は誤差の範囲として容認できるとする歴史認識が行われている。つまり，時代名称と年代の設定は分析目的のための仮説の設定なのである。そして，分析目的の設定という作業も研究者の主観に導かれたものである。時代名称と年代の設定を議論する際に収集される証拠（evidence）が充実することによって，異説を唱える者が減れば通説の地位を獲得できることになる。

（2）資本主義史研究の方法論的視座

　歴史の発展段階を仮定することに対してはポッパー（Popper, 1957）からの強い批判がある。ポッパーは歴史の発展段階を仮定した思考方法を歴史主義と呼び，人類が単線的な発展経路を辿ることを予測することは科学的な思考方法ではないことに注意を喚起している。他方で，以下に紹介するように歴史上の画期を特定し，時代の認識を提起する研究も多い。本章では資本主義の進化を世代と表現し，ポッパーに従って歴史の発展段階とは呼ばない。

　資本主義の歴史的な進化形態を確認する，という作業が必要な理由としては，ビジネス・エコシステム（business ecosystem）という概念が経営学の領域で広く用いられるようになってきたから，という理由を挙げることができる。ビジネス・エコシステムとは，他の企業や個人にとっ

てのビジネス・プラットフォームを提供することによって成立するビジネスと社会制度のことである。グーグル（現社名，アルファベット），アマゾン，フェースブック（現社名，メタ），アップル，マイクロソフトを典型とする GAFAM といわれる企業が提供するビジネスでは，インターネットをはじめとする情報システムの基盤があり，それを中心としたネットワークへの連結が前提とされている。ネットワーク形成のあり方に着目することは，生態系になぞらえたビジネス・モデルの理解を要請してきたと言える。

　本章では資本主義の進化過程における質的な変化を世代と呼ぶ。資本主義の進化を特徴づける質的な変化が，時間的に集中することから，世代を認識することができる，という立場をとる。本章では，通説を確認し，資本主義進化の世代を確認することで，企業の国際展開を歴史的に理解することを目的とする。

（3）資本主義の七世代

　表3-1には，資本主義の進化過程を示す7つの世代と筆者の採用したその名称を示している。①重商主義（mercantilism），②産業革命（industrial revolution），③帝国主義（imperialism），④戦間期（interwar period），⑤冷戦期（cold war era），⑥グローバリズム（globalism），⑦ディグローバリゼーション（deglobalization）の七世代である。

　重商主義（mercantilism），産業革命（industrial revolution），帝国主義（imperialism）の三段階については先行する学説がある。宇野（1954，改訂版1971）は重商主義・自由主義・帝国主義の三段階が存在したことを説く。鈴木他（1966）では重商主義を「15世紀末葉の絶対王政成立期から18世紀後期の産業革命開始期」（p.47）と規定している。鈴木他（1966）では，経済政策に歴史的な段階を認定する試みとして，重商

主義，自由主義，帝国主義，国家独占資本主義という分類が提起されている。他方で，宇野（1954）が重商主義（mercantilism）に続く時期を「自由主義」と命名したことで，歴史研究者からの批判を呼び起こすことになった。すでにギャラハー＝ロビンソン（Gallagher and Robinson, 1953）によって自由貿易が帝国主義的侵略の基盤となってきたことが指摘されていたが，その歴史的実態についての検証が進められ，「自由貿易帝国主義」（毛利，1978）が存在した，という批判を浴びることになった。本章では，この時代を②産業革命（industrial revolution）と呼んでいる。

2. 重商主義と産業革命

（1）大航海時代と新大陸の発見

マルクス（1867，第26章）によれば，重商主義はいわゆる「原始的蓄積」の時期に相当し，スミス（1776，第2編，序）においては分業が成立する前（previous to the division of labor）の蓄積（accumulation）という概念と整合的である。鈴木他（1966）は，重商主義を「15世紀末の絶対王政の確立から18世紀後半の産業革命の開始までの期間」（p. 47）と定義している。

本章で，重商主義の出発点として1492年を選んだのは，この年がコロンブスの新大陸への航海の年であり，いわゆる大航海時代の開始を告げる象徴的な出来事だったからである。大航海時代には香辛料貿易に代表される交易と，この時代に始まった武力による奴隷貿易も見逃せない。この時期，1720年には南海泡沫事件やミシシッピ・バブルなどが起き，資本主義における経済変動の始まりとされている（Bruner and Miller, 2020）。経済学説史研究家ハイルブローナー（Heilbroner, 1999）が言うように，重商主義の終着点は産業革命の始まりである。したがっ

表 3-1　7つの世代の資本主義

世代と名称
年代・特徴・先導国・理念と制度・エネルギー・主導的産業

1. 重商主義（mercantilism）
1492—1760（約 269 年間）
大航海時代，帆船，君主制，国家独占的交易，植民地獲得
イタリア，スペイン，オランダ
布教活動，身分制・職業選択の制限
薪・炭エネルギー，鉱山業

2. 産業革命（industrial revolution）
1760—1873（約 114 年間）
蒸気機関，繊維産業の機械化，穀物法，奴隷貿易，鉄道建設
イギリス
共和制への移行，職業選択の自由
石炭火力エネルギー，繊維産業

3. 帝国主義（imperialism）
1873—1914（約 42 年間）
銀行制度，電信・電話，巨大株主資本の国際化，金現送
イギリス，ドイツ，フランス
蒸気船定期航路，植民地再分割，宗主国と植民地の人権格差
水力発電エネルギー，鉄鋼業，鉄道業

4. 戦間期（interwar period）
1914—1945（約 32 年間）
第一次世界大戦，ロシア革命，世界恐慌，ファシズム，日中戦争，第二次世界大戦
イギリス，ドイツ，アメリカ
アメリカ大量生産システム，ニューディール政策，婦人参政権
石油エネルギー（エンジン給油，火力発電所），石油産業，自動車産業

5. 冷戦期（cold war era）

1945—1989（約 45 年間）

米ソ冷戦，植民地独立，アメリカ公民権運動，民主主義

アメリカ，ソ連，日本

GATT 体制，ソ連型社会主義，アジア NIEs の経済発展，

航空機輸送，トヨタ生産システム

原子力発電，重化学工業（プラント建設）

6. グローバリズム（globalism）

1989—2019（約 31 年間）

東西ベルリンの壁崩壊，ソ連崩壊，地域経済統合

EU，NAFTA，G7，中国，EU，AFTA

WTO 反対論，中国改革開放政策，インターネットと GAFA の発達，環境問題，再生可能エネルギー，BRICs の発展，シリコンバレー起業家の群生，日本型生産システムの海外移転

LNG（液化天然ガス），再生可能エネルギー（風力発電，太陽光発電），リチウムイオン電池，シェールオイル，インターネット産業（GAFAM）

7. ディグローバリゼーション（deglobalization）

2020—

ブレクジット，パンデミック（COVID-19），海外渡航制限，ロシアのウクライナ侵攻，ハマスによるテロとイスラエルのガザ地区侵攻

中国，イギリス，アメリカ

米中貿易摩擦，インターネット・リモート会議，AI，ワクチン開発，旅客航空サービス不況，電気自動車，自動運転，スマート・シティ，ドローン輸送

マイクロ・グリッド（小規模電源網），大容量蓄電池

（出所）筆者作成

て，重商主義の時代は1492年頃から1760年頃までであり，そのころから産業革命が開始されて資本主義の第二世代に引き継がれた。

　この時期の植民地化は，後にみる第五世代資本主義における対外直接投資（FDI）の例と比較すると大きな違いがある。つまり，新たに獲得した領土を支配するという目的が明瞭であった。コロンブス（1493）の「第一次航海の報告」によれば，「クアリス島にはとても獰猛な，人間の肉を喰う人種が住みついております」（訳書，p.56）という。

　マキアヴェッリ（1532）の『君主論』は，1513年頃にラテン語で公開され，1532年にフィレンツェでイタリア語版が出版された（訳書，p.199）。つまり，重商主義時代の初期に，君主のための政策書として出版されたものである。マキアヴェッリ（1532）によれば，「トルコがギリシャにしたように」（訳書，p.20），君主が新しい政権を獲得するとき「最善かつ最強の手当のひとつは，支配権を得た者がそこに行き，住むことである」（訳書，p.20）という。つまり，そうすれば，「その領土はより安全で永続的なものになる」（訳書，p.21）。

　この当時，ヨーロッパ諸国の貿易政策において，植民地政策は重要な課題であった。これは，国際的な政治的力関係の平等を前提とした資本主義企業の活動を前提とする第五世代以降の対外直接投資（FDI）とは対照的である。資本主義の第五世代および第六世代では，技術移転や雇用創出を伴う対外直接投資（FDI）の積極的な活用が見られたが，多国籍企業の活動は受入国の主権に基づいて制限されていた。この点は，歴史的比較の視点から重要である。

（2）産業革命と奴隷貿易

　表3-1では1760年前後から1873年前後に至る期間を「産業革命（industrial revolution）」と命名している。この時期については，アシュ

トン（Ashton, 1948）が「キャロンの製鉄所」について，「特に1760年の1月1日におけるその第一溶鉱炉の火入れは，歴史的劃期の設定に厳密であろうとする人々にとっては，スコットランドにおける産業革命の開始を劃するに役立つであろう」（訳書，p. 78）と記載している。また，以下に紹介する計量経済史の諸研究において，1760年までを産業革命期以前の時期として設定している研究が多い。

マサイアス（Mathias, 1969）の研究は，アシュトン（Ashton, 1948）と並んでイギリスの産業革命史を概説した著作として有名である。アシュトンは1760年から1830年まで，マサイアスは1700年から1914年までを叙述の対象としている。スミス（1776）による『国富論』は重商主義による商業独占の弊害を説いた経済学の嚆矢として名高いが，1760年前後を産業革命の開始時期として捉えるならば，まさにそのさなかに記述された著作であることになる。上記の諸説では，年代に差異があるとはいえ，産業革命が重商主義の後に登場し，蒸気機関，製鉄業，鉄道網の敷設など，さまざまなイノベーションの生まれた長期的なプロセスであったことが認識されている（アシュトン，訳書，p. 70）。

産業革命については，その開始時期だけではなく，その呼称と概念への疑問も提起されている。田中（1993）は18世紀後半から19世紀前半におけるイギリスの経済成長に関して，断続説を代表するものとして産業革命の概念があり，連続説をとる学説では産業革命の概念が否定されている，としている。その代表としてのクラフツ（Crafts, 1983）は，1760年以前と以後とを比較し，産業革命の存在が主張される後者における経済成長が緩慢であったことを数量的に示している。

飯田（2005）は，1710年から1814年に至る期間の主要な発明をまとめている。繊維・紡績関係の発明だけに限定しても，ケイの飛び杼，ハーグリーヴズのジェニー紡績機，アークライトの水力紡績機，クロンプト

ンのミュール紡績機，カートライトの力織機，ホイットニー（米）の綿
操機が挙げられている。また，飯田（2005）は，1830年代半ば，1840
年代半ば，1860年代半ばのイギリスにおいて鉄道建設ブームが起こっ
たことを紹介している。ハーレイ（Harley, 1982），クラフツ（Crafts,
1983），ジャクソン（Jackson, 1992）らは，1770年代から1810年代を
対象とした経済成長率の推定をしており，鉄道建設ブームについては，
分析の枠外とならざるを得ない。しかし，鉄道が人々の生活を一変させ
た革命的な変化であったことは認めうるであろう。経済政策の視点から
は，鈴木他（1966）が資本主義における「自由主義」について，1820
年の自由貿易請願，1846年の穀物法撤廃など「地主階級の利益」（p. 69）
を守る保護貿易主義が崩壊したプロセスを重視している。

　産業革命期の資本主義の特徴として，約10年ごとに経済恐慌が繰り
返されたことが強調されることが多い。宇野（1954，改訂版1971）に
よれば，1825年，1836年，1847年，1857年に恐慌が発生し，「発展を
中断」（p. 95）したという。こうした歴史認識によって，景気循環を理
論的に説明する，という課題が経済学に課されたのである。

3. 帝国主義と軍国主義

（1） 植民地分割

　資本主義の第三世代は帝国主義（imperialism）である。鈴木他（1966）
によれば，帝国主義についてはレーニン（1917）による5つの指標を挙
げて1870年代以降に成立したとしている（p. 83）。レーニン（1917）に
よる帝国主義の基本的特徴とは，（1）生産と資本の集中・集積と独占体
の形成，（2）金融資本による金融寡頭制，（3）資本輸出，（4）国際独占
体による世界の分割，（5）資本主義列強諸国による領土分割の完了，で
ある。帝政ロシアの政治的腐敗に対抗し，無産者政党であるボリシェビ

キを率いてロシア革命を成功させた革命家であるレーニンは、鋭利な分析を展開する政治経済学者でもあった。

表3-1において、この時代の初期時点を1873年とするのは、イギリスにおける金融恐慌の発生とその後の資本輸出との連関を重視するからである。1873年のイギリス恐慌を「大恐慌（the great depression）」と呼ぶ場合もある。

それに対しては、すでにマッソン（Musson, 1959）によって1873年恐慌を大恐慌（the great depression）と呼ぶことは適切ではない、という立論がなされている。その理由としては、イギリスにおける石炭と銑鉄の生産量、建造された船のトン数、原綿と綿の消費、輸入と輸出の実績、船舶の入国と通関、鉄道貨物と旅客交通、銀行預金の増加と銀行の清算、合資会社の設立、貿易利益、1人当たりの小麦、肉、茶、ビール、タバコの消費がすべて増加傾向を示していた（p. 199）ことを指摘している。

この点については、1873年恐慌を経験した同時代人であるクーク（Cooke, 1902）の記録がある。それによれば、1863年にアメリカで設立されはじめた国立銀行において、1873年恐慌後に地方銀行が預金の引き出しを行い、ニューヨークでの銀行倒産がみられたことを記録している。同年9月18日には、彼が経営していたジェイ・クーク・アンド・カンパニー（Jay Cooke & Co.）も倒産した、という。9月20日にはユニオン信託会社、2〜3の銀行と信託会社が業務を停止し、証券取引所は10日間閉鎖された。9月22日、金取引所が金取引を停止し、その清算手続きが5年から6年続いた、という（p. 585）。1873年には5,183件の破産申告があり、負債は2億2,800万ドルであった。1874年には5,830件の破産申告があり、負債は1億5,500万ドルであった（p. 586）。

以上を要するに、マッソン（Musson, 1959）はイギリス以外の諸国に

おける 1873 年の金融恐慌の影響を評価しておらず，破産データについ
ての分析を行っていない。

（2）軍国主義と2つの世界大戦

　第四世代としての戦間期（interwar period）の開始時点である 1914
年については，第一次世界大戦という歴史的画期がある。1945 年の第
二次世界大戦終結までの戦間期には，1917 年のロシア革命による社会
主義国の成立があり，1929 年に始まった世界恐慌があった。1929 年か
ら 1939 年までの時代に焦点をおき，国際金融市場の混乱を重視し，イ
ギリスからアメリカへの覇権の移動を論点としたのは，キンドルバー
ガー（1986）である。キンドルバーガー（Kindleberger, 1974, 1996）は
国際金融センターが世界各国に形成され，その金融への影響力が世界経
済への覇権を意味したことを歴史的に跡づけている。

　恐慌を契機とした社会主義政権の成立を重視した立論が「資本主義の
全般的危機」という呼称であり，越後（1959, 1960）および小澤（2002）
によれば，ロシアにおけるマルクス主義の教科書において用いられた呼
称である。マルクス，エンゲルス，レーニンに続くドイツの論客として
は，ヒルファディング，ルクセンブルグがおり，彼ら・彼女らは労働者
階級による政権の奪取を念頭においていた。他方で，この第四世代の戦
間期を起点として，経済恐慌が起こるたびにマルクス主義経済学者たち
が資本主義の「危機」を叫び続けることになる。そこには，危機に直面
した資本主義が社会主義に移行するという命題が含意されていた。

　イタリアのムッソリーニに率いられた国家ファシスト党，ドイツの
ヒットラーに率いられた国家社会主義（ナチズム），日本の第二次近衛
内閣から東条内閣において唱えられた大東亜共栄圏など，いくつかの
国々で国内の言論弾圧と軍事による海外領土獲得が企図されたのは，こ

の第四世代資本主義・戦間期の特徴である。ナチズムとは，ドイツ語の Nationalsozialismus の略称であり，国民社会主義ドイツ労働者党の思想傾向であった。ナチズムは，国家社会主義を標榜しており，ユダヤ人を強制収容所に送り込んだ非人道的な行為が，その政策に含まれていた。資本主義の進化プロセスのなかで奴隷貿易が存在したように，社会主義の進化プロセスのなかに，その変異型として国家社会主義が存在した事実がある。

4. 冷戦期とグローバリズム

（1）社会主義と植民地の独立

　第二次世界大戦後の第五世代を，本章では冷戦期（cold war era）と呼ぶ。その世代には，社会主義や共産主義を標榜する国家が生まれ，資本主義国家と併存した。ソビエト社会主義共和国連邦（ソ連）の影響下にあった東欧諸国と並んで，かつて植民地支配を経験したアジア・アフリカ諸国が独立を果たした。東西冷戦は，アメリカとソ連による軍事対立によって特徴づけられるが，アメリカは北大西洋条約機構（NATO），ソ連はワルシャワ条約機構を主導し，軍事的な覇権を競った。

　自由主義経済を前提とする欧米の諸国においても，さまざまなバリエーションを有した社会党政権が成立した国々は多い。それらの国々では一党独裁を否定しているために，社会党という名称の一部を使う政権と，それ以外の保守的な政権との間で選挙結果を反映した権力の移動が起こっている。2024 年現在でも，いまだに社会主義政権を放棄していない国もある。朝鮮民主主義人民共和国（北朝鮮）をはじめとして「社会主義国家」とみなされる国々が存在している。

　第一世代から第四世代までと，第五世代との間に大きな差があるのは，第五世代における資本輸出が植民地支配とは関係性を持たなくなったこ

とである。第四世代までの対外直接投資は，宗主国から植民地への投資の流れを含んでおり，政治的権力が国際的な企業活動の背後に存在していた。しかし，第五世代である第二次世界大戦後の多国籍企業の活動は，戦前の活動を想起させる独占的大企業の経済活動という側面を保持してはいたが，受入国における国家主権が成立した状況での投資であった（Horaguchi, 2022）という点で，第四世代までの海外投資とは異なった性格を持っていた。

（2）ベルリンの壁崩壊とソ連の解体

第六世代であるグローバリズム（洞口，2002）は，その初期時点を1989年とし，その最終時点を2019年とすることができる。1989年は東西ベルリンの壁が崩壊し，東ドイツにおける社会主義政権が崩壊した年である。1991年にはソ連の社会主義政権が崩壊し，独立国家共同体（CIS, Commonwealth of Independent States）となった。

1924年にモンゴル人民共和国が中華民国から独立して建国されたが，1992年にモンゴル人民共和国はモンゴル国へと改称し，社会主義政権による一党独裁を放棄した。1992年には中国において鄧小平が南巡講話によって，資本主義的な生産システムを中国国内に導入することを明言した。

第五世代の東西冷戦下では，対外直接投資は東と西とで隔てられ，投資が自由化されていなかったが，第六世代である1990年代においては日本を含む西欧諸国からの対中国直接投資，対ロシア直接投資が活発化した。

第六世代資本主義の経済政策を特徴づけるのは，国家間の地域経済統合である。1994年にアメリカ，カナダ，メキシコの間で北米自由貿易協定（NAFTA）が結ばれた。欧州連合（EU）は，1985年から2008年

までシェンゲン協定を結び，26 カ国を対象に人の移動を自由化した。EU は 1999 年に域内共通通貨であるユーロの発行を開始した。

　中南米では 1991 年から 1994 年にかけて南方共同市場（MERCOSUR）が形成された。1992 年には東南アジア諸国連合（ASEAN）が域内関税を引き下げ，政治共同体から経済共同体へと発展し，ASEAN 自由貿易協定（AFTA）を制定した。1999 年までには，カンボジア，ラオス，ミャンマー，ベトナムが ASEAN に加盟した。

5．ディグローバリゼーション

（1）新型コロナウィルス感染拡大

　第七世代資本主義は，2020 年代に始まったと認識しうる。2019 年末から始まった新型コロナウィルス感染拡大は，2020 年になって全世界を覆うパンデミックとなった。第六世代で質的・量的に拡充したグローバル化の動きに大きな制限が加えられ，ディグローバリゼーションの時代が到来した。海外渡航には制限が加えられ，旅行客を対象とした観光ビジネスは需要を失った。中国における半導体生産も大きな影響を受け，製造業のサプライチェーンが分断された。

（2）ロシアのウクライナ侵攻と国際ビジネス

　2022 年 2 月 21 日，ロシアのプーチン大統領は，ウクライナ東部の親ロシア勢力による自称地域であるドネツク人民共和国とルガンスク人民共和国の独立を認める決議案に署名した。同年 2 月 24 日，ロシアはウクライナに侵攻した。米国をはじめとする先進国はロシアに対して経済制裁を行い，国際石油取引に制限が設けられた。米国の経済制裁に同調して多国籍企業がロシアでの活動を停止し，撤退する事例もあった。マクドナルドは営業権をロシア企業に譲って撤退を決定した。

まとめ

　表3-1にまとめたように，資本主義の各世代は，技術開発を基盤と
したイノベーションを生み出した。帆船と鉱山開発，蒸気機関と繊維産
業，鉄道と鉄鋼業，石油産業と自動車産業，プラント建設と重化学工業，
インターネットとネット・ビジネスといった産業基盤とイノベーション
の進化の例をみることができる。

　インターネット開発は第六世代資本主義単独で行われたわけではな
く，過去からの積み上げがあった。その事情は，蒸気機関と繊維産業と
の組み合わせでも同様である。資本主義のなかの一つの世代を超えた技
術の積み上げがあり，それが特定の世代に花開く。第七世代を特徴づけ
る技術の蓄積は，すでに第六世代において培われてきた。人工知能(AI)，
大容量蓄電池，太陽光・風力・波力などの再生可能エネルギー，電気自
動車とその自動運転，センサー技術の応用としてのスマート・シティ，
mRNAによるワクチン開発などが実用化され，新たな産業利用方法の
出現を待っている。

　資本主義の世代を認識することで，いくつかの事実を確認することが
できる。第一は，資本主義第三世代以降の傾向であるが，資本主義の一
世代は人間の平均余命よりも短い，という点である。表3-1に示した
ように，第一世代が約269年間，第二世代が約114年間であったものの，
第三世代は約42年間，第四世代・約32年間，第五世代・約45年間，
第六世代約31年間となっている。第三世代である帝国主義(imperialism)
以降は，30年から40年前後で資本主義の新世代が生まれており，それ
以前の資本主義とは異なった属性を備えた経済政策と企業戦略との並存
を観察することができる。

　資本主義の一世代が30年から40年前後であることは，生存している

人間が記憶している特定の時代の次に，新たな時代を迎えることを意味している。資本主義の進化は，人間が自ら創り出す歴史的時間軸のなかに埋め込まれ，一人の人間が二世代から三世代にわたる資本主義を体感することになる。つまり，人間が資本主義の進化を定めていくのである。

《学習課題》

1．飯田巳貴（2013）「近世のヴェネツィア共和国とオスマン帝国間の絹織物交易」一橋大学博士（経済学）学位論文，一橋大学大学院経済学研究科，（http://doi.org/10.15057/25752 よりダウンロード可能）を読み，いつの時代の交易が描かれているか，まとめてみましょう。
2．山脇悌二郎（1980）『長崎のオランダ商館—世界のなかの鎖国日本—』中公新書．を読み，日本の江戸時代と世界の資本主義発展とを比較してみましょう。資本主義の発展を体感するために，長崎市内にある観光スポット「出島」を訪ねてみましょう。
3．ローズ，リチャード（2018）『エネルギー 400 年史—薪から石炭，石油，原子力，再生可能エネルギーまで—』秋山勝訳，草思社，2019 年．を読み，時代とエネルギーとの関係をまとめてみましょう。

参考文献

・アシュトン，T. S.（1948）『産業革命』中川敬一郎訳，岩波文庫，1973 年（Ashton, Thomas S. 1948. *The Industrial Revolution 1760-1830*. Oxford University Press.）

・飯田　隆（2005）『図説　西洋経済史』日本経済評論社.

・宇野弘蔵（1954）『経済政策論』弘文堂，改訂版 1971 年.

・越後和典（1959）「『現代資本主義』論についての覚え書―資本主義の全般的危機論（1）―」『關西大學經濟論集』第 9 巻第 4 号，pp. 333-349.

・越後和典（1960）「『現代資本主義』論についての覚え書―資本主義の全般的危機論（2）―」『關西大學經濟論集』第 9 巻第 5 号，pp. 450-475.

・小澤光利（2002）「長期波動論と「資本主義の全般的危機論」：再考 ―マルクス経済学史の射程から―」『経済志林』第 70 巻第 1・2 号，pp. 1-27.

・キンドルバーガー，C. P.（1986）『大不況下の世界―1929-1939―』石崎昭彦・木村一朗訳，岩波書店，2009 年.

・キンドルバーガー，C. P.（1996）『経済大国興亡史―1500-1990―』中島健二訳，岩波書店，2002 年.

・コロンブス（1493）「第一次航海の報告」，同『全航海の報告』所収，林屋永吉訳，岩波文庫，2011 年.

・鈴木徹三・清水嘉治・鎌田武治（1966）『経済政策演習』新評論.

・スミス，アダム．『諸国民の富（一）～（五）』大内兵衛・松川七郎訳，岩波文庫，1959 年～ 1966 年（Smith, A.（1776）*An Inquiry into the Nature and Causes of the Wealth of Nations*, Random House 1937,（Charles E. Tuttle Company, Inc. 1979））.

・田中章喜（1993）「産業革命はなかったのか―イギリス経済の低成長と綿工業の急成長―」『國士舘大學政経論叢』第 5 巻第 4 号，pp. 1-33.

・ハイルブローナー，ロバート・L.（1999）『入門経済思想史―世俗の思想家たち―』八木甫・浮田聡・堀岡治男・松原 隆一郎・奥井智之訳，ちくま学芸文庫，2001 年（Heilbroner, R. L.（1999）*The Worldly Philosophers: The Lives, Times, and Ideas of the Great Economic Thinkers*. Simon and Schuster.）

・洞口治夫（2002）『グローバリズムと日本企業―組織としての多国籍企業―』東京大学出版会.

・ポッパー，カール R.（1957）『歴史主義の貧困―社会科学の方法と実践―』久野収・市井三郎訳，中央公論新社，1961.（Popper, K. 1957. The Poverty of Historicism, London：Routledge.）

・マキアヴェッリ（1532）『君主論』河島英昭訳，岩波文庫.

- 毛利健三（1978）『自由貿易帝国主義―イギリス産業資本の世界展開―』東京大学出版会.
- マルクス，カール（1867）『資本論』大月書店，1972年.
- レーニン，W. I.（1917）『帝国主義』宇高基輔訳，岩波文庫，1956年.

- Bruner, R. F. & Miller, S. C.（2020）The first modern financial crises：The South Sea and Mississippi bubbles in historical perspective. *Journal of Applied Corporate Finance*, vol. 32, no. 4, pp. 17-33.
- Cooke, Jay.（1902）"A decade of American finance," *North American Review*, vol. 175, no. 552（Nov., 1902）, pp. 577-586.
- Crafts, N. F. R.（1983）"British economic growth, 1700-1831：A review of the evidence," *Economic History Review*, vol. 36, no. 2, pp. 177-199.
- Gallagher J., Robinson R.（1953）The imperialism of free trade, *Economic History Review*, New Series, vol. 6, no. 1, pp. 1-15.
- Harley, C. K.（1982）"British industrialization before 1841：Evidence of slower growth during the Industrial Revolution," *Journal of Economic History*, vol. 42, no. 2, pp. 267-289.
- Horaguchi, H. H.（2022）*Foreign Direct Investment of Japanese Firms: Investment and Disinvestment in Asia, c.1970-1989*, Academic Research Publishing.
- Jackson, R. V.（1992）"Rates of industrial growth during the Industrial Revolution," *Economic History Review*, vol. 45, no. 1, pp. 1-23.
- Kindleberger, C. P.（1974）"The formation of financial centers," *Princeton Studies in International Finance*, no. 36, pp. 1-78. Reprinted in Kindleberger, C. P., *Economic Response: Comparative Studies in Trade, Finance, and Growth*, Harvard University Press, 1978, Chapter 4, pp. 66-134.
- Mathias, P.（1969）*The First Industrial Nation: An Economic History of Britain 1700-1914*. Methuen & Co.
- Musson A. E.（1959）"The great depression in Britain, 1873-1896：A reappraisal," *Journal of Economic History*, vol. 19, no. 2, pp. 199-228.

4 | 多国籍企業と国際展開のリスク

洞口治夫

《目標＆ポイント》　多国籍企業のグローバル展開はどのようなリスクに囲まれているのだろうか。国際化する日本企業は，信用リスクやテロリズムのリスクに関して，どのような経験をしてきたのだろうか。テロリズムは，どのような組織原理によって引き起こされるのだろうか。さまざまなリスクに対して，多国籍企業は，どのような対処方法を採用することができるのだろうか。本章では，こうした諸点について解説する。
《キーワード》　リスク認知，信用，金利，為替レート，フィージビリティ・スタディ，テロリズム，利他的懲罰，自殺攻撃，フォーカル・ポイント

1. グローバル展開のリスク

　国際経営にはさまざまなリスクがある。多国籍企業が活動する国における政治リスクや経済情勢からもたらされるリスク，自然災害のリスク，多国籍企業の内部における経営リスクや組織の抱えるリスクもある。リスク認知とは，国際経営のみならず国内の経営において経営者が重視するリスクのことであるが，国際経営のリスクでは，多国籍企業の在外子会社に影響を与えて，国際的な連鎖反応をもたらすことに特徴がある。

　アメリカの政治学者・アリソン（Allison, 2017）は著書『米中戦争前夜』のなかで，人類が直面する4つの巨大な脅威（mega-threats）がある，と指摘している。それは「核による最終戦争（nuclear Armageddon）」，「核の無政府状態（nuclear anarchy）」，「グローバルテロ（global terrorism，とりわけイスラム原理主義勢力によるテロ）」，そして「気

候変動（climate change）」（原著，p. 228。訳書，p. 304）である。ここ
で「核による最終戦争（nuclear Armageddon）」とは，核戦争によっ
て戦争当事国が破滅的状態になることを指す。相互確証破壊（mutual
assured destruction）の理論は米ソ冷戦期に打ち立てられたが，核を持
つ一国が他国に核戦争を仕掛けたとき，最初に被害を被った国が残され
た核戦力によって報復攻撃を仕掛け，交戦する2つの国が相互に壊滅的
な被害を被ることになるが，そのことを両国政府が認知することによっ
て戦争が抑止される，とする理論である。

「核の無政府状態」とは，多くの国が大量の核備蓄を行ったために紛
争が核戦争につながる場合や一部の核兵器がテロリストの手に渡る可能
性が高まることを指す。長崎大学核兵器廃絶研究センターによれば，
2023年6月現在，核兵器の保有国は，米国，ロシア，フランス，英国，
中国，インド，パキスタン，イスラエル，北朝鮮の9カ国である。アリ
ソンの指摘する「核の無政府状態」では核保有国が核戦争やテロに関わ
る危険性を指摘している。

2022年2月24日にはロシアがウクライナに軍事侵攻し，ロシアによ
る核の脅威が現実化した。アリソンによる「核による最終戦争」では核
を保持する国どうしの戦争によって戦争当事国が破滅的状態になること
を意味する。私たちは「核の無政府状態」の実例として，核保有国であ
るロシアのウクライナ軍事侵攻を目撃することになった。ロシアによる
ウクライナ軍事侵攻ののち，西側諸国はロシアへの経済制裁を強めたが，
ロシアによる核使用の懸念は軍事侵攻当初から高まっていた。

2023年2月26日の日本経済新聞によれば，ロシアに進出した外国企
業は約1,600社あり，そのうち518社が撤退を決め，1,300社超がロシ
アでの販売停止や投資凍結をしたという。ハンバーガー・チェーンのマ
クドナルド，ビール大手のハイネケン（オランダ），カールスバーグ（デ

ンマーク）のようにロシアから撤退した企業もある。日本企業では，ト
ヨタ自動車とマツダが生産終了を決めて工場閉鎖，日産自動車がロシア
子会社を譲渡，ブリヂストン（タイヤ製造），AGC（ガラス製造）も現
地工場を譲渡する方針を発表している，と報じている。他方で，2024
年2月14日の日本経済新聞は，日本たばこ産業（JT）がロシア事業を
継続している，と報じている。

　「核の無政府状態」には，別の事例もある。日本の外務省ホームペー
ジによれば，北朝鮮は2020年に4回，2021年に4回，2022年に31回・
59発，2023年1月から7月までの期間に11回・15発の弾道ミサイル
を発射した。2023年7月12日付けNHKニュースウェブによれば，日
本政府の松野博一官房長官（当時）が会見で「技術的には，わが国を射
程に収める弾道ミサイルに核兵器を搭載し，攻撃する能力をすでに保有
しているものとみられる」と指摘したことが報じられている。核兵器不
拡散条約（NPT：Treaty on the Non-Proliferation of Nuclear Weapons）
では，米国，ロシア，英国，フランス及び中国の5か国を「核兵器国」
と定めており，北朝鮮の弾道ミサイル発射は，それを無視した「核の無
政府状態」の一環とみなすことができる。

2. テロリズムの組織原理

（1）利他的懲罰の理論

　テロリズム（terrorism）とは恐怖政治を意味する英語であり，フラ
ンス政治史に起源を有している。現代におけるテロリズムとは，民間の
人々を犠牲にする死傷事件を惹き起こすことによって自らの政治的な主
張をしようとする犯罪行為を意味する。日本語でテロと言う場合には，
その具体的な犯罪行為を指し，テロリストとはテロの実行犯を指す。表
4-1には，ツィンコタ他（Czinkota et. al., 2010）の研究を訳し，それ

に加えて，以降の世界における著名なテロ事件を掲げた。

　テロリズムの政治的な背景についての分析は，政治学による研究対象である。本章では，組織に関する理論を応用することによって，テロリストが自らのテロを正当化する論理を説明する。経営学の主要分野としての組織論は，組織を形成する人々の行動原理を研究する学問分野である。テロリストが組織に属しているのならば，経営学の研究対象である企業や非営利法人を対象とした組織論を応用することができる。

　なぜテロリストたちは，罪もない人々を殺すのだろうか。この問題に対する一つの答えを，利他的懲罰（altruistic punishment）の理論に求めることができる。利他的懲罰とは，フェー＝ゲヒター（Fehr and Gächter, 2002）の実験研究において報告されている人間行動の特徴である。利己的（egoistic）とは自分自身の利益を考えて行動する心的性向のことを意味する形容詞であり，利己主義（egoism）とはそうした考え方を意味する。利他的（altruistic）とは，自分以外の他者の利益を考えて行動することを意味しており，利他主義（altruism）とは利他の心を持った行動を支える考え方を意味している。

　利他的懲罰とは，ある集団のなかで利他的に行動しないメンバーがいるとき，そのメンバーを罰したいと考える傾向を他の多くの集団メンバーが持つことを意味している。フェー＝ゲヒター（2002）は，そのような傾向をグループ構成員による公共財への支出をめぐるゲーム的な実験を通じて明らかにした。被験者の行動パターンには，公共の利益に貢献しようとしない個人メンバーを罰したいと思う傾向が多く見られたことを報告している。フェー＝ゲヒター（2002）の研究は集団心理学に属する実験研究であり，実験の手続きを説明することは本章の論点から逸れる。しかし，トベーナ（Tobeña, 2004）をはじめとして，利他的懲罰の理論はテロリズムの研究で参照される基礎となっているため，以下で

表 4 - 1　主要テロ事件，1972-2023 年

事　件	日　付	被　害　者
西ドイツ・ミュンヘンオリンピック大会でのイスラエル選手に対する襲撃	1972. 9. 5	11 人死亡
レバノンで米国とフランス軍人への襲撃	1983. 10. 23	305 人死亡，75 人負傷
イギリス・スコットランドのロッカビーを飛行中の航空機爆破	1988. 12. 21	270 人死亡
米・ニューヨークのワールドトレードセンター爆破	1993. 2. 26	6 名死亡，1,042 名負傷
日本・東京の地下鉄でのサリンガス襲撃	1995. 3. 20	12 人死亡，1,034 人負傷
フランス・パリの地下鉄爆破	1995. 7. 25	8 人死亡，80 人負傷
スリランカ・コロンボの中央銀行爆破	1996. 1. 31	91 人死亡，1,400 人負傷
ケニア・ナイロビでの米国大使館爆破	1998. 8. 7	213 人死亡，約 4 千人負傷
米・ニューヨークのワールドトレードセンター航空機自爆テロ	2001. 9. 11	2,992 人死亡，負傷者多数
インドネシア，バリのナイトクラブ爆弾テロ	2002. 10. 12	202 人死亡 209 人が負傷
フィリピンのフェリー爆破	2004. 2. 27	116 人死亡，負傷者多数
スペイン・マドリッドの列車爆破テロ	2004. 3. 11	191 人死亡，2,050 人負傷
イギリス・ロンドンの地下鉄同時爆破	2005. 7. 7	56 人死亡，約 700 人負傷
パキスタン・イスラマバードにおけるマリオットホテル爆破	2008. 9. 20	53 人死亡，約 250 人負傷
インド・ムンバイにおける複数のホテルや施設での同時多発爆破	2008. 11. 26 -29	173 人死亡，約 308 人負傷
アルジェリアの天然ガスプラント襲撃	2013. 1. 16	40 人死亡
アルジェリア系フランス人 2 人が，預言者ムハンマドの風刺画をめぐり，週刊紙「シャルリー・エブド」社を襲撃	2015. 1. 7	12 人死亡
バングラデシュ・ダッカのレストラン襲撃	2016. 7. 1	20 人死亡
マレーシア，クアラルンプールで金正男氏暗殺。二人の女性が神経剤を顔面塗布	2017. 2. 13	1 人死亡。
イギリス・ロンドンのウェストミンスター橋での自動車暴走と同宮殿での刺殺	2017. 3. 22	6 人死亡し，40 人以上負傷。

事　件	日　付	被　害　者
イギリス・ロンドン橋でワゴン車を暴走，車を乗り捨て数人を刃物で刺傷	2017. 6. 3	8 人死亡，重軽傷者 48 人以上。
イラン，テヘラン市内及び同市近郊のイマームホメイニ廟周辺で複数の武装グループによる銃撃や自爆攻撃。「イラク・レバントのイスラム国（ISIL）」が犯行声明	2017. 6. 7	18 人が死亡，約 50 人が負傷。
スペイン，バルセロナ市内等において車両突入。スペイン国内のイスラム過激派によるテロ	2017. 8. 17- 18	16 人死亡，負傷者 130 人以上。
インドネシア，スラバヤ市内 3 か所の教会に対する自爆テロ	2018. 5. 13	13 名以上死亡，40 名以上負傷。
スリランカ，コロンボ市内の複数の高級ホテルと教会等で自爆犯による爆破テロ	2019. 4. 21 キリスト教復活祭	約 270 人が死亡，500 人以上が負傷。
アフガニスタンの首都カブールで武装集団がシーア派指導者の追悼集会を襲撃。集会にはアブドラ行政長官やカルザイ前大統領など要人が多数出席，ISIL の「ホラサン州」が犯行声明	2020. 3. 6	32 人が死亡，81 人が負傷。
アフガニスタン，カブール西部の学校前で自動車爆弾などが爆発	2021. 5. 8	90 人以上が死亡，240 人が負傷。死傷者の殆どは 11 歳から 15 歳までの少女。
日本，奈良県で世界平和統一家庭連合に入信した母親を持つ男が安倍晋三元内閣総理大臣を銃撃	2022. 7. 8	1 人死亡。
パキスタン北部カイバル・パクトゥンクワ州で開かれた政党の集会で指導者の演説中に爆発	2023. 7. 30	35 人死亡，200 人以上負傷。
パレスチナ自治区・ガザ地区でイスラム原理主義を掲げる対イスラエル強硬派政治グループ・ハマスがイスラエルへの大規模テロ攻撃を行い人質を拘束	2023. 10. 7	民間人を含む 1200 人以上を殺害，240 人以上を人質として連れ去った。（報復としてイスラエルはガザ地区を空爆，ハマス一掃を目指す地上戦も開始。）

（出所）1972 年から 2008 年までの事項は Czinkota, et. al., 2010, p. 829, Table 1 より引用。それ以降のテロ事件については，日本経済新聞記事データベース，日本国外務省のウェブサイトにもとづいて筆者作成。

は，その例をあげて説明したい。

　次のような光景を思い浮かべてみよう。ある小学校の教室で，放課後にクラスのメンバーが掃除をしている。そのなかの2〜3人のグループが掃除をさぼって遊んでいる。それを見つけたクラス担任の先生は，「だめじゃないか」と遊んでいたグループを叱ったとしよう。遊んでいた子供たちは，しぶしぶ掃除をはじめる。

　小学校の先生は，なぜ，遊んでいたグループを叱ったのだろうか。それは，「みんなが使う教室」の掃除であるから，その教室を使うメンバーみんなで教室をきれいにして使わねばならない，という考え方を子供たちに教えたかったからである，と解釈することができる。経済学では，「みんなが使う教室」のような特徴を備えた財のことを公共財と呼ぶ。みんなのために働くことは公共心のある行動と表現されうる。みんなのために働き，掃除に参加するべきであるという考え方を利他の心と呼ぶことができる。クラス担任の先生が，掃除をせずに遊んでいた子供たちを叱ったのは，利他心を教えるべき教育者として必然的な行動であったと認識される。

　テロリズムの実行犯が生まれる理由と小学校の掃除の例とは，次のように対応している。まず，テロの実行犯を，ある宗教Ａを信ずる集団Ａの信者であるとしよう。ある地域には，テロの実行犯以外にも集団Ａの信者が多数いる。真面目に掃除をする小学生たちは，集団Ａの信者と同じ立場にある。ある集団Ａの有する規範を従順に守る人たちである。集団Ａの信者たちは，その宗教Ａの教える「正しい行い」をするべきである，と信者自らが考えている。そうした集団Ａの信者のなかでテロリストとなるのは，上記の例で言えば「小学校の先生」に該当する人である。この「先生」は，宗教Ａを最も熱心に信じている人と同じ役割を果たす。宗教Ａの信者のなかで指導的な立場に立っている

かもしれないし，そうした立場に立とうと思っているかもしれない。この宗教Aにおける信者の立場からみると，宗教Aを信ずることのない人は異教徒であり，宗教Aから見れば許されない行為を平気で行っていることになる。上記の例で言えば，真面目に掃除を行わない子供たちが，この異教徒に該当する。

　異教徒の集団を集団Bと呼んでみると，利他心の果たす役割と限界が明確になる。つまり，集団Aと集団Bという2つの集団があって対立している状況のなかで，その片方である集団Aのための利他的行動をとることは，そのとき同時に集団Bに懲罰を加えるべきである，という論理的な帰結をもたらす場合がある，ということである。この原理は，戦争の指導者や下士官・兵隊に与えられる論理と同じである。つまり，自国の国民のためという利他的な動機のために他国の兵隊を懲らしめる（殺す）ことが許されると考えるのと論理的には同じである。

　このような論理が積み重ねられるとすれば，また，そうした思考の積み上げが妥当だと集団Aの人々に認められる状況のもとでは，宗教Aの最も先鋭な信者が，異教徒を罰することは「正しい行い」であることになる。小学校教室の事例で「先生」が叱る根拠となるのは，「みんなの教室をきれいに使う」という利他心であった。宗教Aを信ずる集団Aの信者たちからみれば，利他心にもとづいて異教徒に懲罰を与える正しい行為として論理的に説明可能となるのがテロリズムであることになる。

（2）利他的懲罰理論の説明力

　この利他的懲罰の理論によるテロリズムの説明が興味深いのは，テロの実行犯による自殺攻撃（suicide attack）を説明できることにある。集団Aに属するテロリストは，自己の利益のために行動しているので

はない。テロリスト本人の自己認識からすれば，利己心を捨てた自己犠牲的な利他的行動をしているのである。テロリスト本人は，集団Ａのメンバーのために，つまり，利他心のために「正しい行動」をしていると信じている。そして，純然たる利他心とは，自らの生命を絶ってでも集団Ａのメンバー全体のために奉仕することである。つまり，集団Ａのために，集団Ｂに懲罰を与えることが「正しい行い」と認識されるのであり，そのために，テロリストとなった集団Ａのメンバーは，利他的に自らの命を捧げるという行動をすることになる。この論理を追求すれば，自殺攻撃によるテロリズムが正当化される。自殺攻撃によって命を失ったものは，宗教Ａかつ集団Ａの「神」の立場に並んで崇められることになる。

　人類は，多数の宗教を創りだしてきたが，それぞれの宗教が「正しい行い」を教え，かつ，その「正しい行い」に宗教ごとの差があるとすれば，異教徒に対する利他的懲罰を行おうと考える人が常に生まれることになる。ただし，利他的懲罰を行うきっかけとなるものは，宗教的な「正しい行い」に関する認識の差だけではなく，経済的な格差である可能性もある。集団Ａからみて集団Ｂが豊かなのは，「集団Ｂが集団Ａから経済的な利益を得る機会を奪っているからだ」，と考えるならば，集団Ａの経済的利益を優先させようとする人々にとっては，集団Ｂへの懲罰が合理化される。それは集団Ａのメンバーにとっては利他的な行動である。

3. テロリズムへの防御策

（1）フォーカル・ポイントを避ける

　テロが行われる場所と時間を予想することは困難だが，テロの実行犯は，多くの人々に知られている場所をテロの実行場所として選択する傾

向にある。なぜならば，テロの本質が利他的懲罰にあるとすれば，懲罰という行動は，それが懲罰であることを第三者に知らしめる必要があるからである。懲罰を目撃することによって，同じ懲罰を自分は受けたくないと考える人が増えなければ懲罰にはならない。また，そのことゆえに，法の定めのない懲罰は行き過ぎたものとなりがちである。テロリズムの場合で言えば，誰もが知っている目立つ場所で殺戮を行うことで，その殺戮は懲罰の意味を持つことになり，テロリストの主張を広く宣伝することになる。

　シェリング（Schelling, 1960）は，ゲーム理論の研究において，ゲームのプレーヤーが念頭におく「誰もが知っている場所」をフォーカル・ポイント（focal point, 焦点）と呼んだ。シェリングは，教室内の学生に対して，「ニューヨーク市内で別の学生と待ち合わせをするならば，どの場所にするか」を尋ねた。事前に打ち合わせをせずに，相手が待っていそうな場所で待つとすればどこか，という問題を出し，多くの学生がグランド・セントラル駅を待ち合わせ場所にすると回答したことを報告している（pp. 55-56）。これはゲーム理論でいうナッシュ均衡の例であり，シェリングは，「暗黙の協調（tacit coordination）」ないし「共通の利害（common interests）」と呼んでいる。テロリストが実行場所に選ぶのも，このフォーカル・ポイントに該当する場所である。

　表4-1のテロ事件は，特定の個人を標的にしたものではない。テロリストたちの政治的な主張や目的が何であったかにかかわらず，「誰もが知っている場所」にいた多数の一般人が犠牲となっている。表4-1のなかで最も犠牲者の多かったテロ事件は，2001年9月11日に起こったアメリカ・ニューヨークのワールドトレードセンターへの航空機自爆テロ事件である。ツィンコタ他（2010）の論文では，犠牲者の数を2,992名としているが，2,996名としている報告もある[1]。

---

1)　http://911research.wtc7.net/cache/sept11/victims/victims_list.htm を参照されたい。（2018年1月30日確認）

2001年当時，ワールドトレードセンターには複数の日系企業も入居していた。2011年5月3日の朝日新聞朝刊によれば，日本人犠牲者は24名であったとされている。新聞報道によれば，銀行・証券・保険といった金融関係の企業を中心として36社が入居した経験があったことを報じている。ただし，伊予銀行，千代田火災海上保険，百五銀行，安田火災海上保険については，事件発生以前にワールドトレードセンターから撤退していたとも報じられている。筆者が行った百五銀行広報部への電話インタビューによれば，2011年4月の段階で，支店から駐在員事務所に現地法人を改組し，ワールドトレードセンターのオフィスが広すぎる状態になったために，ニューヨークの金融街に別のオフィスを借りたという偶然の結果であったという[2]。

表4-1には，1993年2月26日におきたワールドトレードセンターでの爆破事件も掲載されている。死亡者6名，負傷者1,042名であった。アメリカ・ニューヨークのワールドトレードセンターでは2001年に先立つ1993年にも爆破事件があった。そうしたテロ被害の頻度を考えるとき，賃貸物件としてオフィスを利用する日系多国籍企業の立地選択として，ワールドトレードセンターが必要不可欠な場所であったのかどうか，各社での検証が必要であろう。

（2）経済的恩恵と思想的恩恵

利他的懲罰がテロの原因であるとすれば，集団Aのメンバーが，集団Bに対して懲罰をする理由を無くせば，テロを防止できることになる。集団Bが，集団Aに対して思想的な恩恵を与え，かつ，経済的な恩恵を与えることができれば，集団Aのメンバーにとっては，集団Bに対して利他的懲罰を行うことを正当化する根拠を失う。

国際経営における集団Bとは，受入国で活動する多国籍企業である

---

2) 2018年1月30日，百五銀行広報部CSR室への電話インタビューにもとづく。同社広報部より掲載の許可を得た。

かもしれない。そのとき，集団Aとは，その多国籍企業の子会社が活動する国において経済的に豊かではない少数者(マイノリティ)である。多国籍企業の活動によって雇用が生まれ，技術移転が進み，集団Aが豊かになるならば，それを経済的な恩恵と呼ぶことができる。重要なのは，思想的な恩恵を同時に与えていることを言葉にして伝えることである。多国籍企業が受入国の従業員に与える思想的な恩恵とは，仕事を通じた技能・技術の移転による達成感であり，自己実現の喜びにほかならない。言論の自由や表現の自由など，政治的・文化的な側面から思想的な恩恵を与える主体となるのは，政府であり，民間交流でもある。

4. 政治リスクへの対応策

（1）国際的な調査事例

ジャンボナ他（Giambona, Graham, and Harvey, 2017）は，世界の多国籍企業に勤務する財務担当役員（financial executives）に対してアンケート調査を行い，多国籍企業が認知するリスク・タイプに関する1,161件の回答を得た。図4-1は，その結果である。多くの財務担当役員が認知する多国籍企業のリスク・タイプとして上位にくるのは，「金利」，「為替レート」，「信用」であり，「政治」は第4位となっている。

この調査結果では，経済・経営に関わるリスクが政治リスクよりも重視されている。回答者が財務担当役員であったための偏りを含む結果となっているのかもしれないが，実際に，企業経営の責任を負う者からすれば，政治リスクよりも「金利」，「為替レート」，「信用」といった経済・経営に関わる要因を明確に意識しているという調査結果として読み取ることができる。日本貿易振興機構（2006）が中国を対象として調査した結果でも，企業財務に関するリスクが重視されている。

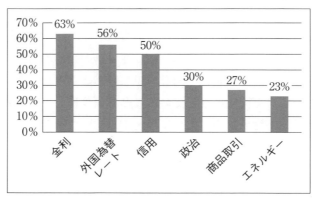

図4-1 多国籍企業が認知するリスク・タイプの分類
(出所) Giambona, et.al., (2017), Figure 2, Panel A, p. 527 より引用。

(2) 投資前の調査

国際経営における政治リスクとは，国際経営の現場となる国における政治的な要因によって，多国籍企業の経営が脅かされることを言う。政権への不満や批判を示すための民衆によるデモ[3]，軍部による政治体制転覆を試みるクーデター[4]，外国との戦争[5]，国内で対立する民族による内戦[6] など，さまざまなケースにおいて企業経営の正常な運営が妨げられる場合がある。

ジャンボナ他（2017）は，前述のアンケート調査において政治リスクへの対処方法について尋ねている。上位の回答としては「危険国への投資を避ける」と「投資前の調査を充実させる」がある。これらの回答は，あたりまえのようでもあり，対処方法と呼べるのかどうか，という疑念すら生まれるかもしれない。しかし，こうした回答は重要な経営課題を

---

3) たとえば，2018年2月6日，「モルディブ非常事態宣言，野党幹部釈放巡りデモ激化」読売新聞・東京夕刊，3頁を参照。
4) たとえば，2014年5月24日，「タイクーデター，トヨタ夜間の操業再開，日系店舗，営業短縮」読売新聞・中部朝刊，8頁を参照。
5) たとえば，1991年1月17日，「湾岸戦争開戦『社員たちは無事か』 確認に追われる日本企業の各社」読売新聞・東京夕刊，19頁を参照。
6) たとえば，2017年8月4日，「イエメン，コレラ猛威，感染疑い40万人超，内戦激化，薬届かず」読売新聞・東京朝刊，9頁を参照。

第 4 章　多国籍企業と国際展開のリスク　｜　**71**

表 4-2　リスクへの対処方法

(単位：%)

・危険国への投資を避ける	48.6
・投資前の調査を充実させる	43.5
・複数の国々に投資先を分散する	39.3
・危険国への投資金額を少なくする	35.1
・投資パートナー，コンソーシアムの利用を増やす	34.6
・危険国では目立たぬように会社運営をする	25.7
・危険国でのプロジェクト収益率の基準を高く設定する	25.2
・通貨・商品取引のヘッジ取引を増加させる	18.2
・政治リスク分析を頻繁に利用する	17.3
・警備保障要員を増加させる	15.4
・サプライチェーン・マネジメントを変更する	15.4
・様々な産業分野で投資を分散する	15.4
・政治リスク対応の保険を使う	15.0
・危険国での広報活動を拡大する	14.5

(出所) Giambona, et.al. (2017), Table 3, p. 528 より引用。

示唆している。

　海外直接投資を開始するときに，グリーンフィールド・インベストメントを行って工場を設立するか，M&A を行って既存企業を買収するか，という 2 つの方法がある（第 7 章参照）。それぞれの方法によって外国市場に参入する前に，市場環境の調査をする作業には，専門用語としての名称がついている。グリーンフィールド・インベストメントを行う前に投資の収益性を事前評価する活動をフィージビリティ・スタディ（feasibility study, Ｆ／Ｓ）と呼ぶ[7]。M&A を行う前に買収案件の収益性を評価する活動のことをデュー・ディリジェンスと呼ぶ。

　フィージビリティ・スタディやデュー・ディリジェンスでは，投資受入国における政治的な安定性や経済状況を，事前調査の重要な調査項目

---

7)　中小機構国際化支援センター海外展開支援課（2013）を参照。

としている。海外での操業経験が少ない企業にとって，新たな市場の動向を見極めることは，常に重要な課題である。他方で，新たな市場の場合には，受入国の言語を習得するにも何年かの時間がかかる。表4−2にあるように，現地の投資パートナーや，コンソーシアムと呼ばれる複数の企業による共同作業が必要なのは，そうした現地情報を獲得するためである。海外現地の政治情勢，経済状況を調査し，日本企業の国際的な展開をサポートする団体としては，独立行政法人日本貿易振興機構（Japan External Trade Organization：JETRO，略称・ジェトロ）がある。ジェトロは，世界各国に駐在員事務所を持ち，政治情勢や経済状況についての専門家を配置し，日系企業への情報提供を行っている。

　「危険国への投資を避ける」あるいは「投資前の調査を充実させる」ためには，F／Sやデュー・ディリジェンスを充実させる必要がある。もちろん，こうした作業を充実させても，リスクがゼロになることはない。とりわけ予測しにくいリスクは単独犯のテロによる襲撃や爆破事件などである。

まとめ

　2023年10月7日には，パレスチナ自治区・ガザ地区においてイスラム主義を掲げる対イスラエル強硬派政治グループ・ハマスが，イスラエルへの大規模テロ攻撃を行い，人質を拘束した。その報復として，イスラエルはガザ地区を空爆し，ハマス一掃を目指す地上戦も開始した。2024年になっても戦闘は継続し，その間，ガザ地区では，乳幼児をはじめとする多くの市民に犠牲者がでた。

　本書第3章でみたように資本主義は第七世代であるディグローバリゼーションの時代に入っている。グローバル化を前提とした自由な交易とビジネス展開の可能であった第六世代の時期から，制約とリスクの多

第4章　多国籍企業と国際展開のリスク　｜　**73**

い時代を経験しつつある。平和裏に政権交代が行われる政体を民主主義
と呼び，革命という暴力によって政権を交代せざるを得ない政体を全体
主義ないし権威主義と呼ぶ。圧政の敷かれるなかで政権への反対を意図
するときにテロが生まれる。それは内戦にも，戦争にもつながりうる。

　もしも，多国籍企業が強圧的な政治を行う政権を支えるビジネス活動
をしているとすれば，それは民主化を遅らせる活動に手を貸しているこ
とになる。多国籍企業の活動を民主的なものに向かわせる力を持つのは，
その企業の株主であり，経営者である。企業の利潤を生みだす源泉とし
て，企業の商品を購入する消費者にも責任の一端がある。ロシアがウク
ライナを侵攻したときにロシア事業の撤退を表明した世界の多国籍企業
には，消費者からの非難を避けるという経営戦略的な意図があったのか
もしれない。

《学習課題》

1．2016年7月4日の朝日新聞・朝刊には，2016年7月1日夜にバングラデ
　シュのダッカで発生した高級レストランにおけるテロ事件の経緯が報道さ
　れている。その記事の一部を読み，利他的懲罰の理論に基づいて，テロの
　犯人たちの心理を推測し，読み取ってみよう。
　　「バングラデシュ人の男性客の一人によると，客らを二つのグループに分
　けた。外国人たちは上の階に連れて行かれ，バングラデシュ人は，そのま
　まテーブルにとどまらせたという。ある男性従業員は武装グループの男に
　自動小銃を突きつけられ，『お前はイスラム教徒か』と問われた。『そうです』
　と震えながら答えると，男は『それならば行け。助かりたければ走れ』と
　応じた。男性は全力で走り，フェンスによじ登って逃げた。その後，武装
　グループは爆弾を爆発させ，無差別に自動小銃を発砲し始めたという。バ

ングラデシュ人の生存者の一人は，同僚2人と日本人1人と店内の別の部屋に隠れたが，武装グループの男に見つかった。男は『恐れなくてよい。我々はイスラム教徒は殺さない。イスラム教徒ではない者と，イスラム教徒の世界を破壊している者を殺しにきた』と言ったという。」

2．怨恨とは他者の行動を恨みに思うことを意味する。私怨とは，個人的な恨みを意味する。利他的懲罰の理論で説明されているテロリストの行動パターンと，怨恨ないし私怨による犯罪との共通点と異質性について，文章にまとめて論点を比較しなさい。

参考文献

本章は原田順子・洞口治夫『改訂新版　国際経営』（2019 年，放送大学教育振興会）の第4章をもとに大幅に加筆修正したものである。

・中小機構国際化支援センター海外展開支援課(2013)『海外展開のF／Sハンドブック』中小企業基盤整備機構.
・日本貿易振興機構（ジェトロ）(2006)『中国ビジネスのリスクマネジメント―リスクの分析と対処法―』ジェトロ.
・洞口治夫（1992）『日本企業の海外直接投資―アジアへの進出と撤退―』東京大学出版会.

・Allison, G.（2017）*Destined for War*, Houghton Mifflin Harcourt Publishing Company.（アリソン，G.『米中戦争前夜―新旧大国を衝突させる歴史の法則と回避のシナリオ―』藤原朝子訳，ダイヤモンド社，2017 年.）
・Czinkota, M. R., Knight, G., Liesch, P. W., and Steen, J.（2010）"Terrorism and international business : A research agenda," *Journal of International Business Studies*, vol. 41, no. 5, pp. 826-843.
・Fehr, E., and Gächter, S.（2002）"Altruistic punishment in humans," *Nature*, vol.

415, pp. 137–140.

・Giambona, E., Graham, J. R., and Harvey, C. R. (2017), "The management of political risk," *Journal of International Business Studies*, vol. 48, no. 4, pp. 523–533.

・Schelling, T. C. (1960) *The Strategy of Conflict*, Cambridge Mass.：Harvard University Press.（シェリング，T. C.『紛争の戦略──ゲーム理論のエッセンス──』河野勝訳，勁草書房，2008 年.）

・Tobeña, A.（2004）Individual factors in suicide terrorism, *Science*, vol. 304, no. 5667, pp. 47–49.

5 | 多国籍企業の知識創造

洞口治夫

《目標＆ポイント》 人工知能（artificial intelligence, AI）の登場は，多国籍企業のビジネスを大きく変えた。新製品や新たなサービスの競争力を獲得していくプロセスでは，AI を組織に組み込んで体系的に新たな知識を生み出せる企業が，ライバル会社に対して優位な立場に立つ。本章では，知識をいかに管理し，新たな知識を創造するか，に関する経営学の理論を学ぶ。
《キーワード》 記号（symbol, sign），情報（information），知識（knowledge），暗黙知（tacit knowledge, tacit knowing），創発（emergence），形式知（explicit knowledge），知識創造理論，暗黙知依存の危険性，集合知（collective knowledge），生成 AI

1. 人工知能の登場

　人工知能（artificial intelligence, AI）の登場によって，さまざまなボードゲームで人間の世界チャンピオンが AI に敗れている。チェスでは，1997 年に AI の「Deep Blue」が，当時の人間のグランドマスターであるガルリ・カスパノフ（Garry Kasparov）に勝利し，人間のプレイヤーが AI に対抗できなくなる時代の到来を告げた（Hassabis, 2017）。囲碁では 2016 年に「AlphaGo」というディープラーニングプログラムに韓国のトップ棋士イ・セドル（Lee Sedol）が敗れた（Silver et al, 2016, 2017）。日本では，当時の将棋プロ名人佐藤天彦が 2017 年 5 月に将棋 AI「Ponanza」に敗れた。佐藤名人とは二局対局して二局ともに将棋 AI「Ponanza」の勝ちであった（松原，2021, 2022）。それ以降，プロの

将棋棋士が将棋 AI を使った練習将棋を開始し，AI との練習将棋に打ちこんだ棋士は高い勝率を記録している。

　チェス，囲碁，将棋という特定のルールに限定されたボードゲームの世界において，2020 年頃までに AI は人間の論理的思考能力を凌駕した。AI は人間に学習機会を与える存在となり，プロ棋士をはじめとする人間の学習プロセスに取り入れられてきた。

　2022 年 8 月，筆者が将棋のインターネット中継サイトの運営者に行った取材によると，この中継サイトでは，1 台のコンピュータで 4 つの AI プログラムを動かして将棋の対局を中継している，という。4 つの AI プログラムのうち 3 つは，将棋の対局でどちらが優勢かを独自に判断して打つべき手を予測し，4 つ目の AI プログラムは勝敗判定データと予測された手をもとに，最終的な指し手予測と形成判断を下すことに特化している，という。つまり，人間の発想に基づけば，4 つの AI プログラムは互いに組織化されて判断や予測を行っていることになる。

　2022 年 11 月には，アメリカの Open AI 社が生成 AI と呼ばれるチャット・ジーピーティー（ChatGPT：Chat Generative Pre-trained Transformer）を公開した。ChatGPT は，コンピュータ画面から入力される人間からの質問に回答を与える会話（チャット）を行う自動生成プログラムであり，人工知能チャットボットあるいは対話型人工知能とも呼ばれる。英語表記の Generative とは「言語を生み出す」または「生成可能な」，Pre-trained とは「事前に訓練された」あるいは「学習済みの」，Transformer とは「変換器」という意味である。ちなみに，電気回路において transformer と言えば変圧器に該当する。

　2023 年 4 月 19 日付け日本経済新聞によれば，日本の農林水産省が ChatGPT を利用して同省のウェブサイトのマニュアル文書の書き換えを行うと発表したことを報道している。また，同年 8 月 13 日の日本経

済新聞では，監査法人トーマツが人工知能を使って企業の財務情報を監査する取り組みを本格的に開始することが報じられている。過去に誤りや不正のあった企業の財務内容を AI に学ばせることで，監査先企業の不正リスクを探り当てるという。同年8月15日の日本経済新聞によれば，日本企業コニカミノルタが ChatGPT を利用して，マニュアル作成を支援するクラウドサービスを始める，と報道されている。業務内容を入力すると，マニュアルの下書きが自動で作成される，という。手作業でまとめる場合に比べ作業時間を8割程度減らすことができ，利用料金は月額2万8,600円からであり，マニュアルの規模で価格が変わるという。

我々は AI とともに組織を運営する時代に生活している。本章では，企業の行うべき知識管理の手法を説明し，それが人工知能とどのような関連を持つのかを説明したい。そのための基礎概念として，記号，情報，知識の関係について説明する。そののち，暗黙知，形式知，集合知の区分について解説し，さらに，インターネット時代の知識創造の方法として集合知マネジメントについて説明する。そのうえで，暗黙知という概念を安易に用いて経営を行うことには，いくつかの危険性があることを示す。

2. 知識の基盤

（1）記号・情報・意味

経営学は，経営戦略，経営組織，経営管理の各分野から成り立っている。そうした研究分野の確立は，企業活動にとっての必要性に導かれたものである。経営管理の重要な構成要素としては生産管理，販売管理（マーケティング），財務管理（ファイナンス），人的資源管理（HRM），情報管理の5つが伝統的な管理の区分であったが，それに加えて，知識管理が第6の重要な管理論として注目を集めている。知識管理が重要で

あるのは，それが企業の競争力に直接に結びつき，経営戦略の構成要素となるからである。

　知識とは，人間が理解した意味の体系である。意味を理解するために，人は記号を用いる。英語には sign や symbol といった単語があり，日本語ではどちらも記号と訳される。記号が発話される言語であるか，書き記される文字や形であるかは本質的ではない。たとえば，街の街路樹も記号であり，富士山の雄姿も記号である。

　人間は，思考の手順として，なんらかの記号を手に入れる必要がある。このことを指摘したのは記号論の創始者とされる哲学者パース（1868）である。人間が記号を伝達するときには，伝達される記号のことを情報と呼び，その情報から意味を読み取るときに用いる思考の基盤を知識という。

　たとえば，110 という数字の並びは 1 と 0 という 2 つの記号から成る。それ自体には何も意味はない。110 という記号を情報として受け取った人間が，それをいかに理解するか。多義性を持った情報から，意味を読み取る作業を行うために必要なのが知識である。多義性とは，一つの情報が多様な意味を持ちうることを指す。たとえば，電話番号の 110 は，日本では警察を呼ぶ緊急時の電話番号である。あるいは，二進法で表記された 110 であれば，それは十進法の 6 を意味する。情報として受け取った 110 を，警察を呼ぶための緊急電話番号として理解するのを助けるものが，知識である。同様に，情報として受け取った 110 を，二進法として解釈し十進法に翻訳しなおす行為を助けるものが，知識である。記号，情報，知識には，このような階層関係が成り立っている。

（2）知識と経営

　知識のあり方と企業経営とが結び付けられたのは，20 世紀後半であ

る。科学のあり方を論じた科学哲学の進歩が，その動向に大きな影響を与えた。ポランニー（1966）による暗黙知（tacit knowledge, tacit knowing）の概念は，知識の定義を広げることに役立った。彼は，人が言葉にできる以上のことを知りえており，その状態を「知」の一つの形態であると認識し，暗黙知と呼んだ。暗黙知という概念を明示することで，文字に表される知識とは異なった「定義されない知識」の存在を主張した。さらに，そうした定義不可能な知識の存在によって，新たな知識の創発（emergence）が生まれることを論じた。

創発とは，意図せざる結果からもたらされる状態や，予測不可能な進化形態が生まれることを指す。たとえば，抽象画を描く画家が，油絵具の入った絵具缶をキャンバスに打ちまけて絵画を描くことに似ている。絵具缶にどのような絵の具を入れるかは画家が決めるが，どのような絵が生まれるかは画家も決められない。予測不可能な進化形態の例としては，インド国内で食べるカレーと，日本国内のカレーと，タイ式カレーとを比較することができる。長い歴史のなかで，各国で独自のカレー文化が進化し定着したとみることができる。創発という状態は，何世代かにわたる料理人たちの工夫が積み重ねられて定着したものを指す。

知識管理の議論を魅力的なものにしたのは，暗黙知への着目である。ポランニー（1966）は主著『暗黙知の次元』の中で，暗黙知を人が知りえていることでありながら言葉にできない知識と定義している。ポランニー（1966）は，知識の概念には身体性が含まれていると言っている。身体性とは，体を使って表現される行為に知識が含まれていることを指している。たとえば，技能と呼ばれる能力には，言葉にできない知識が含まれている。文字にできる形式的な知識だけではなく，技能やノウハウ，体力や味覚・触覚・嗅覚・聴覚といった人間のもつ機能がもたらす認識や記憶が暗黙知の定義には含まれている。

他方では，言語によって説明可能な知識を形式知（explicit knowledge）と言う。形式知の具体的なイメージとしては，自然言語以外に，コンピュータ言語によるプログラミングを挙げることが出来る。プログラミング言語によって表現可能なものが形式知であり，プログラミング言語によっては表現が不可能であるか，あるいは，意図された表現とは異なる受け止め方をされることが暗黙知である。暗黙知とは，人間の顔の認識のように，客観的には表現できない知識の一部である。たとえば，メールや電話では相手の表情や感情まではうまく伝わらず，Zoom やテレビ電話を利用した会話や実際に会うという行為によって，相手の顔の表情を確認しながら濃密な情報交換をすることができる。

暗黙知の概念を引用しながら経済の進化プロセスを研究したのはネルソン＝ウィンター（Nelson and Winter, 1982, 第 4 章）であり，日本の経済学者・経営学者によっても応用されてきた。猪木（1985, 1987），小池・猪木（1987）らは，暗黙知の概念を技能形成の説明原理として援用しながら，アジアの製造業職場における熟練形成の実証研究を行った。猪木（1987）は，「定義できない知識」が存在するために，現場の人間が持っている知識や技能を完全に収集し，管理し，また，適切に知らせていくという仕事を経営者層が遂行していくことはできない，と論じている（p. 213）。したがって，経営者層は知識そのものを管理するのではなく，知識を有していると考えられる組織内部の人を管理することになる，という。

形式知と暗黙知の概念は，ペンローズ（1959）による客観的知識と経験の定義に対応している。ペンローズ（Penrose, 1959）は，企業が保有する資源（resources）とその資源が生み出すサービス（利用方法）が，企業にとっての「投入」（input）となることを説いた。これらの資源とそのサービスを有効に使う機会と方法を見つけ出すのが企業家の役割で

ある。ペンローズ（1959）は，その方法を「客観的知識（objective knowledge）」の獲得と「経験（experience）」と呼んでいる。前者は，言葉で伝達可能であって，教えたり，学んだりすることができるのに対し，後者は，経験した者以外には伝達不可能な知識である（原著，pp. 53-54，訳書，pp. 87-89）。

3. 知識創造理論

野中（1990），野中・竹内（1996）は，暗黙知から形式知への転換の過程において知識が生成されると主張し，日本の多国籍企業であるパナソニックにおける自動パン焼き器の開発過程とホンダによる自動車の設計過程を事例としてとりあげた。一連の著作による知識創造の理論は，暗黙知の概念を重視した経営理論として世界の経営学会に影響を与えた。知識創造理論に基づいて活動する企業が自己革新的組織として活動できることを示唆し，企業を取り囲む環境の不確実性，複雑性が高まる中で，組織が知識を創造していくことの重要性を示唆したといえる。

野中・竹内（1996）の知識創造理論において，暗黙知を形式知に転換していくことから知識が創造されるという説明を示したのが，図5-1である。図5-1の左側が投入（インプット）であり，上方向に産出（アウトプット）が行なわれる。暗黙知を投入して暗黙知が出てくると共同化（socialization），暗黙知を投入して形式知になると表出化（externalization）と呼ばれる。形式知を投入して形式知を産出すると連結化（combination），形式知を投入して暗黙知を産出すると内面化（internalization）である。これら4つの象限から成るモデルは，それぞれの英語表現の頭文字をとってSECIモデルと呼ばれる。

野中・竹内（1996）によれば，内面化・共同化・表出化・連結化のサイクルを何回か回すことによって知識が高度化していく，という（図

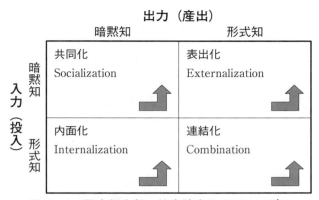

図 5-1　野中郁次郎・竹内弘高の SECI モデル
（出所）Nonaka=Takeuchi（1995），*The Knowledge Creating Company*, Oxford University Press，p.62，図 3-2 および同書邦訳，野中郁次郎・竹内弘高著『知識創造企業』（梅本勝博訳，東洋経済新報社，1996 年）図 3-2 より引用。ただし矢印の位置を加筆した。

5-2)。このスパイラルを回すのがマネージャーの役割である。野中・竹内（1996）らは乗用車の商品開発を例として，車内空間の広い乗り心地のいい車を創るという目的のために，開発チームが合宿をし，会議を重ねて新しい商品のコンセプトをつくった，という事例を挙げた。この共同化の作業ののちに，車高（しゃこう），車幅（しゃふく），デザイン，ウィンドウの形など，細かな設計情報データを表出化し，されに連結化する。試作車に乗ることによって，当初意図したコンセプトが満たされているかどうかを体感してチェックし，設計の意図を内面化する。

　図5-2には，4つのプロセスが螺旋状（らせんじょう）になりながら進められる知識創造スパイラルが示されている。共同化，表出化，内面化，連結化という4つのプロセスが相互に連携し合いながらアウトプットを生み出していく。ここで知識が創造される。知識創造理論では，さらに環境の不確実性を組織内部に主体的に取り込むべきである，ということが述べられ

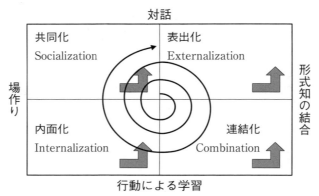

図 5-2　知識スパイラル

（出所）上掲，Nonaka＝Takeuchi（1995），p. 71，図 3-3 および同書邦訳，野中郁次郎・竹内弘高著『知識創造企業』（梅本勝博訳，東洋経済新報社，1996 年）図 3-3 より引用。ただし，矢印の位置を加筆した。

ている。つまり，意図的にあえて環境の不確実性を組織に取り込み，そのことで組織にとって必要な新しい知識を生み出そうとする考え方が強調されている。

　日本の医薬品メーカー・エーザイのように，SECI モデルを応用して医薬品開発が行われている，という事例もある。つまり，エーザイ社員が病院に泊まり込み（共同化），患者のニーズを感知して社内に報告し（表出化），それらの報告を集めて（連結化），研究開発の方向性を定めている（内面化），という[1]。

4. 暗黙知依存の危険性

（1）事前の知識レベル

　暗黙知を協調した経営には，一つの危険がある。それは，暗黙知を発揮する前の，いわば「事前の知識レベル」が軽視される，という危険である[2]。指先の微妙な感覚でパン生地をこねる職人の技が暗黙知であり，

---

1) 原田・洞口（2019）第 6 章を参照されたい。
2) 以下，洞口（2009）序章に依拠している。

その暗黙知を数値化してパン焼き器に置き換えることが暗黙知の形式知化であるとされるのだが，それを知識創造と呼ぶという論理は思考のプロセスについての留意が足りないという意味で必ずしも十分ではない。

　言葉にできない感覚を，感覚として理解するためには，感覚への自覚が必要である。小麦粉，強力粉，薄力粉，イーストの違いを理解していないパン職人が，指先の感覚だけに頼っても，おいしいパンは生まれない。パン焼き器の設計に必要な専門知識として，熱センサーの設計，省電力化のための回路設計やカスタマイズされた LSI の設計，電源回路における内部抵抗の計算，容器成形のための金型設計と CAD の利用，熱伝導率を勘案した材料選択やデザインといった要素技術についての形式知が必要であり，それらはパン焼き器設計者に必要な事前の「知識レベル」として要請されている。

　形式知を理解する作業，すなわち，野中・竹内（1996）の用語でいうところの内面化には，個人の努力が必要となる。高度な形式知を理解して，高度な暗黙知を得るためには，優れた理解力を持つ必要がある。文章，数学，音符といった形式知を理解した人間は，それを理解していない人間よりも，より微妙な違いを伝達することができる。形式知は，暗黙知を獲得する前提として働く。形式知を理解するための教育方法に新たな革新があったときに，暗黙知も高度化する。暗黙知を重視することで，形式知を理解するという努力と，そのための教育的な技術が不要になるものではない。複数の個人による形式知の連結化では，さらに困難な条件が満たされねばならない。つまり，高度な形式知を理解できる多数の個人が揃ったときにのみ，形式知が連結される。

（2）知識は集合的に創られる[3]
　野中・竹内（1996）の知識創造理論では，何人の人々が共同化を行い，

3）　洞口（2009），24 ページ参照。

何人の人がどのようにその内面化を行うのか，明確ではない。共同化のときには集団として，表出化のときには複数の個人として，連結化のときには個人の集合体として，内面化のときには集団のなかの個人として活動が営まれているように思われる。

「個人が知識を創りあげる」という活動は理解しやすいものである。知識には，そうしたイメージがある。暗黙知の概念を定義したポランニー（1985）が強調したのも，個人の知的活動とその固有性である。形式知の伝達では，さらに個人が重視される。つまり，個人の理解した内容を，また別の個人に説明することが想定されている。知識は，個人間を移転する。本に書かれた知識を正確に，早く理解できる人が，それを理解できない人に説明する。暗黙知と形式知という二分法としての知識には，そうしたイメージがある。

他方では，人間の持つ知識が限定されたものであることに注意を喚起した学者もいる。人間の行動における「限定された合理性」の概念を提起したサイモン（Simon, 1945）である。経営戦略論のアンゾフ（1965）もまた，「部分的無知」という言い方で，経営者の知識や合理的意思決定が限定されたものであることを説いた。サイモンによる限定された合理性の概念は，人間の意思決定プロセスにおける限界を説明した。サイモン（1945）は同時に組織による意思決定が個人のそれを上回る判断を可能にしていることを説いていた（第11章）。

集団が創り上げてきた知識を集合知（collective knowledge）[4]と呼ぶ。日本語や英語といった自然言語は，その文化圏に暮らす人々によって形成されてきた集合知の一例である。クラスターと呼ばれる産業集積地域内で形成される知識や改善活動を通じて工場内で広められる知識も，集合知の一例である。集団が知識を創りあげる時代では，複数の人間が，一つの知識を創り上げる。そうした集団による知識の創造を上手にマネ

---

[4] 集合知（collective knowledge）については，洞口（2009, Horauchi 2014）を参照されたい。なお，直感的な認識や推測を重視した英語表現として collective intelligence や wisdom of crowd がある。

ジメントする組織が強い組織であり，市場での競争力を獲得する。

集合知を生み出すためには，集団や組織をさまざまな側面からマネジメントする必要がある。結論をまとめておけば，以下のようなものである。

第一に，集合知のパターンは集合戦略にしたがって決まる。どのような集合戦略を選択するかによって，集合知のパターンが決定する。研究開発拠点をどの国に置くか。何人の研究者を配置するのか。誰がマネジメントの責任者となるのか。研究に主力を置くのか，それとも，製品の開発に主力を置くのか。こうした戦略的な決定が必要である。

第二に，どのような集合知を創造したいかに応じて，集合戦略の選択をする必要がある。新製品の開発や創薬といった分野だけでなく，マーケティング，ファイナンス，生産管理といった様々な側面で集合知の創造は可能である。経営者が構想するべきは，創造したい知識の方向性とそのための戦略である。

5. 生成 AI との対話

知識創造と嘘

ChatGPT との対話は，知識創造の理論に重大な影響を及ぼしうる。別の表現をすれば，知識創造の理論に重大な欠陥が内蔵されていることを示唆している。その例を以下に示そう。

筆者の氏名は洞口治夫であり植物学者ではない。しかし，あえて次のような質問を ChatGPT に投げかけた。つまり，インターネット上の ChatGPT のサイトで，以下の質問を入力した。

洞口「日本の植物学者，洞口治夫が発見した生物を３つ教えてください。」

ChatGPT からの回答は，以下のようなものであった。

ChatGPT「もちろんです。洞口治夫が発見した生物の中から３つを以下に示します。コケモモ（苔桃）：洞口治夫は，北海道や千島列島でコケモモを発見し，その研究を行いました。コケモモはバラ科の植物で，赤い実をつけることで知られています。ウラシマソウ（浦島草）：ウラシマソウは，洞口治夫によって発見され，初めて学術的に記載された植物です。この植物は，花の形が面白く，日本固有種として知られています。エゾリュウキンカ（蝦夷柳金花）：エゾリュウキンカは，日本の北海道や樺太などに自生する花で，洞口治夫が発見したものの一つです。この花は鮮やかな黄色の花を咲かせ，寒冷地に生息する特徴的な植物です。以上が，洞口治夫が発見した生物の一部です。お間違えのないようにお願いいたします。」

以上が洞口とChatGPTとの会話であり，その内容は2023年8月14日に確認した。同じ質問をChatGPTに投げかけると，そのたびごとに異なった回答が得られるので，別時点で同じ質問をしても異なった回答が得られる。

洞口治夫は植物学者ではなく，コケモモ，ウラシマソウ，エゾリュウキンカという生物を発見したこともない。同姓同名の植物学者もいない。つまり，ChatGPTの回答は，人間の思考における判断基準から言えば「嘘」であることになる。ChatGPTは「嘘をつく」のである。

ここでChatGPTという略称は，Chat Generative Pre-trained Transformerを略したものであることを思い起こそう。事前に学習されたデータ群を変換することでチャットを生成することがChatGPTに内蔵された機能である。したがって，ChatGPTは与えられた質問に対して，ありそうな答えを文章化することになる。図5-1で示された四象限のなかで，どれがChatGPTの行う作業であるかを考えてみよう。ChatGPTは，すでに存在する言語データを学習して新たにつなぎ合わ

せるのであり，形式知をインプットして形式知をアウトプットする連結化に該当する作業を行っていることになる。新たに生まれる文章は真実ではないかもしれないが，ChatGPT は真実を言うことを義務としてはいない。ChatGPT は，真と偽，真実と虚偽，「本当のこと」と「嘘」について，判別するようにプログラムされていない。

　ここで図 5-1 に示された野中＝竹内の知識創造理論を点検してみよう。この理論は，暗黙知から形式知への転換である表出化を核として知識創造のスパイラルがある，としている。その論理では，発生するスパイラルが虚偽，嘘，あるいは，悪事について累積していく可能性を排除していない。たとえば，特殊詐欺事件による ATM 操作の組織的誘導や会社ぐるみの不法な活動なども，知識創造理論で説明できてしまうことがわかる。

まとめ

　犯罪の発生を前提として議論を組み立てる法律学，罪を犯す者の心理状態に焦点を当てた犯罪心理学などに比較して，経済学や経営学では犯罪を議論の範囲から無意識的に外していることが多い。経済犯罪や詐欺などの事件があったとしても，それを経済学や経営学の理論的範疇に関わるものとして議論することは少なかった。たとえば，経営戦略を論ずるときには，暗黙の前提として適法な行為だけが取り上げられ，違法行為は行われないもの，として議論されてきた。

　ChatGPT をはじめとする生成 AI の登場は，こうした暗黙の前提が成り立たない世界を生み出している。ChatGPT が私たちの質問に回答するとき，真実と虚偽，あるいは，「本当のこと」と「嘘」の違いについては無頓着なままの回答が生成される。なぜ真実と虚偽，あるいは，「本当のこと」と「嘘」の違いが曖昧になるのだろうか。

真実と虚偽を「確かなこと」と「不確かなこと」に言い換えてみれば明らかであるが，真実と虚偽との違い，あるいは，「本当のこと」と「嘘」の違いは，白と黒のように明確に弁別できるものではないことが挙げられる。天気予報で気象庁が台風の進路を予測するとき，その進路予測が実際の進路とは異なった場合に，「気象庁が嘘をついた」となじる人はいない。台風の進路という「不確かなこと」を予測しようとすれば，その予測が外れることを容認しなければならない。

「嘘」という表現には，主観的な意思が込められている。誰かが，別の誰かに対して真実とは異なる言明を意図的に行うときに，「嘘をついた」と表現される。これは「嘘」の背後に悪意があると認めていることにもなる。悪意の反意語は善意であり，善意とは何か，を問うてきたのは哲学という学問分野である（Horaguchi, 2024）。ChatGPT は，悪意を持たない。悪意のないままに真実を語らない。ChatGPT を利用する人間は，ChatGPT がそうした性質を備えて情報を創造していくコンピューター・プログラムであることを理解しなければならない。ChatGPT は悪意のない嘘をつく。それを利用する人間は意識的に善を希求していかねばならない。

《学習課題》

1. あなたが勤務した会社では，どのような具体的な専門的知識を必要としていたでしょうか。従業員は，その専門知識を磨いてきたと言えるでしょうか。それは言葉では伝達できない暗黙知でしょうか，それとも，形式知として文章で伝えられるのでしょうか。勤務経験のない方は，就職してみたい会社やアルバイト先を念頭に置いて考えてみましょう。

2．このテキストの読者のみなさんも，
　「日本の植物学者，○○○○が発見した生物を3つ教えてください。」という質問を ChatGPT にしてみましょう。○○○○には，自分の名前や自分の親族の名前など，植物学者ではないとわかっている人の名前を入れてみましょう。また，「植物学者」と尋ねる代わりに「経済学者」，「文化人類学者」，「医学者」など，異なる専門分野についての質問もしてみましょう。ChatGPT によって得られた回答から質問者に沸き起こる感情を指して「幻覚（hallucination）」と呼ぶ専門家もいます。なぜ「幻覚」と呼びうるのか，その理由を考えましょう。

参考文献

本章は原田順子・洞口治夫『改訂新版　国際経営』（2019 年，放送大学教育振興会）の第 6 章をもとに大幅に加筆修正したものである。

・アンゾフ，イゴー・H（1965）『企業戦略論』広田寿亮訳，産業能率大学出版部，1969 年.
・猪木武徳（1985）「経済と暗黙知—労働と技術にかんする一考察—」『季刊現代経済』通号 61 号，pp. 119 〜 126，4 月号．（伊丹敬之・加護野忠男・伊藤元重編，『リーディングス日本の企業システム 3　人的資源』第 4 章所収，有斐閣，1993 年.）
・猪木武徳（1987）『経済思想』岩波書店，1987 年.
・小池和男・猪木武徳（1987）『人材形成の国際比較—東南アジアと日本—』東洋経済新報社.
・サイモン，ハーバート・A（1945）『経営行動—経営組織における意思決定プロセスの研究—』松田武彦・高柳暁・二村敏子訳，ダイヤモンド社，1965 年.
・ネルソン，リチャード・R，ウィンター，シドニー・G（1982）『経済変動の進化理論』後藤晃・角南篤・田中辰雄訳，慶應義塾大学出版会，2007 年.

・野中郁次郎（1990）『知識創造の経営―日本企業のエピステモロジー―』日本経済新聞社.

・野中郁次郎・竹内弘高（1996）『知識創造企業』梅本勝博訳，東洋経済新報社.

・原田順子・洞口治夫（2019）『改訂新版　国際経営』放送大学教育振興会.

・パース，チャールズ（1868）「第三章　直観主義の批判」『世界の名著5　パース　ジェイムズ　デューイ』上山春平訳，中央公論社，1980年.

・ペンローズ，エディス（1959）『企業成長の理論』日高千景訳，ダイヤモンド社，2010年.

・ポランニー，マイケル（1966）『暗黙知の次元―言語から非言語へ―』高橋勇夫訳，ちくま学芸文庫，2003年.

・洞口治夫（2009）『集合知の経営―日本企業の知識管理戦略―』文眞堂.

・洞口治夫（2018）『MBAのナレッジ・マネジメント―集合知創造の現場としての社会人大学院―』文眞堂.

・松原仁（2021, 2022）「AI将棋入門―人工知能はいかに人間を超えたか―」第1回～第12回，『将棋世界』第85巻第4号～第86巻第3号，2021年4月～2022年3月.

・Hassabis, D. (2017). Artificial intelligence：Chess match of the century. *Nature*, 544（7651），413-414. https://doi.org/10.1038/544413a

・Horaguchi, H. H. (2024) Organization philosophy：A study of organizational goodness in the age of human and artificial intelligence collaboration. *AI & Society*. https://doi.org/10.1007/s00146-024-01980-6

・Silver, D., Huang, A., Maddison, C. J., Guez, A., Sifre, L., Van Den Driessche, G., Schrittwieser, J., Antonoglou, I., Panneershelvam, V., Lanctot, M., Dieleman, S., Grewe, D., Nham, J., Kalchbrenner, N., Sutskever, I., Graepel, T., Lillicrap, T., Leach, M., Kavukcuoglu, K., & Hassabis, D. (2016). Mastering the game of Go with deep neural networks and tree search. *Nature, 529*（7587），484-489. https://doi.org/10.1038/nature16961

・Silver, D., Schrittwieser, J., Simonyan, K., Antonoglou, I., Huang, A., Guez, A., et al. (2017). Mastering the game of Go without human knowledge. *Nature, 529*（7587），484-489.

6 | 技術移転のサブシステム

原田順子

《目標＆ポイント》 技術移転は研究開発の基盤である優秀な大学や人材の有無と関連する傾向がある。本章では最初に産業立地の競争優位，多国籍企業内部の研究・開発者ネットワークと空間的距離等について理解を深める。次に，技術移転と不可分であるグローバル人材について学習する。
《キーワード》 ポーター，産業クラスター，ローカル・ミリュー，グローバル・タレント・マネジメント

1. 多国籍企業と産業立地

　企業経営にとって，知識管理，特に「集団による」知識創造と管理が重要であることを前章で学習した。集合知は市場競争力，企業の盛衰と密接に結びついている。海外進出した日本企業は製品，製造方法，研究開発活動等の技術移転を実施しているが，研究開発拠点は特定の地域に集中している。この傾向は研究開発の基盤である優秀な大学や人材の有無と関連すると考えられる。本章では産業立地の競争優位，多国籍企業内部の研究・開発者ネットワークと空間的距離，グローバル・タレント・マネジメントについて理解を深めたい。

（1）産業立地の競争優位
　グローバリゼーションの加速によって国内産業の保護が懸念される時代であるからこそ，国民国家よりも小さく市町村よりも大きな空間に産業が集積している産業クラスターの振興が注目される。産業クラスター

とは，「ある特定の分野に属し，相互に関連した，企業と機関からなる地理的に近接した集団」（ポーター，1999，p. 70）とされる。ポーターの定義では，クラスターの範囲は国を超えた隣接数か国のネットワークも含む。広く知られるところでは，日本の自動車工業地域，アメリカのシリコンバレーのIT産業，イタリアのファッション産業は一定の地域に集積し，相乗効果を生み，高い競争力を保っている。

　産業クラスターの発生は，歴史的な由来など，偶然の積み重ねによって特定の産業が集まり始め，集積となって拡大していく場合がある（クルグマン，1994）。しかし，国の競争優位を保つという観点からは，自然発生に任せておくのではなく，行政が産業クラスターを振興する意味があるとポーター（1992）は主張する。なぜならば，経済的に成功した産業クラスターを国内に（できれば複数）持つことが国の競争優位につながるからである。図6-1に表される企業戦略・競争環境，需要条件，関連産業・支援産業，要素（投入資源）条件が，ある立地内に備わり，かつ相互のネットワークが適正に働くとき，その産業クラスター内の企業の競争優位性は立地要因に助けられると考えられる。

　次ページの「ダイヤモンド（菱形）図」に書き込まれているように，産業クラスター内の企業は生産性とイノベーションの両面で恩恵を受けると説明される（ポーター，1999）。たとえば，ハイレベルな人的資源，大学などの科学技術インフラ，関連産業に容易にアクセスできることで，企業は要求水準の高い顧客に応えることが可能になる。このような先端技術やニーズを先取りするための情報，研究開発段階の産官学の研究開発支援のネットワークへのアクセス，クラスター内の競争（ピア・プレッシャーによるインセンティブ）等において，産業クラスターは地域的に孤立した立地よりも優位であり，内部の相互作用が生産性とイノベーションの要素となると考えられる。

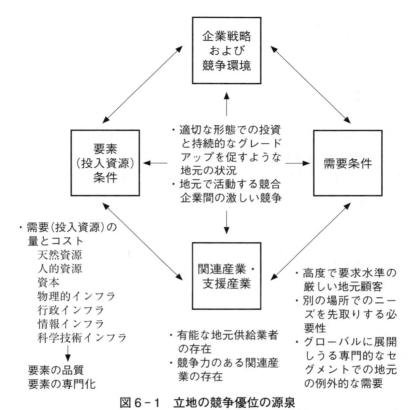

図6-1 立地の競争優位の源泉
（出所）ポーター, M.（2018）『[新版] 競争戦略論Ⅱ』竹内弘高訳, ダイヤモンド社。

　たとえ企業活動がグローバル化しても，国内にイノベーションのハブとなる企業群があれば，ローカルバズ［松原（2012）の解釈によると，暗黙知よりもくだけた概念で地域企業人のおしゃべりが，案外にイノベーションをもたらすという Storper and Venables（2004）に由来する概念］が生じやすく，イノベーションの相乗効果を生む。そして，グ

ローバルパイプライン（同質の受け手と結びついたネットワーク）を通じて海外に重要な情報を伝えることができる。

　ただし，すべての産業（あるいは企業）が経済的成功を収めるために一定の地域に集積するとは限らないと以下のように指摘されている（山本，2005）。すなわち，ドイツのハイデルベルク印刷機械株式会社は世界的に高い競争優位を有しているが，その取引先，知的連携先（大学），顧客，競合企業，労働力は，一定の地域に限定されていない。競争優位を持つ国を観察すると一定地域に産業集積が見られることが多いが，地域的な産業集積を見せないで国際的に競争優位を保つこともある。つまり，国の競争優位戦略において，産業クラスターの振興は必要十分条件ではなく，ツールの一つと捉えるべきであろう。しかし地域や国の発展を狙う行政としては，産業クラスターを有効なツールと捉えるし，企業も恩恵を受けるであろう。行政の後押しの効果を示したものが図6-2である。A，B，C社は産業クラスター内にいるがゆえの3層のメリットを受けることができる。ここで挙げられたメリットとは，第1に立地要因（輸送コスト，労働コスト，地価や環境対策コスト等），第2に社

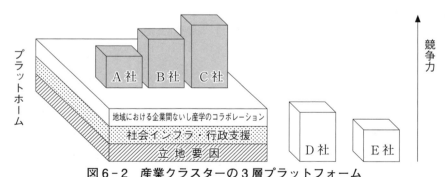

図6-2　産業クラスターの3層プラットフォーム

（出所）二神恭一（2008）『産業クラスターの経営学：メゾ・レベルの経営学への挑戦』中央経済社。

会インフラ・行政支援（道路・橋，港湾施設，用地造成，学校，産業支援施策，経営支援施策等），第3に地域ベースの産学官，産学の連携機能である（二神，2008）。このように行政的支援がある A, B, C 社は，D, E 社と比較して競争上有利である。

（2）ローカル・ミリュー論

　次に，イノベーションの観点から集積を重視するローカル・ミリュー論（Malmberg ほか，1996）を紹介する。ミリュー（milieu）とは，地理的近接性と頻繁な対面接触によって言葉，思考方法，価値観が共有され，同質的な文化，文脈，経験を有する集団（企業，人等）の存在する地域を意味する（藤川，2005）。ミリュー内に立地する各企業は，その活動領域が近いことから，公式，非公式の情報交換がなされる（ネットワークが構築される）ことにより，イノベーションに必要なビジネスチャンスや技術情報の入手について，ミリュー外の企業よりも有利になる（藤川，2005）。

　戸田（2005）はローカル・ミリュー論に興味深い解釈を加えている。すなわち，とりわけ暗黙的（tacit）に共有される情報は「地域」や「接触の量」と密接にかかわる傾向がある。ローカル・ミリューは情報の基盤として重要である。ただし，ローカル・ミリューのコンテクストを共有する受け手であれば，距離が遠くても，暗黙的に共有される情報を理解し吸収することが可能である。たとえば，多国籍企業内部の研究・開発者ネットワーク，旧知の研究者間のネットワークのように情報交換がスムーズに行われることができると考えられる（戸田，2005）。図6-3は，地域（Local），国内（National），海外（Global）の3つの空間スケールにおいて，ローカル・ミリューを共有する当該企業（例：親会社，子会社等）間は物理的距離があってもイノベーションの伝達・相互作用が行

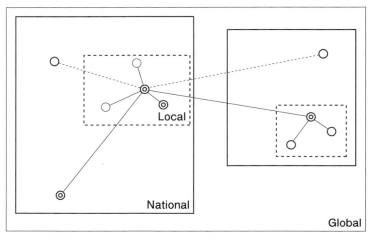

◎ 当該企業　　── 相互作用　強
○ 他企業　　　…… 相互作用　弱

図6-3　相互作用プロセスとしてのイノベーションと3つの空間スケール
(出所) 戸田順一郎 (2005)「イノベーション・システムと地域構造」, 矢田俊文編著『地域構造論の軌跡と展望』第7章, ミネルヴァ書房。

われやすいことを表している。蛇足だが, 2011年, 東京大学が国際化のために秋入学を検討すると発表し, 世間に衝撃を与えた。また, 国内の文部科学施策においても, 大学の国際化, 研究者の卵である学生の国際化が課題とされている。その背景にはローカル・ミリューの共有を維持することが先端研究に求められているということがあろう。図6-3の二重丸(◎)は海外(Global)にも存在する。しかし, 中心地域(Local)と暗黙的に共有される情報を含めた相互的情報交換を維持するためには, 中心地域(Local)のローカル・ミリューを身につける必要があるとすれば, 最終的には日本国内で研究活動を続けるとしても海外経験がものをいうと推測されるのである。

(3) 産業タイプとネットワーク

　前述の図6-3では，イノベーションが海外（Global）にも到達するケースがあるという。ところで，産業タイプによって地域固着性（地域内ネットワークの重要度）に違いがあるのだろうか。この点に関する輿倉（2009）の研究成果は興味深い。この研究は2001～2007年の地域新生コンソーシアム研究開発事業の採択プロジェクトと産学公の研究実施主体を調べ，分野別にネットワークの地理的形状を調べたものである。その結果，金型や機械系の加工技術等の「ものづくり型」（製造技術分野）では，100キロ未満の共同開発が多い。この分野は漸進的に技術の「擦り合わせ」の実践の積み重ねが重要であるか地理的近接性の意味が大きいと分析される。対照的に，「サイエンス型」（特に，環境・エネルギー分野，情報通信分野）では，500キロ以上離れた主体間のネットワークが目立った。これらの分野では高度な技術や専門知識の方が地理的近接性のメリットより重要なのである。その結果，「ものづくり型」は地理的な集

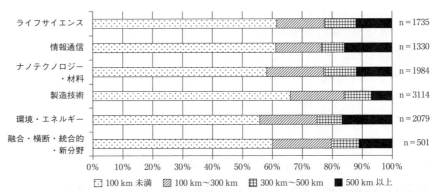

図6-4　地域新生コンソーシアム研究開発事業における共同研究開発の概念図
（出所）輿倉豊（2009）「産学公の研究開発ネットワークとイノベーション：地域新生コンソーシアム研究開発事業を事例として」，『地理学評論』82（6）。

中をみせ,サイエンス型は集積間の知のパイプラインが発達している(図6-4)。

2. グローバル・タレント・マネジメント

　海外拠点のどこに優秀な人材がいて,どのような強みを持つのかを知り,そうした人材を発掘・開発することは,多国籍企業の人事部門の重要な任務である。本節では,このような施策(グローバル・タレント・マネジメント)について考える。

　日本貿易振興機構(JETRO)が実施した日本企業の海外事業展開に関するアンケート調査(表6-1)によると,海外で拡大を図る機能(国・地域別トップ3)1位として挙げられたのは「販売機能」が最多であることがわかる。次いで,研究開発機能(新製品開発,現地市場向け仕様変更)の割合が高い。その他には地域統括,物流,生産(汎用品,高付加価値品)が続く。

　1990年代以降,新興国を中心に経済需要が拡大した。一方,わが国は内需拡大の見通しが立たず,国内市場が収縮する傾向が見られている。海外需要の増大と国内需要の縮小によって,多くの日本企業が海外展開を進めた。さらに,取引先企業を追って海外へ進出する企業も少なくなかった。当初,多くの企業は海外進出にあたり,高付加価値の工場は国内に残し,労働集約的な部分を海外に出した。やがて,消費地の近くで生産して「輸送コストを下げる」,「消費者ニーズをいち早く汲み取る」等の理由から,高度な生産機能が海外に移転する流れが加速した。今のところ,研究開発機能とマザー工場は国内に留める企業が多数派であるが,研究開発機能や本社機能までも海外に出すという企業が現れてきている。

　海外ビジネスに関心の高い日本企業(JETRO会員企業,JETROサー

表6-1 海外で拡大を図る機能（国・地域別トップ3）

（複数回答，%）

		1位		2位		3位	
	販売 （n = 671）	米国	52.0	中国	49.3	ベトナム	43.1
生産	汎用品 （n = 187）	中国	37.4	ベトナム	36.9	タイ	28.3
生産	高付加価値品 （n = 234）	中国	35.0	ベトナム	31.2	米国	30.3
研究開発	新製品開発 （n = 115）	米国	38.3	中国	33.0	ベトナム	25.2
研究開発	現地市場向け 仕様変更 （n = 164）	米国	42.1	中国	39.0	タイ	25.6
	地域統括 （n = 91）	米国	38.5	中国	37.4	西欧 （英国除く）	26.4
	物流 （n = 140）	米国	37.9	中国	31.4	ベトナム	31.4

（注）母数は，現在海外拠点がある企業。複数回答。N = 738。
（出所）日本貿易振興機構（2022）『（報告書版）2021年度日本企業の海外事業展開に関するアンケート調査』。
〈https://www.jetro.go.jp/ext_images/_Reports/01/12f5036312ce9e76/20210064rev2.pdf〉2024年3月19日検索。

ビス利用企業）では人材不足が成長の制約とならないように，優秀な外国人社員の活用が必要になる。図6-5に示されるように，全体で5割強の企業が外国人材を雇用している（常時雇用従業員数に占める外国人材の割合）。企業規模別にみると，大企業で83.3％，中小企業で45.7％と，大企業のほうが人材の国際化が進んでいる。とりわけ，海外進出企業では外国人材を雇用する企業の割合が高い。外国人材雇用の今後（2〜3年）の予定（図6-6）については，技術・人文知識・国際業務に従事する高度外国人材を「今後増やす」とする企業の割合は，特定技能と技能実習を「今後増やす」とする企業の割合よりも多い。また，今後

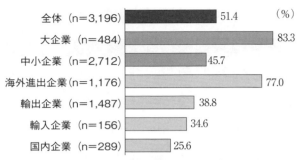

図6-5 外国人材を雇用する企業の割合

(出所) 日本貿易振興機構 (2024)『2023年度日本企業の海外事業展開に関するアンケート調査』。
＜https://www.jetro.go.jp/ext_images/_News/releases/2024/3a5af14b108501eb/survey.pdf＞ 2024年3月20日検索。

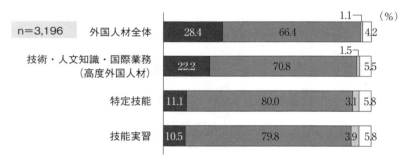

図6-6 外国人材雇用の今後 (2～3年) の予定

(出所) 日本貿易振興機構 (2024)『2023年度日本企業の海外事業展開に関するアンケート調査』。
＜https://www.jetro.go.jp/ext_images/_News/releases/2024/3a5af14b108501eb/survey.pdf＞ 2024年3月20日検索。

	今後の海外進出方針	外国人材（全体）を「今後増やす／新たに雇用する」と回答した割合（%）
海外拠点を持つ企業	さらに拡大を図る（n = 536）	49.6
	現状を維持する（n = 518）	26.6
海外拠点を持たない企業	今後新たに進出したい（n = 627）	35.9
	今後とも海外での事業展開は行わない（n = 807）	17.0

（注）n は外国人材雇用の方針が無回答の企業を除く。

表6-2　今後の海外進出方針と海外国人材雇用の予定

（出所）日本貿易振興機構（2024）『2023年度日本企業の海外事業展開に関するアンケート調査』。
＜https://www.jetro.go.jp/ext_images/_News/releases/2024/3a5af14b108501eb/survey.pdf＞ 2024年3月20日検索。

の海外進出方針と海外国人材雇用の予定（表6-2）をみると，「さらに拡大を図る」「今後新たに進出したい」企業で，外国人材の雇用意欲が高い。海外拠点のどこに優秀な人材がいて，どのような強みをもつのか，人材を発掘・開発することは，多国籍企業の人事部門の重要な任務である。このような施策（グローバル・タレント・マネジメント）について，Farndale, et. al.（2010）は以下のように論じている。多国籍企業の人事部門は，国際的な人材獲得競争の激化のなか，国際間異動（特に新興国内異動）の承諾をとりつけ，有望な人材を管理する組織能力が求められている。すなわち，人事部門に必要な組織能力は，外部労働市場から人材を発見し，選抜・採用し，育成し，必要な人材が途切れないように企業内に人事のパイプラインを創設し，優秀な者を退職させないことである。異国の法制度，労働政策，製品・サービス市場のもとで，以上のような施策を行うことはどこの国の企業にとっても容易ではない。McDonnell et. al.（2010）は米国を中心に多国籍企業の大規模な実証研究

を行った。その結果，企業規模が大きいほどグローバル・タレント・マネジメントがしっかりと実施されており，組織体力がものをいうことが明らかにされている。

《学習課題》
1．本章で取り上げなかったタイプの産業（たとえば，感性系の文化産業）では，どのような集積がイノベーションの観点から効果的だろうか。
2．外国人社員が国際異動することを想定し，制度面でどのような整備が必要か考えてみよう。

参考文献

　本章は原田順子・洞口治夫（2019）『改定新版　国際経営』（放送大学教育振興会）の原田順子「第7章　技術移転のサブシステム」を基に加筆修正したものである。

・クルーグマン，P.（1994）『脱「国境」の経済学・産業立地と貿易の新理論』北村行伸・高橋亘・妹尾美起訳，東洋経済新報社.
・戸田順一郎（2005）「イノベーション・システムと地域構造」，矢田俊文編著『地域構造論の軌跡と展望』第7章，ミネルヴァ書房.
・日本貿易振興機構（2022）『（報告書版）2021年度日本企業の海外事業展開に関するアンケート調査』.
　　＜https://www.jetro.go.jp/ext_images/_Reports/01/12f5036312ce9e76/20210064rev2.pdf＞2024年3月19日検索.
・日本貿易振興機構（2024）『2023年度日本企業の海外事業展開に関するアンケー

ト調査』．

<https://www.jetro.go.jp/ext_images/_News/releases/2024/3a5af14b108501eb/survey.pdf> 2024 年 3 月 20 日検索.

- 原田順子（2019）「技術移転のサブシステム」, 原田順子・洞口治夫『改訂新版 国際経営』第 7 章, 放送大学教育振興会.
- 藤川昇悟（2005）「地域集積のダイナミズムと集積の利益」, 矢田俊文編著『地域構造論の軌跡と展望』第 11 章, ミネルヴァ書房.
- 二神恭一（2008）『産業クラスターの経営学：メゾ・レベルの経営学への挑戦』中央経済社.
- ポーター, M.（1992）『国の競争優位』, 土岐坤・小野寺武夫, 中辻萬治, 戸成富美子訳, ダイヤモンド社.
- ポーター, M.（2018）『［新版］競争戦略論 II』竹内弘高訳, ダイヤモンド社.
- 松原宏（2012）「情報・知識の地理的流動と地域イノベーション」, 松原宏編著『産業立地と地域経済』第 12 章, 放送大学教育振興会.
- 山本健児（2005）「地域構造論の課題」矢田俊文編著『地域構造論の軌跡と展望』第 3 章, ミネルヴァ書房.
- 與倉豊（2009）「産学公の研究開発ネットワークとイノベーション：地域新生コンソーシアム研究開発事業を事例として」, 『地理学評論』82（6）, pp. 521-547.

《外国語引用文献》

- Farndale, E., Scullion, H. and Sparrow, P.（2010）'The role of the corporate HR function in global talent management', *Journal of World Business*, 45（2）, pp. 161-168.
- Malmberg, A., Solvell, Ö. and Zander, I.（1996）'Spatial clustering, local accumulation of knowledge and firm competitiveness', *Geographiska Annaler. Series B, Human Geography*, 78（2）, pp. 85-97.
- McDonnell, A., Lamare, R., Gunnigle, P., Lavelle, J.（2010）'Developing tomorrow's leaders：Evidence of global talent management in multinational enterprises', *Journal of World Business*, 45（2）, pp. 150-160.

・Storper, M. and Venables, A. (2004) 'Buzz : Face-to-face contact and the urban economy', *Journal of Economic Geography*, 4 (4), pp. 351-370.

7 | 多国籍企業と M&A

洞口治夫

《目標＆ポイント》 多国籍企業が成長して企業規模を大きくする方法として，合併・買収（M&A，mergers and acquisitions）がある。外国企業の経営権を取得する国際的な M&A は，しばしば新聞でも報道されているが，M&A を行うことのメリットは何だろうか。M&A を行う前にはどのような準備が必要なのか。M&A では企業の価格をどう算定するのか。M&A を行った後に収益性が下がったときにはどのような処理が必要となるのか。こうした点について解説する。

《キーワード》 合併，買収，合弁事業，株主総会，コーポレート・ガバナンス，株式の公開買い付け（TOB），マーケット・アプローチ，インカム・アプローチ，コスト・アプローチ，関連多角化，非関連多角化，シナジー効果，減価償却，デュー・ディリジェンス，のれん，減損損失，減損

1. M&A とグリーンフィールド・インベストメント

（1）参入形態と株式

　対外直接投資という参入形態を開始するためには，大別して2つの方法がある。第1は，自社で海外現地法人を立ち上げるケースである。製造業企業の場合であれば，土地を取得して工場を建設する，というプロセスを経る場合である。これは，草の生えた野原に工場を建設するというイメージからグリーンフィールド・インベストメント（greenfield investment）と呼称される。小売業であれば，小売店舗を更地に建設する場合がこれに該当する。

　第2の方法は，すでに営業している外国の会社を取得し，その建物，

設備，従業員を利用して営業を行うケースである。株式会社を取得するためには，その会社の株式を取得する必要がある。そのプロセスのことを M & A（mergers and acquisitions，合併・買収）と言う。

M&A の M は mergers の略であり，合併を意味している。A は acquisitions の略であり，買収を意味している。merger は名詞であるが，その語幹となっている merge は動詞であり，2 つの金属片が溶けてつながる様子を意味している。ここでは金属片ではなく，2 つの企業が融合している状態を指している。名詞である acquisition のもとになった動詞は acquire であり，財産や権利を獲得することを意味している。この場合には，一つの企業が別の企業の株式を取得して経営権を手に入れることを意味している。

merger の合併と acquisition の買収には 2 つの企業が一つになる，という意味で共通点がある。しかし，両者には明確な差がある。合併の場合には，株券の発行主体が新たな企業名になる。たとえば，さくら銀行と住友銀行が 2000 年に合併したときには，両行の株券は新たな合併後の発行主体の名称へと変更になり，三井住友銀行となった。このときにはさくら銀行と住友銀行という 2 つの銀行から三井住友銀行という一つの新たな企業体が合併によって生まれて，株券の発行主体の名称となった[1]。

これに対して，買収の場合には，被買収企業の名称が消えて買収企業の社名のもとに一括される場合がある。2009 年にパナソニックが三洋電機株式会社を買収した後，2013 年にはサンヨーの略称で呼ばれた社名ブランドは，製品ブランド名 SANYO とともに利用中止とされた（大西，2014）。サンヨーという社名は消えたのである。もちろん，買収の場合であっても，被買収企業の企業名やブランド名が残される場合もあ

---

[1] 同社の告知によれば，「法手続上，住友銀行は存続し，さくら銀行は解散する」と記載されている。「法手続上」と断っているのは，実質的な変化との対比を強調するためでもある。合併・買収と並記されるのは，両者を明確に区別できない場合があるからとも言える。http://www.smbc.co.jp/news/news_back/news_saku/topics/newsrls/pdf/000523.pdf（2024 年 4 月 2 日確認）

る。2016 年にシャープを買収した台湾企業・ホンハイ（鴻海精密工業）はシャープの社名とブランドは残しつつ，主要株主として経営権を保持している。フランスの自動車メーカー・ルノーは 1999 年に日産自動車の株式 36.8％を取得し，2016 年には日産自動車が三菱自動車の株式 34％を取得して筆頭株主となった。つまり，ルノーは日本企業の社名ブランドと製品ブランド名を残した買収を行った。社名を残すか，残さないかは，企業の経営戦略による。M&A という経営戦略の根幹には，どの会社の社名を利用するかという判断がある。被買収企業の持つ企業文化を消滅させたいと考えるか，存続させたいと考えるかによって，社名へのこだわりが異なると考えられる。

（2）合併と合弁事業

　経営学を学び始めた人にとって注意が必要な点として，合併と合弁事業の違いがある。合弁事業については，すでに，本書の第 2 章「多国籍企業の参入戦略」において⑤ジョイント・ベンチャーの場合として説明したが，資本金を 2 社以上の会社で投資する状態を指している。合併と合弁事業の両者は，漢字の表記が似ているために混乱を招くことも多い。英語では合併が merger であり，合弁は joint venture であるから英単語の意味を理解すれば，日本語でも理解が容易になるであろう。

　例外もありうるが，典型的なケースで合併と合弁事業の違いをまとめておけば以下のとおりである。まず，合併の場合には，2 つの異なる企業の本社が一つになって新たな企業名の会社を設立することに合意する。つまり，2 つの企業が一つになることを意味している。もちろん，メガバンクの合併のように，結果的に 3 つ以上の企業が合併して一つになる場合もある。端的に言えば，複数の企業が合併すれば企業数が減る。

　合弁事業の場合には，2 つ以上の親会社があり，それが新たに一つの

新規事業を開始する状態を指している。もしも，2つの親会社で合弁事業の開始に合意したとすれば，新たに合弁事業を行う1社が誕生し，結果として3社が運営されることになる。端的に言えば，合弁事業の場合には企業数が増える。大手建設業では，JVと表記して建築に関わる期限付きの合弁事業を運営する場合がある。この場合にも，3社以上の企業が合弁事業を行うことに合意して新たに一つの事業に取り組むことになる。

　合併と合弁とは字が似通っているために読み違いをする場合があるが，実は，その意味を十分に理解していないことから読み違いが生まれている場合があるので注意が必要である。

2. コーポレート・ガバナンスとM&A

（1）リスクの平等

　株式会社の運営にあたっては，年に一度，株主総会の招集が義務づけられている。株主総会では発行済み株式の過半数を所有している者が主たる意思決定権を持つ。株主総会において，議決権を持つ株主の過半数の同意を得ることを普通決議という。会社の存続に関わる重要事項の場合には，3分の2の多数決が必要である。株主総会においてM&Aを決定するためには，議決権を持つ株主の3分の2の賛成を得る特別決議を行う必要がある。

　株式会社という制度は，政治の世界における参政権とは大きく異なった思想に基づいて運営されている。政治における参政権の場合には，一人一票が与えられている。個人が豊かであるか貧しいかを問うことはなく，納税金額が多いか少ないかを問うこともない。日本では18歳以上の成人に参政権が与えられている。地方自治体の議会議員や国会議員を国民の代表者として選択する選挙のシステムは，そうした平等主義の思

想に基づいている。

株主総会では，株主のひとりひとりに同じ権利が与えられていない。株主が株主総会の議決において有する権利は，株主が保有する株式の所有数に比例している。つまり，たった一人の株主であっても，50パーセントを超える比率で株式を保有していれば，その一人の大株主の意向によって株主総会の普通決議に要する過半数の得票を占めることができる。株式会社の経営陣が，一年間の経営成果を報告する株主総会では，株主による保有株式数に応じた議決権によって議案が承認されたり，否決されたりする。

株主が出資比率に応じて議決権を持つのは，出資比率が高いほど会社が倒産した場合に被る損失金額が大きくなり，自己の財産を失うリスクが大きくなるからである。つまり，出資比率によって示されるリスクの大きさに応じて，意思決定権が配分されているからである。

ある企業が親会社となって100パーセント出資をした子会社で株主総会が行われる場合には，100パーセント出資をした親会社から派遣された株主代表者1名に対して，子会社側の経営陣数名が株主総会での議事を進行して議決を求めることになる。つまり，親会社は，子会社の最高議決機関である株主総会での意思決定権を握り，その子会社の経営がうまくいっていないと判断すれば，子会社の社長をはじめとする経営陣を入れ替える議案を株主総会に提出することができる。親会社と子会社の力関係は，株式の保有比率によって決まる。

ベンチャー企業の創業者である会長と，創業後に雇われた社長との経営方針が一致しないケースがあったとき，社長側が取締役会で多数派となって会長の更迭を決議したが，その決定の後に株主総会が招集され，過半数に近い株式を保有していた会長が，会長の経営方針に反対した社長を株主総会で解任した，といった事例もある[2]。

---

2) 2017年3月23日，朝日新聞デジタル，「クックパッド前社長が取締役退任，創業者と対立」を参照。

株主総会や取締役会は，会社法で定められた法的な概念であり，それを「機関」と言う。株式会社における株主総会は，取締役会よりも上位の意思決定機関である。日本の会社法では，すべての株式会社が株主総会の開催を義務付けられているのに対し，取締役会については，それを設置する会社と設置しない会社についての規定がある。株主総会や取締役会などにおける企業内部での意思決定権限のあり方やそのための社内制度を指してコーポレート・ガバナンスと言う。世界各国の会社法には異なる規定があるため，企業のコーポレート・ガバナンスには国ごとの特徴がある。多国籍企業は，国ごとに異なる制度に対応して，それぞれの国で株主総会や取締役会を開催する必要に迫られる。

（2）時間を買う M&A

M&A の動機は企業の成長にある。グリーンフィールド・インベストメント（新規事業投資）は企業の内部成長を目指すことであるが，M&A では企業の外部にある資源を獲得して成長することになる。この点を指摘したのは，経営資源による企業成長を研究したペンローズ（1959）である。M&A の買収企業は，被買収企業の保持する経営資源を即時に手にいれることができる。その意味で M&A は「時間を買う」行為であるといわれる。技術の開発，製造ラインの建設，製品開発，ブランド・イメージの確立，従業員の採用と育成，手元資金の獲得といった企業経営の要素のそれぞれを手にいれるには，かなりの時間がかかる。企業を買収することによって，優れた企業となるための時間を節約することができる。M&A が時間を買う行為である，というのはそのような意味である。

M&A は新規事業開発の一つの形態である。本業を持ち，優れた経営成果を財務的に残した企業が新たな事業を展開しようとするときには，

いくつかの選択肢がある。まず，国内のビジネスか，国外のビジネスか，という事業展開の地理的な選択がある。そのほかに，同一事業か，関連多角化か，あるいは，非関連多角化の案件か，という選択がある。ある企業が，本業と同じ事業をする場合には同一事業での新規事業開発となる。本業に関連は深いが，異なる事業である場合を関連多角化といい，本業とは全く異なるビジネスを行うことを非関連多角化という。

2008年6月，日本の大手製薬会社である第一三共がインドの製薬会社ランバクシー・ラボラトリーズ（以下，ランバクシーと略記）を買収したが，これは同じ製薬産業という意味で同一事業であり，ランバクシーがジェネリックと言われる特許の切れた同一成分の薬を製造することを得意としており，第一三共が新薬の開発を行うことを重視していたという意味では関連多角化となる。

パナソニック（旧社名・松下電器産業）が1990年11月にアメリカの映画会社ユニバーサル・ピクチャーズを傘下にもつMCAを買収したことは，電気機器の製造販売というパナソニックの本業から見れば非関連多角化に分類される。関連多角化と非関連多角化は，明確に分類できるものではなく，その両者の間に分類の困難なグレーゾーンがある。

非関連多角化が行われる理由を説明する概念がシナジー（synergy）効果である[3]。2つの製品を別々に販売するよりも，2つの製品を同時に販売したほうが，販売量が増加する場合にシナジー効果がある，という。味の素のようにアミノ酸からなる食品を製造している会社が化粧品原材料を製造販売したり，富士フィルムのように写真用フィルムを製造している会社が化粧品を製造販売したりする事例などがある。これらの事例は，ともに内部成長による新規国内事業の立ち上げであって国際M&Aではないが，シナジー効果を求めた戦略であると理解される。新規事業においてシナジー効果が現れる理由としては，企業が保有する社

---

3) シナジー効果は相乗効果とも呼ばれる。

名ブランドから認知される信頼感が，異なる新製品に波及することが挙げられる。

3. 出資比率と予算

（1）TOB

　M&A を行う，ということは，被買収企業の自己資本を構成している株式を手に入れることである。株式を手に入れるとき，買収の場合であれば被買収企業の発行する株式を購入するが，合併の場合には購入はせずに発行主体を変更することもできる。また，買収企業と被買収企業との間で株式が交換される株式交換という手法もある。

　国際的な M&A によって被買収企業の発行する株式を取得して企業経営を行うことは，市場への参入形態としては対外直接投資に分類される。M&A の案件を進めるうえで，多国籍企業の親会社が出資比率を何パーセントにするのかは重要な経営戦略上の判断である。すでに述べたとおり 50 パーセント超の株式を保有していれば，株主総会での普通決議を可決することができる。株式市場に上場している企業の場合，20パーセント以上の株式を保有していれば，株主総会で議案が否決されることは少ないとも言われている。これは，少数の株式を保有している個人株主が議決権を行使せずに株主総会を欠席したり，経営者の準備した議案に無条件に賛成する株主が一定程度いることから可能になると言われている。50 パーセント超の株式を保有している場合を「子会社」，20パーセント以上の株式保有のときに「関連会社」と呼ぶ場合もある。

　M&A の案件において何パーセントの株式を保有するかは買収企業の意向による。つまり，経営戦略による。より多くの株式を保有することは，より多くの経営責任を負うことである。他方で，M&A によって何パーセントの株式を保有できるかは被買収企業の意向にもよる。つまり，

被買収企業が株式を公開しておらず，かつ，被買収企業の経営陣が買収されることを好まないとすれば，買収企業が株式を手にいれるのは困難になる。被買収企業が上場している場合には，買収企業は株式が上場されている証券市場で株式を買い集めることができる。

　日本においては金融商品取引法という法律によって，発行済み株式総数の5％以上，あるいは，3分の1以上の株式を購入しようとする場合には公開買い付けを行うことが義務づけられている。株式の公開買い付けは，TOB（take-over bid）とも呼ばれる。ただし，発行済み株式総数の5％以上を購入する場合であっても，10名以下の「著しく少数の者」から株式の買い付けを行い，買い付け後の株券等所有割合が3分の1を超えない場合には，公開買い付けは義務づけられていない。金融商品取引法の第27条の2の6は，公開買い付けを定義している。同法の上記条文では，「この条において『公開買付け』とは，不特定かつ多数の者に対し，公告により株券等の買付け等の申込み又は売付け等（…中略…）の申込みの勧誘を行い，取引所金融商品市場外で株券等の買付け等を行うことをいう」と定義されている。

　さらに第27条の3では，「公開買付け」によって株券等の買付け等を行わなければならない者については，「政令で定めるところにより，当該公開買付けについて，その目的，買付け等の価格，買付予定の株券等の数（…中略…），買付け等の期間その他の内閣府令で定める事項を公告しなければならない。」と定められている。つまり，公開買い付けを行う場合には，その目的，買い付け価格，買い付け予定の株券数，買い付け期間について公に告知する義務があることが定められている。

　「公開買い付け」に関するこうした法令の存在は，株式を所有している株主を保護するための法律であると理解することができる。ある日，企業の大株主が変更になって，従来の経営方針を転換したとすれば，そ

のことによって少数の株式を保有する多数の株主が不利益を被る可能性
があり，それを防止するための法律である，と理解できる。

（2） 買収金額の査定

　被買収企業の株主が，買収されることに反対しており，それでもなお
買収が進められる場合を敵対的買収（hostile takeover）と呼ぶ。逆に，
被買収企業の株主が，買収に同意しているときには友好的な買収
（friendly takeover）と呼ぶ。買収にあたって，一株あたりの買収金額
をいくらに設定するかによって，敵対的であった株主が友好的になるこ
とも十分に考えられる。つまり，M&A が敵対的な関係になるのは，買
収企業が被買収企業の企業価値を低く評価しており，そのことが現在の
経営陣の能力を低く評価していると推定させうることに起因する。自社
の企業価値を高く評価している被買収企業の経営者からすれば，買収を
希望する企業から提示された条件に不満足であるときに敵対的になる，
と言える。なお，株式を公開していない未上場企業の場合であっても，
被買収企業の経営陣が，合併・買収されることを望んでいるのであれば
M&A は可能である。

　M&A の最重要課題は買収金額の算定にある。一般的に言われている
のは，①マーケット・アプローチ，②インカム・アプローチ，③コスト・
アプローチと呼ばれる推定方法である。たとえば，マンションのための
ビル 1 棟を運営する会社を買収するとしたら，いくらの金額が提示され
るべきだろうか。また，逆に，その会社を保持しているオーナーの立場
からすれば，いくらで会社を売却するのが妥当だろうか。

　購入時点の価格が 8 億円のマンションを無借金で所有して，賃貸に出
し，収入を得ている個人企業が非上場であり，M&A の被買収企業であ
るとしよう。この個人企業に M&A を仕掛ける買収企業側は，いくら

の値段でこの会社を買収しようと考えるだろうか。

①マーケット・アプローチとは，市場を通じて同等の資産を購入するとすれば，いくらで購入することができるのか，を判断基準にすることである。このマンションと同じ広さで，駅からの距離，築年数や日当たりの良さといった条件を満たす他のマンションが3億円で販売されているとすれば，買収企業は3億円までの買収価格を提示するかもしれない。ただし，厳密に比較可能な物件は存在しないので，おおまかな相場を知って比較し，物件を評価することができるだけである。同様に，ある企業が独占的に利用していて他の企業が保持していない特許などの資産がある場合には，マーケット・アプローチによる市場価格を正確に知ることはできない。また，コンビニエンス・ストアやホテル運営のノウハウのように特許ではなくとも，独自の経営システムが採用されているために比較可能な市場での販売価格を知ることが難しい場合も多い。

②インカム・アプローチとは，投資を行ったのちにいくらの収入が手に入るかを基準として買収価格を決める考え方である。マンションから賃貸収入を得て，さまざまな経費を支出し，1年間の活動ののちに手元に残った利益が300万円であったとしよう。もしも，そのマンションの運営会社を3億円で買収したとすれば，買収金額に対する利益の比率，つまり，利回りは1パーセントである。インカム・アプローチとは，300万円の利益を与えてくれる資産として捉えたときに，3億円の投資が妥当かどうかを基準にする，という考え方である。将来，継続的に入ってくる収入を現在時点の価値として評価するときには，割引率によって割り引かねばならない。かりに，その点を考慮しないで割引率がゼロであるとしても，この物件を手にして得られる将来の収入は投資金額の3億円を上回るまでに100年かかることになる。300万円の利益を得るための投資として3億円は妥当だろうか，と考えるのがインカム・アプロー

チである。

　③コスト・アプローチとは，その会社を設立するためにかかった費用を買収金額の基準とするものである。①マーケット・アプローチでは，同等のマンションを現在購入するとすれば3億円であるために，その金額を買収金額の基準とする，という考え方であった。③コスト・アプローチでは，購入した過去の時点で，いくらのマンションであったかが問題となる。購入時点で8億円であったとすれば，その金額を基準として買収金額の参考水準にする考え方である。

　もちろん，ここでは説明の便宜上，このマンションの築年数や減価償却といった問題は省いている。減価償却とは，建物や機械設備などの固定資産を利用して，それらの価値が年々下がっていくときに，将来の買い替えのために積み立てる資金を意味している。また，特許権，商標権，ソフトウェアなどの無形資産についても減価償却が行われる。英語では，有形資産の減価償却を depreciation，無形資産の償却費を amortization という。減価償却による積立金は利益からマイナスされて，課税対象から控除される。古いマンションであれば，マンションそのものの価値は下がるのだが，その運営会社は，将来のマンションの建て替えに備えて減価償却を行って資金を積み立てているはずである。つまり，③コスト・アプローチをとって，被買収企業をいくらで買収するかという問題を考えるときに，その会社の資産であるマンションの価値が減価した分と将来の建て替えに備えた積立金の残高を考慮に入れる必要がある。

4. クロスボーダー M&A

（1）デュー・ディリジェンス

　クロスボーダー M&A とは「国境を越えた（cross-border）M&A」

というほどの意味である。日本企業が海外において外国企業を合併・買収すること（アウトバウンド型）、外国企業が日本において日本企業を合併・買収すること（インバウンド型）、日本において外国企業が別の外国企業を合併・買収すること、といったケースを含んでいる。それぞれを IN-OUT 型、OUT-IN 型、OUT-OUT 型と呼ぶ場合もある。海外での M&A、あるいは、外国企業による日本での M&A には、その事前と事後に固有の課題がある。

　M&A を行う前に，被買収企業の経営状態について買収企業が内部の調査を行うことをデュー・ディリジェンス(due diligence)という。デュー(due)とは，「当然果たすべき義務」というほどの意味である。たとえば，アメリカの大学生が due date と言っていたとしたら，それはレポートの提出期限のことを意味している。法律用語としての due process は，法に基づいて行うべき手続きを意味する。ディリジェンス（diligence）は名詞であり，形容詞はディリジェント（diligent）である。英語で He is diligent. といえば，「彼は勤勉です」と訳される。デュー・ディリジェンス（due diligence）の同義語としては due care があり，法律用語として，「当然行われるべき相当な注意」を意味している。つまり，M&A に先立って，買収企業の側が被買収企業をしかるべき注意を払って査定する，というほどの意味である。

　デュー・ディリジェンス自体は，日本国内の企業が，日本で別の日本企業を合併ないし買収する場合にも行われる。たとえば，M&A が住宅不動産売買に関わるのであれば，欠陥住宅を購入しないよう事前に住宅内部の様子を見ることも重要なデュー・ディリジェンスのプロセスである。被買収企業が減価償却を適切に行って，将来の建て替え資金を蓄えているかどうかを調べることも重要なデュー・ディリジェンスの調査項目である。企業を購入する際には，隠れた債務や未払いの税金など，経

営上の問題点がないかどうかを査定する必要がある。

　クロスボーダー M&A での困難とは、この住宅取引に関わる契約文書が外国語で記載されている、ということである。ドイツであればドイツ語で、インドネシアであればインドネシア語で契約文書が作成されているため、それを理解する必要がある。ドイツ語やインドネシア語の文書を英語ないし日本語に訳すとすれば、そのための時間と翻訳料金がかかる。隠れた債務や未払いの税金など、文書に記載されていない問題点を洗い出すには高度な会話能力が必要であり、現地の弁護士と契約を結ぶ必要もある。

　一般に，デュー・ディリジェンスでは，経営者の資質，財務データ，物的資産の価値，人的資源の質と雇用制度，特許・ノウハウ，製造プロセスの効率性，品質管理，企業経営の歴史といった諸項目がチェックされる。どのようなポイントを重視すべきかについては，買収企業のノウハウに依存している。デュー・ディリジェンスによって買収価格が決定し，その評価金額が純資産の額よりも高い場合に，その差額のことを「のれん」（good will）という。たとえば，2億円の純資産に対して，3億円の買収金額が提示された場合には差額の1億円が「のれん」の価値であり，貸借対照表に表された金額以上の価値が認められたことになる。「のれん」とは，買収企業が被買収企業を金銭的にどう評価しているかを表すものである。

　グリーンフィールドへの投資を行う場合には，既存企業のデュー・ディリジェンスを行う必要はないが，企業経営の実行可能性を調査する活動はある。それをフィージビリティ・スタディ（feasibility study）と呼ぶ。フィージビリティ（feasibility）は実行可能性を意味し，スタディ（study）は事前調査を意味している。日本語で企業化調査と呼ぶこともある。日本のビジネスパースンたちは，デュー・ディリジェンスをデューデリと

略して呼ぶ場合がある。また，フィージビリティ・スタディは，feasibility study の頭文字をとってF／S と略す場合がある。こうした略称は，貸借対照表（balance sheet）をB／S と略したり，損益計算書（profit and loss statement）をP／L と略すのと同様である。

（2）PMI

　PMI とは，ポスト・マージャー・インテグレーション（Post Merger Integration）の略であり，「合併・買収後の事業統合」を意味している。すなわち，PMI とは合併・買収が行われた新会社において，M&A 成立以前の異なる２つの組織が新たに新会社に統合されていくことの重要性を示唆した用語である。統合（integration）の対象となるのは，経営戦略，マーケティング戦略，従業員の昇進体系と給与，異なる情報システムの共通化，経営理念と文化など多岐にわたる。クロスボーダー M ＆A では，この PMI のプロセスが異なる国の２つの企業によって追求される。言語，文化，法規制などに違いがあるなかで生まれた社内の制度を統合していく必要が生まれる。

　PMI が重要な経営課題となる背景には，２つの要因がある。第一は，組織内での役割の重複である。２つの会社が合併すると二人の代表取締役社長が一つの会社に存在することになる。代表取締役社長は一名選出しなければならない。同様に，営業部長，技術開発部長，人事部長，経理部長などの重要な役職も，２つの会社にそれぞれの担当者が存在することになる。どちらかを新会社での担当者とし，どちらかを新会社での新たな地位から外さなければならない。

　第二は人材への報酬格差である。たとえば，合併した会社には，合併前からそれぞれ課長がいるが，異なる給与水準で雇用されている場合がある。異なる給与水準で働いている二人の課長が，合併した新会社で同

じ仕事に従事する場合，その二人のモチベーション（動機づけ）に差が
でる場合がある。さらに，異なる給与水準で働いている二人の課長の能
力と仕事への情熱に差異があった場合，誰かがそれを評価し，なんらか
の適正な水準を見つけ出す必要が生まれる。こうした報酬格差の是正に
は時間がかかる。その間，報酬の評価が正当ではないと感じた社員は転
職するかもしれない。PMI が困難なとき，社員の持つプライドを傷つ
けている可能性もある。

（3）減損と減損損失

　M&A 後の経営成果が低い場合，買収した資産の価値を再評価する必
要がある。そうした再評価の結果，資産価値が低下したと認定された場
合，減損損失（impairment loss）の処理を行う必要がある。つまり，
M&A の後に定期的な資産の再評価を行い，その再評価時点からみて将
来において見込まれる収入が低くなったと認定された場合には，M&A
による被買収企業の資産価値の減額分を利益額からマイナスすることに
なる。減損損失の額は，日本の会計基準では特別損失として処理され，
国際会計基準ないし米国会計基準では営業費用に計上される。

　クロスボーダー M&A の場合には，資産価値の再評価にあたって，
どの国の通貨を用いるか，という問題がある。原油採掘や石油精製を行
う企業をはじめとして，そうした通貨のことを機能通貨と呼び，財務情
報に反映させている。それぞれの外国通貨は異なる外国為替レートを持
つため，機能通貨の選択によって換算レートが異なることになる。資産
価値は将来見込まれる収入のフローから換算されるため，外国為替レー
トが安定していても，将来にわたって収益が確保できない経済環境であ
ればその評価は下落する。

　2023 年 1 月 5 日付の日本経済新聞朝刊によれば，「楽天 G，減損 2,004

億円」「米リフト株の評価損計上」「前期単独　連結業績に影響なし」との見出しで，楽天グループが 2015 年に約 3 億ドル（300 億円超）を投じて出資したアメリカのライドシェア大手リフト社株の減損損失額が 2,004 億円に達したと報道している。同記事によれば，楽天グループはリフト社に約 11 パーセントを出資し，その株価が 2022 年末に前年末比で約 7 割下落したという。楽天グループは 2022 年 12 月期の単独決算における有価証券評価損として上記の減損処理を計上したと報道している。2022 年 7 月から 9 月期のリフト社の連結最終損益は 4 億 2,220 万ドルの赤字，前年同期にも 9,970 万ドルの赤字であったという。

　上記の新聞記事の見出しで用いられている「減損」（impairment）とは，固定資産の回収可能価額が帳簿価額より下落したときに行う会計処理のことであり，減損損失の処理を行うことを示した表現である。英単語としての impairment は，体や脳が損傷して，その部位が正しく機能しないことを意味しているが，impairment loss は純然たる会計用語として，減損損失という意味で用いられることが多い。

　減損損失の処理について理解するために，マンション運営会社の保持する固定資産（建物としてのマンション）の価値が購入時点の 8 億円から 3 億円になってしまったような状態を考えよう。なぜ 3 億円の市場価値になってしまったのかと言えば，マンションを数年間賃貸したのちに赤字となって，利益金額がマイナスになってしまった状態を想定することができる。

　楽天グループが出資したアメリカのリフト社の例では，2022 年 7 月から 9 月期の連結最終損益として 4 億 2,220 万ドルの赤字を記録している。そのようなときに，その赤字を生み出す資産の価値が低いものであると認定して再評価するのが減損損失の処理，つまり，減損である。資産価値が下がったとすれば，貸借対照表に記載される資産の部の金額が

低くなるが，そのとき損益計算書に記載される特別損失のなかの減損損失という費目によって，資産価値の減価分を記録するのである。

　本書第2章では，資産の売却益としてキャピタル・ゲイン，資産の売却損としてキャピタル・ロスについて説明した。減損損失は，実際に外部の市場に資産を売却した結果として発生したキャピタル・ロスを記録したものではなく，社内で資産価値を再評価して，その価値の減価分を減損損失として認定し特別損失として処理する，という会計原則に基づいたものである。

　これは，敢えて単純化した喩えで言えば，個人が所有するマンションの市場価値が下がったときに，その低くなった値段でマンションを売却したとすれば，手元にいくらの現金が残るかを計算するようなものである。売却しようとするマンションの価格が大きく下がった場合であっても，個人の所有するマンションの場合には，その事実を会計決算によって公表する必要はないが，株式を上場している企業は有価証券報告書にその事実を記録して公表する義務を負っている。減損を行う企業が記録する特別損失は，しいて言えば，そのような意味に対応する。

　上記の日本経済新聞記事によれば，楽天グループの場合，2021年12月期の単独ベースの株式資本は8,358億円，利益剰余金は2,886億円であったと報じられており，そうした手元資金の余裕があることによって減損損失を含む特別損失を会計上処理したことが読み取れる。

まとめ

　買収企業が被買収企業の株式を買い集めるときには資金が必要である。買収企業の手元にある資金は，景気の良いときのほうが潤沢になりやすい。同時に，景気の良いときには株価も高くなる傾向があるので，買収金額は高くなる。景気の悪いときには買収企業の収益性も低くなり

がちであるが，そのとき同時に被買収企業の株価が低迷するならば，買収金額は低い水準で済むことになる。

　クロスボーダー M&A での買収金額については，こうした景気変動要因に加えて為替レートの影響を受ける。日本本社が，アメリカの会社を買収する場合には円高であるほうがドル資産の買収には有利である。ただし，日本本社が，アメリカの現地法人を長く運営しており，アメリカに現地統括本部を設立してアメリカで稼いだドル建ての利益を剰余金として積み立てている場合，アメリカで M&A をするときにはドルでの買収を行うので，円高であるか，円安であるかは，関係がなくなる。多国籍企業の地域統括本部は，北米，欧州，アジアといった地域的な単位で設立され，その地域の収益を積み立てる場合がある。

《学習課題》

1．有森隆（2015）『海外大型 M&A 大失敗の内幕』さくら舎，には，武田薬品工業，ブリヂストン，ソニー，三菱地所，松下電器産業，日本たばこ産業，日本板硝子，第一三共，キリン（会社名は出版時点当時のもの）の海外 M&A の事例を紹介している。「経営者の名誉欲による海外 M&A が失敗を招く」という仮説が成立するか否か，同書から知りうる事実をもとに検証してみよう。

2．本章では，日本の大手製薬会社・第一三共がインドの製薬会社ランバクシーを買収した案件を紹介したが，その後，第一三共がランバクシー社の株式を実質的に売却して M&A を終結させる結果となった。なぜ，そうなったのか，インターネットに掲載された新聞記事などを参照して原因を探ってみよう。

参考文献

本章は原田順子・洞口治夫『改訂新版　国際経営』（2019年，放送大学教育振興会）の第8章をもとに加筆修正したものである。

・有森　隆（2015）『海外大型 M&A 大失敗の内幕』さくら舎.
・大西康之（2014）『会社が消えた日―三洋電機10万人のそれから―』日経 BP 社.
・喬　晋建（2016）『覇者・鴻海の経営と戦略』ミネルヴァ書房.
・Penrose, Edith（1959）*The Theory of the Growth of the Firm*, New York：Oxford University Press.（初版邦訳は末松玄六訳『会社成長の理論』ダイヤモンド社，1962年. 1995年にペンローズの序文が加えられた第3版の邦訳は日高千景訳『企業成長の理論』ダイヤモンド社，2010年.）
・洞口治夫（2002）『グローバリズムと日本企業―組織としての多国籍企業―』東京大学出版会.
・間所健司（2012）「M&A における買収価格の考え方―ひとつの方法に固執せず，多面的な評価が必要―」大和総研グループ，コンサルティング・レポート，https://www.dir.co.jp/souken/consulting/report/consulting/ma_valuation/12051601consulting_rpt.pdf を2024年4月3日確認.
・李　春利（2013）「新興国企業のクロスボーダー M&A による海外事業展開―中印自動車産業を中心に―」川井伸一編著『中国多国籍企業の海外経営―東アジアの製造業を中心に―』第6章，日本評論社.

8 | 多国籍企業のグローバル競争

洞口治夫

《目標＆ポイント》　本章では，多国籍企業が世界各国で活動するときの組織運営パターンについて学ぶ。多国籍企業の本社は，投資受入国の子会社を厳重にコントロールすべきだろうか。あるいは，投資受入国のことは，投資受入国の子会社が個別に対応すべきだろうか。多国籍企業という巨大組織をマネジメントする基本的な哲学があることを学ぶ。

《キーワード》　インターナショナル，グローバル，マルティナショナル，トランスナショナル，エスノセントリズム，ポリセントリズム，リージョセントリシズム，ジオセントリズム，EPRG フレームワーク，サプライ・チェーン・マネジメント（SCM），ディグローバリゼーション，デカップリング，デリスキング

1. 国際ビジネスの分類学

（1）インターナショナル・ビジネスとグローバル・ビジネス

　ビジネス書や経済雑誌の記事を読むと，インターナショナル・ビジネスという表現やグローバル・ビジネスという表現が踊っている。インターナショナルとグローバルには，意味の違いがあるのだろうか。

　インターナショナル（international）とは，名詞の「国（nation）」を形容詞にしたナショナル（national）の前に，「なになにの間」を意味するインター（inter）という接頭辞をつけた単語である。その意味は「国家間」あるいは「国際」となる。この「際」という漢字には，「あるものと別のものの間」という意味がある。たとえば，水際という単語に

は，陸地が海や川などの水と接する場所という意味があり，水際作戦（あ<ruby>水際作戦<rt>みずぎわさくせん</rt></ruby>るいは「みぎわさくせん」とも読む）と言えば，海や川から上陸してくる敵を陸地に待ち構えて戦う作戦のことを意味する。さらに，その<ruby>比喩<rt>ひゆ</rt></ruby>として，疫病や麻薬，害虫などが国内に入るのを防ぐ手立てを意味している。

　インターナショナル・ビジネスを日本語に訳せば，国際経営となる。つまり，ある国で活動していた企業の経営が別の外国において展開したという現象を指すのが国際経営の意味である。

　グローバル（global）とは，名詞の「地球（globe）」からくる形容詞であり，全地球規模という意味である。中国語ではグローバル化を「全球化」と表記して，全地球規模という語感を伝えている。漢字の国としての優れた表現であるが，日本語にはグローバル化に該当する漢字表現はなく，カタカナで表記される。本書，第3章で見たように，インターナショナル・ビジネスという表現は，1950年代から60年代にかけて欧米の多国籍企業が出現してから用いられてきた表現である。グローバル・ビジネスという表現はそれに比較すると新しく，1990年代頃から頻繁に用いられるようになった。その背景には，1989年に東西ベルリンの壁が崩壊し，1991年にはソビエト社会主義共和国連邦が解体したことによって，東西冷戦の時代が終わったことがある。資本主義と社会主義という対立の時代から，地球を単位としたグローバリズムの時代を認識する研究も現れた（洞口，2002）。

　一般的な用語として用いられるグローバル・ビジネスとは，ビジネスを行うにあたって複数の国々の存在が前提とされているビジネスのことを指している。日本航空（JAL）や全日本空輸（ANA）といった国際線の航空旅客輸送，日本郵船や商船三井といった国際的な船舶貨物輸送や旅客輸送（クルーズ客船）などが，その代表例である。また，特定の

国に偏在している地下資源を発掘して輸出したり，天然資源を輸出する場合にも世界の国々における貿易相手を必要とすることになり，グローバルな視野が必要となる。ここで言うグローバルな視野とは，産出した国を問わない，ということである。たとえば，原油を採掘できる国は限られているが，原油を精製してガソリンとして販売するときに，どこの国で採掘された原油から精製されたガソリンであるのか，を気にする人はいない。

（2）マルティナショナルとトランスナショナル

　一般的な用語としては，インターナショナルとグローバルにさしたる違いはないが，国際経営を論ずる研究者たちは，その違いを重視してきた。バートレット＝ゴシャール（Bartlett and Ghoshal, 1989）は，インターナショナルとグローバルという二分法に加えて，マルティナショナル，トランスナショナルという国際経営の分類を提案している。この分類は，その後30年以上にわたって国際経営の教科書に採用され続けてきた。この考え方では縦軸にグローバル志向性，横軸に現地適応度という軸を設定し，それぞれの程度の高低を比較したときに，表8-1のよ

表8-1　グローバル志向と現地適応度

		現地適応度	
		低い	高い
グローバル志向性	高い	グローバル	トランスナショナル
	低い	インターナショナル	マルティナショナル（マルチ・ドメスティック）

（出所）バートレット＝ゴシャール（1989）および Daniels, et. al.（2019），p. 369 より筆者作成。

うにビジネスが分類される，というものである。

　バートレット＝ゴシャール（1989）の分類に従うと，インターナショナル組織とは，初期の国際化を意味している。つまり，多国籍企業の国際化度合いとしては，他の分類に比較してグローバル志向性も現地適応度も低い。インターナショナル組織とは，自国で操業経験があり，自国以外の外国1か国で国際的なオペレーションを開始した事例を含む。たとえば，日本の個人企業が近隣の韓国から衣類を輸入して日本国内で販売するという事例もインターナショナルな事業運営に分類される。

　複数の国々で事業を展開しつつ，それぞれの国で市場や文化に適応して現地化しているケースがあり，それらをマルティナショナル組織という。バートレット＝ゴシャール（1989）は，ヨーロッパを代表する家電メーカー・フィリップスとヨーロッパにおけるトイレタリー製品（洗濯洗剤等）メーカーのユニリーバをマルティナショナルな企業の例として挙げている（訳書，pp. 29-32）。その理由は，フィリップスがオランダ，カナダ，アメリカ，フランス，イギリスに研究開発拠点を持ち，独自の製品開発に貢献してきたこと（訳書，pp. 168-169），ユニリーバについては，西ドイツ，フランス，イタリア，スペイン，オーストラリアでテディベアのシンボルマークを利用した異なるブランド名の柔軟仕上げ剤製品を導入したことを挙げている（訳書，p. 159）。

　バートレット＝ゴシャール（1989）の分類におけるグローバル組織とは，本国の親会社が中央集権的な意思決定を行って，それを世界共通に展開していく事業運営方式を指している。その事例としては，ヘンリー・フォードが率いた時代のフォード自動車，ジョン・D・ロックフェラーが事業を拡張した時代のスタンダード・オイル社を挙げている（訳書，p. 70）。インターナショナル組織と呼ばれる場合には，国内市場で成立してきたビジネスが国際化していくプロセスが重視されるのに対し，グ

ローバル組織では，ビジネスの成立そのものが国際的な規模での市場の大きさを前提としている度合いが高いことに特徴がある。

　バートレット＝ゴシャール（1989）は，トランスナショナル組織を理念形として提起した。彼らは，家電メーカーとしては，日本の松下電器産業（現在のパナソニック），ヨーロッパのフィリップス，アメリカのゼネラル・エレクトリック（GE）の3社を比較し，トイレタリー製品の分野では，日本の花王，ヨーロッパのユニリーバ，アメリカのP&Gを比較している。こうした企業は，グローバル組織やマルティナショナル組織の事例として取り上げられており，トランスナショナル組織の事例となっている企業はない。トランスナショナル組織の場合には，グローバル志向性と現地適応度の双方が高い状態にあると考えられ，その場合には，多国籍企業が進出先の現地ニーズに応えながら，地球規模での事業展開を行っているケースとなる。バートレット＝ゴシャール（1989）は，1980年代に日本・ヨーロッパ・アメリカの多国籍企業を観察して，その経営の特徴を素描したが，トランスナショナルな組織が存在したと主張していたわけではない。

2.　パールミュッターの進化論

　バートレット＝ゴシャール（1989）がマルティナショナルと呼んだ組織運営の特徴は，その後，マルチ・ドメスティック（multi-domestic）とも，グローカル（glocal）とも呼ばれている。経営学者たちが，それぞれの呼称を編み出して現地適応の問題を再論してきたと言える。そうした視点から見ると，バートレット＝ゴシャール（1989）の4分類に先立つ20年前にパールミュッター（Perlmutter, 1969）による重要な研究が提出されており，前者の著書においても参考文献として引用されている。

パールミュッター（1969）の提示した論点は，多国籍企業の経営を3つに大別できる，とするものであった。エスノセントリズム（ethnocentrism），ポリセントリズム（polycentrism），ジオセントリズム（geocentrism）の3類型である。彼は，その3類型に関するコスト，リスク，利得の3点をまとめている。

　エスノセントリズム（ethnocentrism）とは，「民族的な」という意味のethnicと，「中心主義」という意味のcentrismとを足し合わせた単語であり，民族中心主義と訳される。この概念は，パールミュッターによって国際経営に応用される前は民族学の用語であった。つまり，軍事力を背景に植民地経営を行う宗主国の行政官たちが，自国の宗教・習慣を植民地の人々に押し付ける度合いを指す用語としてエスノセントリズムが用いられた。たとえば，植民地において宗主国が自国言語の利用を植民地の人々に押し付けたときに，エスノセントリズムと呼ばれたのである。

　パールミュッター（1969）によれば，国際経営におけるエスノセントリズムとは本国の本社を中心にした管理体制を指している。そのコストとは，現地からのフィードバックがないために計画立案が非効率的になること，現地子会社で最も期待されている現地従業員が転職してしまうこと，現地子会社においてほとんどイノベーションがないこと，現地子会社の位置づけが高くならないこと，が挙げられている。エスノセントリズムのリスクは，現地国における政治的・社会的な反動であり，現地市場の変化に対する本社の硬直的な反応である。エスノセントリックな組織が手にする利得とは，組織が単純化されているために本社から新たな外国市場へのノウハウの移転のためのコミュニケーションが円滑に行われること，現地子会社の管理職を採用する際に本社からのコントロールが行われることである。

ポリセントリズム（polycentrism）とは，「複数国」を意味する poly と「中心主義」という意味の centrism とを足し合わせた単語である。政治学の用語としては多極主義と訳される。その場合には，スターリンの死後，1956 年にイタリア共産党のトリアッティが提唱した国際共産主義運動の概念を意味している。つまり，国際共産主義運動の中心国をソビエト社会主義共和国連邦という一国に限定せず，世界各国における共産党の自主路線を尊重すべきだとする考え方を指している。国際経営の分野では，複数国中心主義と訳されることもあり，現地適応を目指した経営を意味している。マルティナショナル組織ないしマルチ・ドメスティックな多国籍企業に近い意味である。

　パールミュッター（1969）によれば，ポリセントリズムには重複のコストがある。複数の国で現地向けの商品開発が行われるが，その商品は，本来，世界全体に通用するものかもしれない。つまり，多国籍企業の本社が保持している国際化の経験を十分に利用できていないことになる。投資受入国の伝統や現地の市場成長を過剰に意識して，グローバルな成長の機会を見逃すかもしれない，というリスクもある。利得としては，現地市場に詳しい経営者層を利用した現地市場への集中的な投資ができること，現地向け新製品の開発が促進されること，現地政府の投資支援策を得られること，高い意識をもった現地マネージャーの活用ができること，などがある。

　ジオセントリズム（geocentrism）とは，もともと天文学の用語であり，地球を中心として宇宙が動くと理解する「天動説」を意味する。天文学における「地動説」は，英語で heliocentric theory（太陽中心説）ないし Copernican theory（直訳すれば，コペルニクス理論）である。「地球の」という意味の接頭辞が geo であり，「中心主義」が centrism であることから，国際経営の領域では地球中心主義と訳されることもある。

パールミュッター（1969）によれば，ジオセントリズムのコストと言えるのは，コミュニケーションのためのコストと出張のコストである。世界各国の従業員に対するさまざまな職位や経験での教育コスト，多数の人々によるコンセンサスを得るための意思決定に費やされる時間，国際的になった本社社内の官僚的態度もコストとなる。リスクとしては，権力があまりにも広く分散すること，国際的に広がった人的資源の問題，執行役員の転職や再就職が国際化することである。利得といえるのは，会社全体がパワフルになること，製品・サービスの品質が上がること，世界全体での資源の有効活用，現地での企業経営の改善，世界全体での課題に対する確固たる決意，より高い利益である。

パールミュッター（1969）が民族学，国際政治，天文学から用語を借用して，エスノセントリズム，ポリセントリズム，ジオセントリズムという概念をつくり，国際経営の課題に応用したことは，幅広い教養を背景としている点で興味深い。パールミュッター（1969）によるエスノセントリズムは，バートレット＝ゴシャール（1989）のいうインターナショナルとグローバルに対応する。ポリセントリズムはマルティナショナルに対応し，ジオセントリズムはトランスナショナルに対応している。パールミュッター（1969）とバートレット＝ゴシャール（1989）は，それぞれジオセントリズムとトランスナショナルという理念形を提示したが，現実にそうした経営を行っている企業が存在しているという事例を示したわけではない。

パールミュッターは，1973年に，ウィンド＝ダグラス＝パールミュッター（Wind, Douglas and Perlmutter, 1973）論文においてリージョセントリシズム（regiocentricism）という概念を追加した。これは，地域中心主義とも訳されるが，多国籍企業がジオセントリズム（geocentrism）に到達する前の段階において，特定の近接した国々から

なる地域において，相互交流を深化させることを意味している。彼らは，4つの組織運営のあり方について，その頭文字をとって EPRG フレームワーク（枠組み，ないし，参照基準）と呼んでいる。

EPRG フレームワークを多国籍企業の本社が存在する「自国」から子会社の存在する「外国」への影響力と権限の分散として図解したのが，図 8-1 である。エスノセントリズムでは自国を中心として外国に影響力が及び，子会社の経営者も自国から派遣される形態をとる。ポリセントリズムでは「外国」において独自性の高い経営が行われ，子会社の経営者もそれぞれの国の出身者によって占められる。それぞれの子会社からもたらされる利益は財務報告によって本国本社において連結される。

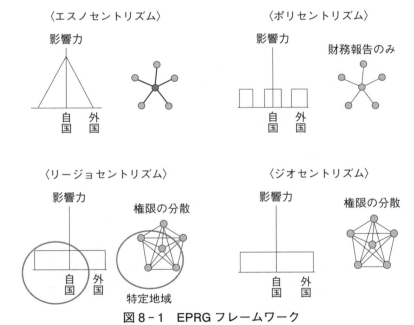

図 8-1　EPRG フレームワーク

（出所）Wind, Douglas, and Perlmutter, 1973，および洞口・行本（2012）第 4 章より作成。

ジオセントリズムでは，世界各国からの影響力が相互に作用する。つまり，「自国」における本社の取締役たちも，世界のさまざまな国々の出身者から構成される。「外国」にある子会社の最高経営責任者も，別の「外国」から派遣された人がその地位につく。リージョセントリシズムでは，ジオセントリズムのような地球規模での相互作用になる前に，ヨーロッパ，北米，アジアといった特定の地域内において相互作用が高まる状態を指している。

国際経営のマネジメント事例を見てくると，同じ産業であっても，EPRG フレームワークによって示されるビジネス・モデルが変容することがわかる。経営学者たちは，そうした変化のあり方について，適者生存を原理とする生物学の進化論になぞらえて，経営の進化と呼ぶ。パールミュッター（1969）の論文タイトルは，The tortuous evolution of the multinational corporation であるが，そのなかの tortuous とは「曲がりくねった」という意味の形容詞である。つまり，論文タイトルを敢えて翻訳すれば，「多国籍企業の複雑で迂遠な進化」となる。

3. 進化方向の実証的根拠

（1）ラグマンの所説

ジオセントリズムやトランスナショナルは，理念形であって現実に存在するのかどうかは定かではない。しかし，理念形が提起されるということは，パールミュッター（1969）やバートレット＝ゴシャール（1989）らが，近未来において，そうした経営組織を構築する多国籍企業が現れることを期待していたとみることができる。多国籍企業の経営者たちは，ジオセントリズムやトランスナショナル組織を目指して運営すべきである，という考え方が彼らの議論には含意されていた。

そうした考え方を批判したのがラグマン（Rugman, 2000）であり，

その著書のタイトルを訳せば『グローバリゼーションの終焉』である。ラグマン（2000）は，世界6か国以上で活動している多国籍企業500社のうち売上高の高い企業365社を対象として，それらの企業が北米，ヨーロッパ，アジアにおいて，どのような販売比率を占めているかを確認した。すると，わずかに9社だけが3つの地域に対してバランスよく20パーセントから50パーセントの範囲内で販売を行っていることが確認できた。残る356社のうち320社では本社の立地する本国が属する地域で50パーセントを超える売り上げが記録されていた。その他36社は，2つの地域で販売を行っていた。

　ラグマン（2000）の研究は，ジオセントリズムやトランスナショナルという理念形が現実化することに高いハードルがあることを示している。つまり，多国籍企業の経営者たちは，ジオセントリズムやトランスナショナルな組織形態を目指して運営すべきではなく，むしろ，本国の属する地域と，もう一つの戦略的な販売促進地域を重視すべきである，という主張につながる。本書第4章および第7章でも指摘した点であるが，投資受入国についての知識が乏しいときに，十分なデューディリジェンスを経ずにM&Aを行うことや，十分な情報を得ないままF／Sを行って直接投資を進めることにはリスクが伴う。多国籍企業が国際経営を行ううえでも，むやみに地球規模でのグローバリゼーションを目指すことには危険性が伴うことをラグマン（2000）の研究は示唆している。

　なお，本章第4節において紹介するように，イギリスのEU離脱やアメリカの移民制限政策などの政治的な動きにも注目が集まっている。こうした政治動向を指してディグローバリゼーション（de-globalizationないしdeglobalizationと表記され，脱グローバル化，と和訳される）と呼ぶ。こうした観点に注目が集まるのは，政治的な動きが，やがて企業の国際経営にも影響を与えるからである。

（２）ボーン・グローバルの発生要因

　巨大な多国籍企業が地球レベルでの事業活動を行い，ジオセントリズムやトランスナショナルな企業組織の運営を行う，という見解にラグマン（2000）は大企業のデータを持って疑問を提起した。こうした分類が中小企業にはどう当てはまるのか，という疑問もある。大企業が成長の過程で国際的な市場に進出するという前提で多国籍企業の組織運営が議論されることが多かったのだが，その前提が覆されるような事実に注目が集まったのである。

　1990年代の半ばから，ボーン・グローバルと呼ばれる企業の形態に注目が集まった。これは，起業の時点から，複数の国々での活動を前提としたビジネス・モデルを構築しているベンチャー企業を指している。極端な場合には，創業者が2名であり，それぞれが異なる国に住んでビジネスを行う場合を指している。そのような企業は，EPRGフレームワークのどの領域に分類されるのだろうか。あるいは，インターナショナル，マルティナショナル，グローバル，トランスナショナルのどの領域に分類されるのだろうか。

　ボーン・グローバルなビジネスの例としては，インドで写真を撮り，その電子データをイギリスで販売する，といったビジネスや，日本とオーストラリアで航空路線のアライアンスのためのコンピューター・システム開発用プロジェクト・マネジメントを行う，といった事例が報告されている。

　ボーン・グローバルに注目が集まる以前は，プロダクト・サイクル理論によって多国籍企業の活動が説明される場合も多かった。プロダクト・サイクル理論とは，新製品の導入がアメリカで行われ，その市場が飽和してくるとヨーロッパに販売市場が拡張され，さらには，開発途上国に製品販売市場が移転していく，というモデルであり，バーノン（Vernon,

1966）によって提起された。プロダクト・サイクル理論では，対外直接投資が輸出開始の後に行われるという主張がなされたのである。こうした貿易の発展段階を強調する見解は，開発途上国のキャッチアップ・プロセスを説明する原理として，いまだに重要である，とする論者もいる。他方で，多国籍企業による世界同時販売や「垂直立ち上げ」と呼ばれる世界市場向け同時販売開始戦略が採用されてきたことによる，プロダクト・サイクルの短縮化ないし同期化が観察されている。

　ボーン・グローバルと呼ばれる起業形態が生まれた要因として2点指摘することができる。第一は，1990年代半ばからインターネットの普及が本格化し，国際的な情報の取引が迅速に行われるようになったことである。2つの国で同時に会社を立ち上げて，その2か国での協力関係を基盤としてビジネス・モデルを構築する，といった活動が容易になったのである。たとえば，インドで撮影した写真をイギリスに転送するにはインターネットの利用によって迅速に行うことができる。国際線でのアライアンス構築のためのコンピューター・システム設計のプロジェクト・マネジメントも，コード・シェア便を設定して，複数の国における予約と発券の情報システムを構築する必要性があることから要請されたビジネスである。

　第二は，インターネット普及の時期が，ブラジル，ロシア，インド，中国，南アフリカ共和国といった人口の多い大国，いわゆるBRICsと呼ばれる新興国の経済発展と同時期に重なったことである。ロシア，インド，中国は，国家レベルでの計画経済を経験した国々であったが，経済の自由化によって起業を促進する国となった。国家レベルで運営されてきた国営企業だけではなく，個人が創業して国際化を求める志向が強まったと言える。

4. ディグローバリゼーションへの対応

（１）デカップリング

　本書，第３章で説明したように資本主義は第六世代のグローバリズムの時代から，第七世代のディグローバリゼーションの時代へと進化してきた。グローバル化が進展するなかで，いくつかの国どうしの対立や摩擦が見られるようになり，単線的にグローバル化が進むとは言えない状況になった（Witt, 2019）。2019年11月に始まった新型コロナウィルス感染拡大による外国への往来禁止と部品供給網の混乱，2022年２月のロシアによるウクライナ侵攻とそれに引き続いた西側諸国による経済制裁などがディグローバリゼーション（脱グローバル化）の時代を特徴づけている。

　この時期に先立って，アメリカと中国の経済摩擦によって相互の経済活動が分断されており，その二国間関係を指してデカップリング（decoupling）と言う（Witt et al., 2023）。couple は夫婦や恋人同士を表す日本語カタカナ表記のカップルと同じ意味であり，coupling はそうした状態になること，de- はその逆の意味を現す接頭辞であるから，カップルを引き離していることになる。政治用語としてのデカップリングに定まった訳語は無いが，「分断」あるいは「脱相互依存」と訳すことができよう。2023年５月に行われた G7 サミットでは，その会議参加国代表者の声明文である共同コミュニケにおいて，次のように述べられている。

　「我々の政策方針は，中国を害することを目的としておらず，中国の経済的進歩及び発展を妨げようともしていない。成長する中国が，国際的なルールに従って振る舞うことは，世界の関心事項である。我々は，デカップリング又は内向き志向にはならない。同時に，我々は，経済的

強靱性にはデリスキング及び多様化が必要であることを認識する。我々は，自国の経済の活力に投資するため，個別に又は共同で措置をとる。我々は，重要なサプライチェーンにおける過度な依存を低減する。」(2023年 G7広島首脳コミュニケ（原文），仮訳，p. 31)

　ここにカタカナ表記で登場するデカップリングに「分断」という訳語を当てはめてみれば意味が通ることが理解されよう。

（2）デリスキング

　上記の文書には，もう一つデリスキング（de-risking）という新語が含まれている。世界の多国籍企業が立地する中国において製造プロセスが停止するといった事態を指して「中国リスク」と表現する場合があるが，デリスキングはその逆にリスクが低減された状態を指す。この単語にも定まった訳は無いが「経営リスクの回避」あるいは「経営リスク低減のための行動」といった訳を当てはめることができよう。

　たとえば，ある携帯電話機（スマートフォーン）の場合，アメリカで半導体と製品の設計を行い，台湾と日本で部品の調達を行い，中国で製品の組み立てを行って，世界各国に販売する，といったサプライチェーン（供給網）が構築されている，としよう。そのような場合において，製造や販売について，どこか一か国に「過度な依存」をすることは経営上のリスクにつながる。

　ある一か国への「過度な依存」を避けるということは，すでにその国に投資した工場や機械設備を他国に移転する可能性を示唆する。上記の文章では，たとえば，中国に投資した多国籍企業が，中国から撤退してベトナムやメキシコなどに新たな投資を行うことになる可能性が示唆されている。この文章では，そうした場合にも，それが世界経済を「分断」（decoupling）をするための行為ではなく，「経営リスクの回避」（de-risking）を目的とした行動なのだ，ということを説明する文脈になっている。その説明の相手として想定されているのは中国である。

まとめ

　ディグローバリゼーションとは，地球上に存在する諸国家間の相互依存度が弱まるプロセスである，と定義される。その逆に，グローバリゼーションとは諸国家間の相互依存度を強めるプロセスであると定義される。デカップリングという用語は，特定の二国間の経済的相互依存度が低下していることを意味する略語として読むべきである。デリスキングとは，特定の一か国に経済的に過度な依存をすることから生まれるリスクを回避する行動を意味している。デカップリングとデリスキングは，同じ行動に込められた意味の違いであることが重要であり，当事国の主観的な意図が2つの用語で表現されている点に注意が必要である。

《学習課題》

1．デビアス（De Beers）はダイヤモンドのブランドとして著名である。デビアス・グループは南アフリカ共和国ヨハネスブルクに本社を置き，ダイヤモンドの採掘，加工，流通を行う企業であるが，デビアス・ダイヤモンドという呼称を知っている人であっても，デビアス社の本社所在地には関心がないかもしれない。そのことは，デビアス社にとってはメリットが大きいのであろうか，あるいは，デメリットがあるのだろうか。考えてみよう。

2．日本の地下鉄工事と地下鉄運営システムがインド・ニューデリーの地下鉄建設に生かされた，というケースがある。地下鉄工事の受注，地下鉄工事，電車車両の選択，電力システムの構築といったさまざまな能力を備えた企業を取りまとめてインド政府に対して入札書類を作成し，ビジネスとして

成立させたのは日本の総合商社である。インドの地下鉄開発の事例を，国際線の旅客輸送と比較してみたとき，どのような特徴があると言えるか，本章に登場した概念を用いて説明してみよう。

参考文献

本章は原田順子・洞口治夫『改訂新版　国際経営』（2019 年，放送大学教育振興会）の第 9 章をもとに大幅に加筆修正したものである。

・洞口治夫（2002）『グローバリズムと日本企業―組織としての多国籍企業―』東京大学出版会.
・洞口治夫・行本勢基（2012）『入門経営学―初めて学ぶ人のために―』第 2 版，同友館.

・Bartlett, A. C. and Ghoshal, S. (1988) *Managing Across Borders: The Transnational Solution*, Boston, Massachusetts：Harvard Business School Press.（バートレット，A. C.，ゴシャール，S.『地球市場時代の企業戦略』吉原英樹監訳，日本経済新聞社，1990 年).
・Daniels, J. D., Radebaugh, L. H., and Sullivan, D. P. (2019) *International Business: Environments & Operations*, 16th edition, Harlow, England：Pearson.
・Horaguchi, H. H. (2022) *Foreign Direct Investment of Japanese Firms: Investment and Disinvestment in Asia, c. 1970-1989*, Tokyo：Academic Reseach Publication.
・Perlmutter, H. V. (1969) "The tortuous evolution of the multinational corporation," *Columbia Journal of World Business*, vol. 4, 1969, pp. 9-18.
・Rugman, A. M. (2000) *The End of Globalization*, London：Random House Business Books.

- Vernon, R. (1966) "International investment and international trade in the product cycle, "*Quarterly Journal of Economics*, vol 80, no 2, pp. 190-207.
- Wind, Y., Douglas, S. P., and Perlmutter, H. V. (1973) "Guidelines for developing international marketing strategies," *Journal of Marketing*, vol. 37, no. 2, pp. 14-23.
- Witt, Michael. A. (2019) De-globalization : Theories, predictions, and opportunities for international business research. *Journal of International Business Studies*, vol. 50, no. 7, pp. 1053-1077.
- Witt, Michael A., Lewin, Arie Y., Li, Peter Ping., and Gaur, Ajai. (2023) Decoupling in international business : Evidence, drivers, impact, and implications for IB research, *Journal of World Business*, vol. 58, no. 1, 2023, 101399, pp. 1-11.
  https://doi.org/10.1016/j.jwb.2022.101399.

9 | デジタル化と巨大 IT 企業の出現

吉岡英美

《目標＆ポイント》 経済活動のグローバル化とデジタル化の進展に伴い，ビッグテックと呼ばれる米国の巨大 IT 企業が世界で支配的な影響力を持つようになった。なぜデジタル市場では米国企業が高い支配力を持っているのか。また，巨大 IT 企業の出現は，どのような問題を引き起こしているのか。本章では，これらの諸点について理解する。

《キーワード》 無形資産，ネットワーク効果，フィードバック効果，規模の経済性，範囲の経済性，知的財産権，租税回避，GAFA 規制

1. デジタル市場における米国企業の競争優位

（1）無形資産投資の台頭

　AI（人工知能），ビッグデータ，クラウド等のデジタル技術の活用が進むなかで，GAFA（Google, Amazon.com, Facebook（現 Meta），Apple），GAFAM（GAFA＋Microsoft），FAANG（GAFA＋Netflix）と呼ばれる巨大 IT（情報技術）企業の市場支配力が顕著になった。アクセス解析サービスを提供するスタットカウンターの資料によると，2023 年時点で，モバイル機器向け OS（オペレーティング・システム）ではグーグルとアップルの世界シェアが 99％ に達しており，検索エンジンではグーグルの世界シェアが 90％ 以上を占めている。また，株式時価総額でも GAFAM は上位を占めており，世界でもっとも企業価値が高いことでも知られている。これらの企業は，それぞれ事業分野が異なるものの，いずれもデジタル市場を席巻する米国企業という点では共

通している。

　デジタル市場における米国企業の支配力と関わって注目されるのは，企業の競争優位の源泉や一国の経済成長の原動力として，無形資産の重要性が高まったことである（Haskel and Westlake, 2018, 諸富, 2020a）。無形資産とは，ソフトウェア，データベース，技術的アイデア，デザイン・設計，ブランド，ビジネスモデルといった形のない非物質的なものを指す。1980 ～ 90 年代以降，先進国企業の投資対象は，機械設備やオフィスビルなどの有形資産よりも無形資産に重点が置かれるようになったが，米国企業がデジタル市場で圧倒的な優位を築いたのは，無形資産投資で先駆けたからに他ならない。

（2）米国企業の競争優位の要因
①無形資産への先行投資
　それでは，なぜ米国企業は無形資産投資で先を行くことができたのだろうか。この背景の一つに，1970 ～ 80 年代の製造業部門において日本企業が米国企業にキャッチアップしたことが指摘できる。自動車，電子機器，半導体といった主要産業では，安価で品質・性能の良い日本製品が世界市場で大きなシェアを占めるようになった。これに対して米国のエレクトロニクス企業では，図 9 - 1 で示した事業活動のバリューチェーンの両端に位置する業務，すなわち商品企画，研究開発，デザイン・設計，マーケティング，ブランディングといった付加価値の高い活動に経営資源を集中させることで，競争力の回復を図ろうとした。

　さらに，この動きを加速したのが，同時期に米国で進行した金融部門の影響力の高まり（金融化）である。これに伴う株主価値経営の導入は，米国の経営者に対して，生産規模の拡大を通じた企業の成長よりも，生産設備や在庫等の有形資産の圧縮を通じた利益最大化を追求するよう促

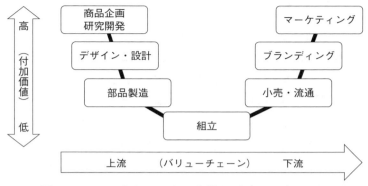

図 9-1 エレクトロニクス産業のバリューチェーン
（出所）筆者作成。

した（鍋島，2016）。このような状況のなかで，エレクトロニクス産業では製造部門の分社化とアウトソーシングが活発になり，この受け皿としてEMS（Electronics Manufacturing Service，電子機器の製造請負サービス）やファウンダリ（半導体の受託製造サービス）が出現した。これらを活用すれば，工場建設のための大きな初期投資なしに事業が始められるようになった結果，ソフトウェア開発，デザイン・設計業務，電子商取引に特化したベンチャー企業の参入が相次いだ（稲垣，2001）。これに加えて，ベンチャー・キャピタルの登場とそれに対する機関投資家の巨額の資金供給も，ベンチャー企業の経営を支えた（Amatori & Colli, 2011）。

　こうして1970〜80年代の米国で起きた製造業の衰退と金融化に対応すべく，米国企業は他国に先んじて無形資産投資に乗り出すようになったのである。

②**無形資産の特性**

　デジタル市場では，いったん競争優位を確立した企業が，その後も優

位性を保持する傾向にある。これには，次のような無形資産の特性が関係している（Mayer-Schönberger & Ramge, 2018）。

第1の特性は，ネットワーク効果である。これは，財やサービスの利用者が増加するにつれて，追加的な対価の支払いなしに各利用者が享受できる財・サービスの利用価値が向上することである。この一例がアップルのiPhoneである。アップルは端末の操作技術の開発，デザイン・設計，ブランディングといった無形資産に自社の経営資源を投入する一方で，アプリケーションを取引するプラットフォーム（App Store）やコンテンツを取引するオンラインストア（iTunes）を提供し，その手数料で稼ぐビジネスモデルを構築している。スマートフォン利用者にとっての主な利用価値も，その端末で多種多様なアプリやコンテンツを利用できるか否かという点にある。スマートフォン市場で先行したiPhoneは，最初に多くのユーザーを獲得した結果，多数のiPhone向けアプリの開発やコンテンツの提供を誘発し，このことがiPhoneの魅力をいっそう高めて，より多くのユーザーを惹きつけることにつながった。

第2の特性は，フィードバック効果である。これは，利用者から得られるデータによって，財・サービスの改善が進むことである。ユーザー数が拡大した企業では，それだけフードバックに必要なさまざまなデータが集積されるため，製品の精度やサービスの質が加速的に高まる。このことも，さらなる需要を喚起する上で有利に働く。

第3の特性は，規模の経済性である。これは，生産量が増えるにつれて，財・サービスの単位あたり費用が逓減することである。無形資産は，研究開発や広告宣伝費などの固定費が大きく，材料費などの変動費は小さいかゼロであるため，規模の経済性が働きやすい性質がある。したがって，大規模な顧客基盤を持つ企業はコスト面でも優位に立ち，ユーザーに対して手ごろな価格を訴求しながら大きな利益を確保できるようにな

る。

　第4の特性は，範囲の経済性である。これは，同じ企業が複数の事業を手掛けることで，それぞれ個別に生産される場合に比べて総費用が抑えられ，経営効率が高まることである。たとえば，グーグルやフェイスブックは，検索エンジンやSNS（ソーシャル・ネットワーク・サービス）といった生活に密着したサービスを無料で提供してユーザー数を増やし，そこで収集した個人情報の解析をもとに，広告主にターゲッティング広告の配信サービスを有料で提供するビジネスモデルを築いている。それぞれの事業を連結することで，相互にネットワーク効果が働くが，このようなビジネスモデルは多面的市場モデルとも呼ばれる。これにより企業は収益基盤を拡大するとともに，競合企業に対する参入障壁を築くこともできる。このため，デジタル市場では特定の企業への集中が起こりやすくなる。

　これらの無形資産の特性が収益とコストの両面で米国企業に持続的な優位をもたらした結果，デジタル市場では独占や寡占が進み，巨大IT企業の誕生にいたったのである。

（3）米国政府の政策的支援
①価値創出のための知的財産権の保護強化

　巨大IT企業が他ならぬ米国で出現した背景には，米国政府の政策的支援の影響もある。

　コンピュータのソフトウェアやデータベースは，1970年代までは誰でも無料で自由に利用できる公共財として位置づけられていた。ここから明らかなように，そもそも無形資産には価格が付いておらず，これを企業投資の対象とするには，それ自体の価値を認める必要があった（村上，1987）。また，ソフトウェアやデザイン・設計などは，費用をかけ

ずに簡単に複製することができる。このため，企業が無形資産投資を確実に回収するには，競合企業による模倣行為を防ぐ手立ても不可欠であった。

米国では1930年代の大恐慌以来，反トラスト（独占禁止）法が重視されるなかで，独占を生み出す根源である特許の取得・認定は厳しく制限されていた。ところが，米国の技術を導入・学習した日本企業が急成長すると，1970年代後半頃から米国の産業界のみならず政府，議会，裁判所の間でも，米国の過大な法規制が米国企業の国際競争力の低下を招いたとの認識が広まるようになった(木原，1999)。1980年代に入ると，司法，立法，行政府の各分野で，企業活動に関わる知的生産物に法的権利を与え，これを保護するための制度改革が実施されることとなった。

巨大IT企業の登場と関連する動きとしては，1980年の著作権法の改正が挙げられる。これにより，コンピュータ・プログラムやデータベースが著作物として法的保護の対象になった。また，技術進歩で容易になった半導体製品の模倣行為にも対応すべく，1984年には半導体チップ保護法が制定され，IC（集積回路）の回路配置のデザインであるマスクワークが権利化された。

これらの法整備と並行して，既存の法解釈や運用にも変化が生じた。1982年には特許専門の裁判所であるCAFC（Court of Appeals for the Federal Circuit，連邦巡回区控訴裁判所）が新設されたが，そこでは最高裁判所の過去の判例を踏襲しない独自の判断で，特許要件の一つである非自明性の基準が緩和された[1]（宮田，2011）。この結果，特許無効の判決を出す余地が狭まることとなり，CAFCの設立を境に，特許侵害をめぐる裁判で特許の有効性が認められる確率が大幅に高まった。それだけではなく，特許侵害が認定された場合には，差し止めの執行や高額な損害賠償金の支払い命令など，手厚い救済措置も講じられるように

---

[1] それまでは「天才的なひらめき」がなければ非自明性の要件を満たさず，特許として認定されないと言われていたが，CAFCでは非自明性の基準として「商業的成功」が重視されるようになった。

なった（坂井，1994）。このような特許権に対する裁判所の方針転換は，米国企業が安心して無形資産投資に注力できる環境を整えたという点で，大きな意義があった。

②市場拡大のための通商政策

企業経営のグローバル化が進展するなかで，無形資産を活用した知的サービス産業（金融，通信，データ処理，広告，デザインなど）や先端技術産業では，他の国・地域において米国と同程度の知的財産権制度がないことが，米国企業に対する参入障壁として捉えられた（村上，1987）。1980年代には米国政府も，当時の政策課題であった貿易赤字を解消するための有効な手段として，知的財産権を重要視するようになった。こうして米国政府は，知的財産権問題を通商政策に組み込むとともに，米国の制度を敷衍した国際的なルールの確立を目指したのである。

日本や欧州の先進国・地域では，米国政府の要求に呼応する形で，1980年代後半にソフトウェア，データベース，半導体ICのマスクワークに法的保護が与えられることとなった。なかでも半導体の場合，米国の半導体チップ保護法に相互主義的な条項[2]が含まれていたことが，日欧に米国と類似の法整備を促したとされる（坂井，1994）。東アジア諸国やラテンアメリカ諸国でも，米国は途上国産品に対する一般特恵関税の供与や通商法301条に基づく制裁措置を条件に，知的財産権にかかる法改正や法整備を取り付けた（阿部，2004）。さらに，1994年に米国の主導によって締結された「知的所有権の貿易関連の側面に関する協定」（TRIPS協定）では，知的所有権の行使（enforcement）に関する規定が設けられ，権利侵害に効果的な措置をとることが加盟国に義務づけられた。

以上のように世界的規模で構築された知的所有権制度は，無形資産を国内外での侵害行為から守り，米国のIT企業がグローバル経営を円滑

---

2) 同法では，米国で流通する外国製半導体に関しては，米国製半導体に対して米国と同等の権利保護を与えている国に限り，権利保護を認めるとした。

に進めるためのインフラとして機能したといえる。

2. 巨大 IT 企業の弊害と課題

巨大 IT 企業はプラットフォーム企業とも呼ばれ，当初はそのビジネスモデルの新しさや利益率の高さ，補完的な財・サービスのイノベーションを触発する能力といった「光」の部分に注目が集まった。しかしながら，時間が経つにつれて，巨大 IT 企業の弊害という「影」の部分が露わになった。

（1）租税回避
①無形資産を用いた租税回避の仕組み

デジタル市場では独占や寡占が生じやすいことは前で述べたとおりであるが，問題は独占化や寡占化それ自体にあるのではなく，巨大 IT 企業が自らの市場支配力を濫用して公正な競争や取引を歪めることにある。このうち巨大 IT 企業のグローバル経営と関連した問題には，無形資産を利用した租税回避行動が挙げられる。

租税回避とは，税法で規定されていない方法を使って意図的に税負担を軽減しようとする行為であり，合法的な節税を超えた濫用的行為として税法上認められないものである。多国籍企業の場合，国家間で異なる法人税率を前提に，国境を越えたグループ企業間の取引を意図的に活用するかたちで租税回避を行ってきた。

巨大 IT 企業による無形資産を活用した租税回避の方法には複数あるが（森信，2019），その基本的な仕組みは図 9-2 のとおりである。まず多国籍企業は，高課税国の本国（図中の A 国）で無形資産を生み出した後，低課税国（B 国）に拠点を置く資産管理会社にこれを売却する。次に資産管理会社は，高課税国（C 国）に立地する事業子会社に対して，

図 9-2　巨大 IT 企業の租税回避の仕組み
（出所）諸富（2020b），p. 41 の図 3-2 を参考に筆者作成。

この無形資産を使用した財・サービスの生産・販売活動を許諾し，その対価として使用料を受け取る。無形資産の譲渡価格や使用料といったグループ企業間の取引価格は，多国籍企業の裁量で決まるものであり，ここに恣意的操作の余地がある。このような仕組みを通じて高課税国で発生する利益が低課税国に移転されることで，この多国籍企業がグループ全体として負担する法人税の支払総額が抑えられるのである。

②政府の移転価格税制の機能不全

多国籍企業による租税回避は，違法な脱税行為ではないものの，その規模が大きくなれば，国家財政に悪影響を及ぼす点だけではなく，租税回避手段を持たない国内の地場企業が多国籍企業との競争上不利になり，市場の競争条件の公平性が損なわれる点でも，看過しえない問題である（森信，2019）。

このため，各国政府は，多国籍企業の租税回避を牽制・規制する手段として，移転価格税制を導入している。移転価格税制とは，グループ企業間の内部取引価格が市場価格（独立企業間での取引価格）に照らして適正な水準にあるか否かを判断し，大きく乖離する場合には高課税国から低課税国への不当な利益移転が行われたものとして，多国籍企業に対して課税処分を行う措置である。

ところが，租税回避の手段として無形資産が活用されるようになると，

課税当局による多国籍企業の監視が困難になった。原材料など市場で取引される工業製品とは異なり，技術的アイデアやブランドといった無形資産は市場取引がほとんどなく，その経済的価値を客観的に評価することが難しいためである（諸富，2020b）。

こうして経済のデジタル化によって移転価格税制が機能不全に陥るなかで，巨大 IT 企業は無形資産を活用して大規模な租税回避を行ってきた。実際，欧州委員会は 2016 年 8 月 30 日付のプレスリリースで，アップルの欧州で稼いだ利益に対する法人税負担率が 2003 年時点で 1％に過ぎず，2014 年にはわずか 0.005％まで低下したことを明らかにした。巨大 IT 企業の租税回避行動は国際的な批判を浴び，国際課税ルールの見直しの動きにつながった。

（2）「GAFA 規制」とその課題

巨大 IT 企業による市場支配力の濫用行為は，租税回避にとどまらない。巨大 IT 企業が自社の OS を採用した携帯端末機企業に自社のアプリを初期設定させる取引，自社の課金システム以外の利用を制限する措置，自社の通販サイトの出品者に対して他のサイトで安く売らないよう販売価格を拘束する措置，将来ライバルとなり得るスタートアップ企業の買収なども，公正な競争とイノベーションを阻害する行為として問題視されている。

また，2018 年には推定で 8700 万人分のフェイスブックの個人情報がユーザーの同意なしに米国の大統領選挙で不正利用されたことが発覚するなど，プライバシーの侵害や情報操作といった個人の基本的権利や民主主義を脅かす事態も発生している。

このようにデジタル・ツールは，人々の生活の利便性を高めた一方で，社会のあり方や人々の意思決定にまで影響力を及ぼすようになってい

る。データをつかさどる巨大IT企業が強大な力を持ち始めた今日，企業活動の自由と企業の社会的責任とのバランスをいかに図るかが問われているといえる。

　各国・地域では，巨大IT企業の租税回避に対抗すべく，「デジタル課税」の導入を推進する一方，市場支配力の濫用行為や個人情報の不正利用に対しても，法規制を強化した（根岸ほか編，2023）。とりわけ積極的に取り組んでいるのが，EU（欧州連合）である。EUでは，2010年代後半からEU競争法違反などを理由に巨大IT企業に巨額の制裁金を科してきたが，こうした事後規制には限界があるとして，2020年代には事前に厳格な義務や禁止行為を定めたデジタルサービス法とデジタル市場法を制定した。当初「GAFA規制」に消極的であった米国でも，2020年に規制当局がグーグルとフェイスブックを反トラスト法で提訴して以来，事後規制に踏み出している。

　ただし，各国政府の間では，「GAFA規制」の必要性という点で共通認識を有するものの，規制のあり方という点では，それぞれ対応が異なる。また，生成AIの登場などに見られるように，デジタル技術の急速な進歩に対して，規制が追いついていない現状もある。その意味で，政府規制の実効性や方向性は依然として不透明であり，巨大IT企業をどのようにコントロールするかという課題も残されている。

　この点と関わって注目に値するのは，無形資産投資の拡大によって，個人が企業に対して直接働きかける手段を持つようになったことである。SNSなどのデジタル・ツールを使うことで，個人がコストをかけずに情報を収集・発信できるようになり，個人的に発信された情報が人々の間で瞬時に広まり，ときには国際社会に大きなうねりを起こすこともある。デジタル・ツールは，巨大IT企業を牽制する手段にもなり得るのである。巨大IT企業にとっても，無形資産の一つであるブランド価

値を無視することはできず，企業イメージの悪化につながりかねない人々の声には敏感にならざるを得ないだろう。

　巨大 IT 企業をコントロールする上で，政府とともに，消費者や納税者である個人の役割がカギを握るように思われる。巨大 IT 企業がもたらす利便性と，それによって脅かされる安全性や公正性をどのように両立させるかという課題に，私たち一人ひとりが向き合うことが求められている。

まとめ

　巨大 IT 企業の出現は，製造業における日欧企業の対米キャッチアップを背景に，1980 年代から米国が官民挙げて世界に先駆けて無形資産投資とそのための環境整備に注力したことに端を発する。さらに，ネットワーク効果，フィードバック効果，規模の経済性，範囲の経済性といった無形資産の特性が，デジタル市場で先行した米国企業に持続的な優位性をもたらした。巨大 IT 企業は革新的な企業として脚光を浴びる半面，近年は大規模な租税回避や市場支配力の濫用行為への批判が高まり，2020 年代には各国政府による規制強化の動きが見られるようになった。政府だけではなく，デジタル・ツールのユーザーである個人も，巨大 IT 企業を動かす力になるだろう。

《学習課題》

1. ネットワーク効果，フィードバック効果，規模の経済性，範囲の経済性の具体例には，各々どのようなものがあるか，身近な財・サービスの例を探してみよう。
2. 日本にはどのような「GAFA規制」があるか，調べてみよう。また，日本の「GAFA規制」にはどのような特徴があるか，欧米の規制と比較しながら整理してみよう。

参考文献

・阿部容子（2004）「アメリカ型知的財産権保護制度の国際化―国際政治経済学の視点から―」『商学論纂』中央大学，第45巻第5・6号.
・稲垣公夫（2001）『EMS戦略―企業価値を高める製造アウトソーシング―』ダイヤモンド社.
・木原美武（1999）「米国プロパテント政策の検証」『知財研フォーラム』第39巻.
・坂井昭夫（1994）『日米ハイテク摩擦と知的所有権』有斐閣.
・鍋島直樹（2016）「金融化と現代資本主義」諸富徹編『岩波講座 現代 第3巻 資本主義経済システムの展望』岩波書店.
・根岸哲・泉水文雄・和久井理子編（2023）『プラットフォームとイノベーションをめぐる新たな競争政策の構築』商事法務.
・宮田由紀夫（2011）『アメリカのイノベーション政策―科学技術への公共投資から知的財産化へ―』昭和堂.
・村上政博（1987）「米国の新通商政策と知的所有権保護強化」『国際問題』第329号.
・森信茂樹（2019）『デジタル経済と税―AI時代の富をめぐる攻防』日本経済新聞出版社.
・諸富徹（2020a）『資本主義の新しい形』岩波書店.
・―――（2020b）『グローバル・タックス―国境を超える課税権力』岩波書店.

- Amatori, F. and A. Colli (2011), *Business History: Complexities and Comparisons*, Routledge（西村成弘・伊藤健市訳『ビジネス・ヒストリー──グローバル企業誕生への道程─』ミネルヴァ書房，2014 年）.
- Corrado, C., C. Hulten, and D. Sichel (2005), "Measuring Capital and Technology: An Expanded Framework," in C. Corrado, J. Haltiwanger, and D. Sichel eds, *Measuring Capital in the New Economy,* University of Chicago Press.
- Haskel, J. and S. Westlake (2018), *Capitalism Without Capital: The Rise of the Intangible Economy*, Princeton University Press（山形浩生訳『無形資産が経済を支配する：資本のない資本主義の正体』東洋経済新報社，2020 年）.
- Mayer-Schönberger, V. and T. Ramge (2018), *Reinventing Capitalism in the Age of Big Data*, Basic Books（斎藤栄一郎訳『データ資本主義─ビッグデータがもたらす新しい経済』NTT 出版，2019 年）.

10 | IT 機器産業における東アジア企業の成長

吉岡英美

《目標＆ポイント》 IT 機器の世界市場では，韓国・台湾・中国を中心とする東アジア企業が台頭した。なかには世界シェアや製品開発で米欧日企業を凌駕する東アジア企業さえ現れるようになった。なぜ IT 機器分野で東アジア企業が成長を遂げることができたのか。本章では，IT 機器の代表的な事例を取り上げ，東アジア企業の成長を後押しした要因・背景について理解する。
《キーワード》 後発性の利益，後発性の不利益，技術ギャップ，機会の窓，技術革新，需要の変化，制度・政策の変更

1．後発性の利益を通じた東アジア企業の成長

（1）後発性の利益

　第9章「デジタル化と巨大 IT 企業の出現」では，1980 年代以降，米国の IT 企業が無形資産投資に注力する一方で，IT 機器の製造委託を進めたことを指摘したが，この主な受け皿になったのが東アジアの企業である。例えば，台湾の鴻海精密工業（Foxconn）はアップルの iPhone や iPad の製造を支える世界最大の EMS 企業であり，台湾積体電路製造（TSMC）も世界を代表する半導体ファウンダリとして知られている。

　表 10 - 1 に示されるように，個別の製品市場でも，いまや韓国・台湾・中国企業が世界市場を支配している。PC（パーソナル・コンピュータ）関連分野では，1980 年代から台湾企業が世界的な受託生産の担い手として頭角を現し，圧倒的な存在感を示している。携帯電話分野では，韓

国のサムスン電子が 2000 年代初めには世界 5 大企業の一角を占めるまでになり，スマートフォン分野では，同社のブランドである Galaxy が長らく世界トップのシェアを占めてきた。かつて日本企業が優位にあった半導体メモリ分野では，1980 年代初めに DRAM（Dynamic Random Access Memory，記憶保持動作が必要な随時書き込み読み出しメモリ）市場に参入したサムスン電子が，1990 年代から世界一の座を獲得・保持している。家電などの成熟製品を主力としてきた中国企業も 2000 年代以降，携帯電話やスマートフォンなどの IT 機器事業に進出し，世界市場で高いシェアを占めるようになった。

IT 機器産業では，この他にも，リチウムイオン電池，液晶パネル，有機 EL（エレクトロ・ルミネッセンス）パネルなどで同様の現象が観察されている。

表 10-1　IT 機器の世界市場における東アジア企業のシェア

	1990 年	2000 年	2010 年	2020 年
ノート型 PC 製造 （台湾）	11%	53%	94%	82%
マザーボード製造 （台湾）	66%	70%	94%	81%
一般携帯電話 （韓国）	―	5%	25%	―
スマートフォン （韓国・中国）	―	―	11%	67%
半導体メモリ （韓国）	8%	27%	50%	60%
半導体ファウンダリ （韓国・台湾・中国）	―	48%	72%	87%

（出所）吉岡（2019）の表 10-1，ガートナー，トレンドフォース，オムディアの市場調査資料などをもとに作成。

こうした東アジア企業の急成長の背景にあるのが，キャッチアップ型工業化戦略（末廣，2000）である。東アジア諸国では，政府も企業も，新規参入にあたって後発性の利益（the advantage of backwardness）を利用し，産業構造や製品サイクルの面で先進国に追いつく過程で，急速な経済発展と企業成長を達成した。後発性の利益とは，市場に後れて参入した後発企業の場合，先進国で長い時間をかけて開発された既存の知識・技術体系を利用できる有利な立場にあり，必要な技術やそれが体化された機械設備を先進国企業から導入することで，製品・技術の開発にかかる時間と費用を圧縮できることを指す。したがって，この利益を享受しながら開始される後発国の発展のスピードは，先進国の経験に比べて一段と速くなるのである。

（２）後発性の不利益

後発企業は後発性の利益を享受できるからといって，ただちに成長が可能になるわけではない。後発企業では，後発であるがゆえに直面する諸問題（後発性の不利益）を克服しなければならず，これを成しえた企業こそが，後発性の利益を実現することができる。

この点に関してホブデイ（Hobday，1995）は，後発企業が世界市場で競争しようとする際の不利益として，世界的な科学的知識の発信地（研究開発の中心地）と主要な需要者のいずれも，先進国に偏在する点を指摘した。つまり，後発企業は技術と市場へのアクセスという面で先進国企業に比べて不利な立場にあったといえる。とくにIT機器産業のように技術進歩のスピードが極めて速い分野では，先進国企業との技術ギャップをいかにして埋めるかという問題が，後発企業が後発性の利益を享受するためのカギを握ると考えられる。

韓国の技術発展を分析した金（1988）によると，先進国との技術ギャッ

プは二重のギャップをなしている。一つは，技術習熟ギャップである。これは，技術導入に依拠する後発企業では，そもそも技術能力が低いために，導入された技術を吸収・消化するのに時間がかかるというものである。もう一つは，技術移転ギャップである。後発企業に移転される技術は一般的に，先進国企業が保有する技術のなかでも低い水準の技術であり，それゆえ後発企業が旧来型の技術を習得する間に，先進国企業では新技術が開発され，後発企業との技術格差がさらに広がってしまうというものである。後発企業がこの二重の技術ギャップを乗り越えて先進国の技術水準に追いつくのは容易ではなく，場合によっては，先進国からの技術依存から抜け出せないこともあり得る。

（3）後発性の不利益の解決策

　こうした二重の技術ギャップにもかかわらず，後発企業はどのようにして後発性の不利益を解決し，先進国企業に追いつくことができるのだろうか。まず，後発企業をとりまく環境要因として，その参入と急成長を後押しする「機会の窓」（the window of opportunity）の活用を挙げることができる。李・マレルバ（Lee & Malerba, 2017）によると，「機会の窓」とは，当該産業において支配的な地位にある企業の交代を引き起こす外的な要因を意味する。具体的には，技術革新，需要（景気や市場ニーズ）の変化，制度・政策の変更が挙げられる。これは，上述した技術移転ギャップの解消に寄与するものである。新たに生じた機会をつかむうえで，既存企業に比べて各種のしがらみの少ない新規参入者は，相対的に有利な位置を占めているといえる。

　ただし，このような「機会の窓」は，すべての企業に広く開かれたものである。したがって，新たな機会をつかんで自らの成長に結びつけるためには，後発企業の側にもこの時機を捉えるために必要な能力が備

わっていることが不可欠である。この能力とは，新規参入者が生産活動を軌道に乗せる過程で必要になる高度な問題解決能力を指す。例えば，市場の潜在的ニーズを認知すること，ニーズを満たす製品や技術を発掘して新しいプロジェクトを立ち上げること，プロジェクトチーム内の技術者の間のみならず，社内の部署間および社外の関連企業や研究機関との間で有機的・効率的な連携関係を築くこと，満足のゆく成果を得るために試行錯誤を重ねること，などが含まれる（Kim, 1997）。これらは，いわば後発企業が先進国の技術を模倣するための能力であるが，その多くはイノベーションを生み出す研究開発活動でも求められる能力である（Shenkar, 2010）。

　以上のような後発企業を理解するための視点に基づき，本章と次章では，東アジア企業がどのように技術と市場を確保して急成長するにいたったかという点について，IT 機器産業の代表的な事例をもとに考えてみよう。

2. 後発企業への技術伝播の加速化

　本章では，李・マレルバ（2017）の「機会の窓」の視点に依拠しながら，後発企業の参入と成長に関わって，どのような事業環境の変化が起きたかという問題を取り上げる。ここでは，PC，携帯電話，半導体の事例を検討する。

（1）PC
①オープン・モジュール化
　PC 分野では 1980 ～ 90 年代にかけて，産業組織と競争構造に変革を迫るオープン・モジュール化という技術革新が起こった。このことが後発企業に参入と成長の機会をもたらすこととなった。

モジュール化とは，製品の部品群を機能別に構成要素（モジュール）にまとめ，モジュール相互のつなぎ方（インタフェース）をルール化することで,各モジュールを組み合わせる形で製品を作ることである。オープン化とは，このインタフェースのルールが企業を越えて共有・統一されることである。オープン・モジュール化が進むと，インタフェースのルールに従って，モジュール単位で独立した製品開発が可能になる。この結果，製品システム全体に関わる技術・スキルのない後発企業でも，特定のモジュールに特化する形で新規参入できるようになる。

　そもそも PC がオープン・モジュール型の製品になったのは，PC 市場の立ち上がりを牽引した IBM が製品開発に際して部品のアウトソーシング戦略をとったことと，IBM 互換機メーカーに次いで中核部品を供給するインテルがインタフェース（部品間のデータ伝送経路であるバス仕様）の標準化を推進したことに起因する。

　このような経緯で構成部品ごとに複数の企業が参入し，開発競争が促されることで，PC の性能が飛躍的に高まり，普及が進んだ反面，PC ブランド企業はいずれも中核部品を外部から調達するために製品差別化を図ることが難しく，コスト削減を通じた価格競争に陥った。第 9 章でみた米国企業を中心とする無形資産投資の背景には，このような IT 機器のオープン・モジュール化の影響も指摘できる。こうして製品企画やマーケティングに特化した先進国の PC ブランド企業は，コスト競争力のある新興国企業との OEM・ODM（original design manufacturing, 相手先ブランドでの設計・製造）取引を拡大した。表 10−2 にみられるように，この主な委託先となったのが，台湾企業である。PC ブランド企業からいっそうのコスト引き下げ圧力を受けた台湾の受託生産企業は，1990 年代半ば以降，生産工場を中国にシフトした（川上，2012）。この結果，中国が PC 関連製品の世界的な生産拠点になった。

表 10-2　台湾企業への生産委託の状況：1998 年頃

発注メーカー／項目	コンパック	デル	IBM	モトローラ	ヒューレット・パッカード	アップル	NEC	ゲートウェイ	富士通
デスクトップ型PC	神達・英業達				大同・神達		致福・倫飛		
ノートブック型PC	英業達・華宇	仁宝・広達	宏電・広達		仁宝・広達	致勝・広達	致勝	広達	仁宝
マザーボード			環電		華碩				
モニタ	誠州・中強・大同	中強	源興・大同・明碁		大同		致福・皇旗	美格	中強
電　源	光宝・台達電	光宝	光宝・台達電	光宝			光宝		
ケース	鴻海	鴻海	鴻海		鴻海			台達電	
スキャナ					旭麗・力捷				
キーボード	旭麗・群光	旭麗・群光	群光		旭麗	旭麗・群光			
グラフィック・カード	隴華	隴華	隴華						
サウンド・カード	隴華	隴華	隴華						
ビデオ・カード	隴華	隴華	隴華						

(出所)「台湾電子産業の OEM 生産の実態をみる (3)」『交流』第 622 号 (2000 年 6 月 30 日)，p.25 の表 2-1 (原資料は交流協会台北事務所の調査) を引用・修正。

　また，インターネットなど情報通信技術が発達した 1990 年代後半になると，PC ブランド企業は在庫の陳腐化を回避しながら消費者のニーズに迅速かつきめ細かく対応することを目的に，従来の見込み生産方式から，SCM (supply chain management，供給連鎖管理) に基づく BTO (build to order，受注生産)／CTO (configure to order，注文仕様生産)[1] 方式に移行した。SCM とは，部署や企業を越えた情報の共有化を通じて，資材の調達から最終消費者に製品を届けるまでの業務全体を統合的に最適管理し，経営成果を最大化しようとすることである (藤野，1999)。SCM では，サプライヤーや顧客との協働が重要になる。BTO／CTO 方式への移行に伴い，PC ブランド企業はそれまで自社の拠点で行っていた製品の梱包や出荷に関わるロジスティクス機能も台湾企業に委託し，台湾の受託生産企業とより緊密な関係を構築するように

---

1)　BTO 方式とは，顧客の注文を受けて標準モデルの製品を組立・出荷する生産方式である。CTO 方式とは，受注後に顧客の要望する製品仕様に合わせたカスタム製品を組立・出荷する生産方式である。

なった。

② OEM・ODM 取引を通じた技術・ノウハウの移転

OEM・ODM 取引では，委託側の要求する品質を確保するため，先進国の PC ブランド企業による手厚い技術指導が行われた。この過程で製品の試作や生産管理に必要な技術・ノウハウが台湾の受託生産企業に移転された（川上，2012）。

実際，1995 年に台湾企業と OEM 取引を開始した日本の PC ブランド企業は，1 日あたり 10 人以上の人材を委託先の台湾企業に派遣し，製品開発から部品手配，そして生産管理にいたるまで，手取り足取りの技術指導を行った。さらに，1990 年代末の BTO／CTO 方式の導入に際しては，アメリカの PC ブランド企業が取引先の台湾企業における工場のレイアウトや生産過程のエンジニアリングの見直し，ソフトウェアシステムの構築などを支援し，ロジスティクスのノウハウを提供した。

このように台湾の受託生産企業は先進国企業との OEM・ODM 取引を通じて，技術・ノウハウと販路を同時に獲得することができた。

（2）携帯電話
①通信規格の変革と国家プロジェクト

携帯電話端末分野で後発企業に参入と成長の「機会の窓」を開いたのは，一つには，通信規格の変革が挙げられる。携帯電話分野では，大容量の情報をより高速で通信できるよう，新たな通信規格への転換が繰り返されてきた。新たな通信規格の導入に際しては，複数の通信システムの選択肢があるが，どの通信システムが採用されるかは国・地域によって異なる。世界的に普及する通信システムに照準を合わせて端末開発で先行すれば，後発企業でも事業拡大の機会をつかみ，先進国企業に追いつくことができる。

韓国の携帯電話産業の発展要因を考察した安倍（2006）によると，1990年代初めのアナログ方式からデジタル方式への転換は技術体系の大きな変革を引き起こし，後発企業が先進国企業との技術ギャップを縮める大きな機会となった。なかでも韓国の場合，政府が1990年代半ばにデジタル方式のなかでもCDMA（符号分割多元接続）技術を国家標準とし，官民共同開発プロジェクトのもと，世界でもっとも早い時期に実用化に成功した。このことが，その後のCDMAの世界的な普及と相まって，世界市場における韓国企業の飛躍に結実した。

②プラットフォームの市場化

携帯電話端末分野で先進国企業と後発企業との技術ギャップの縮小を促したもう一つの「機会の窓」は，プラットフォームの市場化である。このプラットフォームとは，中核部品のサプライヤーが部品の販売にとどまらず，端末開発を支援するさまざまなツールから手厚い技術サポートにいたるまで一括して顧客に提供することを指す。

1990年代まで携帯電話の開発には，部品・端末本体のみならず通信インフラを含めた総合的な技術的知識が必要とされ，それゆえノキアやモトローラといった中核部品の開発から基地局の設計・生産まですべての機能を社内で手がける垂直統合型企業が競争力を持っていた。ところが，1990年代末頃から，TIやクアルコムなどの米欧系半導体企業が，中核部品のベースバンド半導体（無線電波に乗せて送受信される情報を解読・変換する部品）とプロトコル・スタック（端末と基地局の間の通信の手順を定めたソフトウェア）で構成されるプラットフォームを外販しはじめた。さらに，市販のプラットフォームをもとに端末開発の一部あるいはすべてを請け負うデザイン・ハウスと呼ばれる専門業者も現れた。これにより，通信品質を確保するための知識・経験や資金力に乏しい後発企業であっても，プラットフォームの取引を介して，端末開発に

必要な技術・ノウハウの多くを入手できるようになった。こうして1990年代末以降，これらの外部資源を活用しながら，端末のデザイン，アプリケーションの開発，マーケティングなどに自社の経営資源を集中させた韓国企業や，先進国企業のOEM・ODM委託先となった台湾企業が急成長を遂げるにいたった（安倍，2006，川上，2006）。

　2000年代半ばには，携帯電話端末を構成するほぼすべての機能が盛り込まれたプラットフォームに加えて，それを使ったレファレンス・デザイン（端末の設計図およびメーカー名が示された推奨部品のリスト）まで，半導体企業やデザイン・ハウスから顧客に提供されるようになった。これを機に，携帯電話の技術・ノウハウをほとんど持たない多くの中国企業もこの分野に参入しはじめた。ヤミ携帯といわれる中国製の不正規品も含めると，2000年代半ば時点で中国製品のシェアが中国市場の半数近くに達したものと見られる（許・今井，2010）。

　2010年頃からクアルコムやメディアテックなど米台系半導体企業がスマートフォン向けのプラットフォームやレファレンス・デザインの販売を開始すると，スマートフォン分野でも中国企業の新規参入が相次ぎ，わずか数年で世界市場を席巻するようになった。

　こうした中国企業の急速な事業拡大には，プラットフォームを利用して生産された低価格端末の販売により，中国国内で携帯電話サービス加入者が急増し，中国が世界最大の携帯電話・スマートフォン市場になったことも背景にある。

（3）半導体
①市場ニーズの変化
a）メモリ事業
　半導体メモリ市場で韓国企業に市場獲得・拡大の好機を与えたのは，

1980年代後半以降，DRAMの最大需要先が汎用コンピュータからPCにシフトしたことである。この結果，DRAMの需要量が激増しただけではなく，メモリ企業間の競争の焦点が変化した（吉岡，2010）。

　処理能力が重視される汎用コンピュータでは，高価格でも高性能の次世代DRAMが選好される上，ガリバー型寡占を形成していたIBMが品質データを基準にDRAM供給者を絞り込める状況にもあった。このため，汎用コンピュータがDRAM需要の大半を占めた1980年代初めまでは，技術能力の高い半導体企業でなければ，市場ニーズに対応することができなかった。

　これに対して，性能と価格のバランスが重視されるPCでは，安価な旧世代DRAMが選好される一方，激しい価格競争にさらされるPC企業は，メインのDRAM供給者を決めるにあたって，一定の品質基準を満たすもののなかでも価格と供給能力を重視した。こうしてPCがDRAM需要の牽引役になった1980年代後半以降，後発の半導体企業が遅れて参入することによる不利益が相対的に小さくなり，新規参入して間もない韓国企業に販路を獲得・拡大する機会がもたらされた。

　2010年代にはPCに代わってスマートフォンがメモリ市場の牽引役に台頭したが，この需要変化は，世界的なスマートフォン生産者として社内に巨大なメモリ需要を持つサムスン電子に有利に作用した。

b) ファウンダリ事業

　半導体のファウンダリ事業は，1987年に設立されたTSMCを嚆矢とする。設計から製造まで一貫して手掛けるIDM（Integrated Device Manufacturer，垂直統合型の半導体企業）しか存在していなかった時代に，TSMCは受託製造というビジネスモデルを開拓した点で，先駆的な面がある。この新たなビジネスモデルが実を結んだのは，1980年代半ばのEDA（Electronic Design Automation，半導体設計自動化支

援ソフトウェア）ツールの登場をきっかけに，ファブレスと呼ばれる半導体設計専業企業が米国や台湾を中心に興隆したことと密接な関係がある。ファブレスは，IT機器・家電・自動車などの最終製品にカスタム化されたロジック半導体を開発・設計するかたちで事業を開始したが，生産段階ではライバルでもあるIDMに製造を委託しなければならず，技術流出や生産能力の確保という点で懸念があった（Miller, 2022）。ここにファブレスを顧客として半導体産業に参入する機会がファウンダリに開かれたのである。

　さらに，2000年代後半から先端の半導体工場の建設に数千億円以上かかるようになると，米欧日のIDMはファブレス化や（最小限の製造機能のみ社内で保有する）ファブライト化を進めると同時に，先端の加工技術の開発と量産については外部委託を活用した。この動きは，ファウンダリにさらなる成長の機会を与えた。

②製造装置への技術・ノウハウの埋め込み

　技術能力の不足する後発企業にとっては，需要者から要求される厳しい品質基準に対応するための技術・ノウハウの確保も深刻な問題であった。1980年代に韓国・台湾の半導体企業が技術能力不足という問題を克服する契機となったのが，製造装置への技術・ノウハウの埋め込みである（吉岡，2010）。

　それまでの日米の半導体企業は，新しい技術やノウハウの社外流出を回避するため，製造装置企業には製造装置の搬入以外のことに一切関与させず，技術開発はもちろん製造装置の設計まで自社で行っていた。ところが，1980年代以降，日本の半導体企業が次世代DRAMの開発スピードを加速しながら，ロジックなど他製品にも自社の開発資源を向けるため，加工技術の開発に製造装置企業のエンジニアを関与させるようになった。この加工技術の共同開発の過程で製造装置の自動制御化が進む

とともに，1990年代には最先端の製造装置であっても製造装置企業がこれを使いこなすノウハウを確立し，基本的な加工条件に関する情報や技術サポートも含めて製造装置を販売するようになった。こうして1990年代以降，製造装置の取引を媒介として，後発企業が半導体の加工技術・ノウハウの多くを入手できるようになった。

③政策の影響

後発の半導体企業の成長には，国内外の政策の影響もある。韓国企業の場合，参入初期に成長軌道に乗る端緒を開いたのが，1986年の日米半導体協定である。協定締結後，世界最大の供給者であった日本企業が設備投資を自粛して対米輸出を控えたが，1987年末からこの状況にPCブームが重なって，旧世代DRAM市場で供給不足と価格高騰が生じた。このことは，韓国企業にとって，1980年代初めの事業開始以来の累積赤字を一気に解消するほどの大きなインパクトをもたらした（伊丹＋伊丹研究室，1995）。

台湾企業の場合，1980年代の創業期に台湾政府の産業政策が重要な役割を果たした。台湾の半導体関連企業は，もともと半導体の国家プロジェクトを遂行する公的研究機関からのスピンオフ企業が多く，なかでもファウンダリ（TSMCと聯華電子（UMC））の設立にあたっては，台湾政府が出資者にもなった（青山，1999）。こうした創業の経緯からもうかがえるように，台湾政府は，リスクの高さから半導体への投資を躊躇していた民間部門に起業を促すとともに，経営資源の乏しいベンチャー企業に対して，工業園区などのインフラ整備から技術・人材・資金の提供にいたるまで，さまざまな支援を行った（佐藤，2007）。

2000年代に入ると中国政府も先端技術産業の振興に乗り出し，2010年代には大規模な国家ファンド（基金）の造成を通じて，半導体の自給自足を目指すようになった（Miller, 2022）。IT機器の世界的な生産拠

点となった中国には，巨大な半導体需要もある。このような有利な条件のもとで，個別の製品市場では一定の競争力を有する中国企業が現れつつある。

東アジアの半導体企業の成長が，これらの国内外の政策に後押しされた面があることは確かであるが，それだけで成功を収めたわけではない点には注意が必要である。実際，韓国企業によるメモリ事業への参入は，その当時の韓国政府の半導体産業育成計画に従ったものではなく（徐，1995），総じて韓国企業が自力で成し遂げたと見るのが妥当である。また，中国政府が半導体産業に巨額の支援を講じたにもかかわらず，長年にわたって中国企業の世界シェアが低い水準にとどまった事実も，この証左である。後発企業の成長を理解するには，技術革新，需要の変化，制度・政策の変更によって開かれた機会をつかむための企業の内在的な能力にも目を向けてみなければならない。

まとめ

IT機器の世界市場で東アジア企業は，後発性の利益を利用しながら，急成長を遂げた。ただし，後発ゆえの不利益を抱えながら，先行企業を短期間で追い上げた点に鑑みて，東アジア企業の成功がこれらの経営努力だけで実現したと評価するのは困難である。東アジア企業を成長軌道に乗せる端緒を開いたのは，後発企業にとって追い風となり，先行企業にとっては足かせとなる「機会の窓」であった。PC，携帯端末機，半導体といった主要製品では，先進国で起きたオープン・モジュール化やデジタル化などの技術革新とそれに伴う需要の変化，さらには日米貿易摩擦や産業政策などの国内外の政策変更が，東アジア企業に参入と成長の機会を開くこととなった。

《学習課題》

1. 新興国企業が世界市場で成長した事例として，他にどのような製品分野があるか，調べてみよう。また，当該分野の新興国企業のキャッチアップにはどのような事業環境の変化が影響しているか，考察してみよう。
2. ある産業において技術，需要，制度・政策などの事業環境が変化したとき，先行企業の対応が遅れるのはなぜか，考えてみよう。

参考文献

本章は，原田順子・洞口治夫『改訂新版　国際経営』（2019 年，放送大学教育振興会）の第 10 章「国際技術移転と新興国企業」（吉岡英美）を基に，加筆修正したものである。

- 青山修二（1999）『ハイテク・ネットワーク分業―台湾半導体産業はなぜ強いのか―』白桃書房.
- 安倍誠（2006）「韓国携帯電話端末産業の成長―電子産業との連続性と非連続性から―」今井健一・川上桃子編『東アジアの IT 機器産業―分業・競争・棲み分けのダイナミクス―』日本貿易振興機構アジア経済研究所.
- 伊丹敬之＋伊丹研究室（1995）『日本の半導体産業　なぜ「三つの逆転」は起こったか』NTT 出版.
- 川上桃子（2006）「台湾携帯電話端末産業の発展基盤―受託生産を通じた企業成長の可能性と限界―」今井健一・川上桃子編『東アジアの IT 機器産業―分業・競争・棲み分けのダイナミクス―』日本貿易振興機構アジア経済研究所.
- ―――（2012）『圧縮された産業発展　台湾ノートパソコン企業の成長メカニズム』名古屋大学出版会.
- 金泳鎬（1988）『東アジア工業化と世界資本主義―第四世代工業化論―』東洋経済新報社.

- 許經明・今井健一（丸川知雄訳）（2010）「携帯電話産業における垂直分業の推進者—IC メーカーとデザイン・ハウス」丸川知雄・安本雅典編『携帯電話産業の進化プロセス—日本はなぜ孤立したのか』有斐閣.
- 佐藤幸人（2007）『台湾ハイテク産業の生成と発展』岩波書店.
- 末廣昭（2000）『キャッチアップ型工業化論』名古屋大学出版会.
- 徐正解（1995）『企業戦略と産業発展—韓国半導体産業のキャッチアップ・プロセス』白桃書房.
- 藤野直明（1999）『サプライチェーン経営入門』日本経済新聞出版社.
- 吉岡英美（2010）『韓国の工業化と半導体産業—世界市場におけるサムスン電子の発展—』有斐閣.

- Hobday, M. (1995), *Innovation in East Asia: The Challenge to Japan*, Edward Elgar.
- Kim, L. (1997), *Imitation to Innovation: The Dynamics of Korea's Technological Learning*, Harvard Business School Press.
- Lee, K. and F. Malerba (2017), "Catch-up cycles and changes in industrial leadership: Windows of opportunity and responses of firms and countries in the evolution of sectoral systems", *Research Policy*, Vol.46, Issue.2.
- Miller, C. (2022), *Chip War: The Fight for the World's Most Critical Technology*, Simon & Schuster Ltd（千葉敏生訳『半導体戦争—世界最重要テクノロジーをめぐる国家間の攻防』ダイヤモンド社, 2023 年）.
- Shenkar, O. (2010), *Copycats: How Smart Companies Use Imitation to Gain a Strategic Edge*, Harvard Business Press（井上達彦監訳・遠藤真美訳『コピーキャット—模倣者こそがイノベーションを起こす—』東洋経済新報社, 2013 年）.

11 | 東アジア企業の能力構築

吉岡英美

《目標＆ポイント》 IT 機器産業において東アジア企業は，市場参入の機会を巧みに捉える能力を培ったことで，後発性の不利益を克服し，世界市場で急速なキャッチアップを成し遂げた。本章では，東アジア企業における能力構築の問題を取り上げる。東アジア企業はどのようにして技術的知識を学習し，組織能力を構築したのか。この問題について，PC 受託生産企業と半導体企業の事例分析を通じて理解する。

《キーワード》 経営資源の活用，関係，学習，組織能力，意思決定，情報の共有

1. 後発企業の能力構築をみる視点

第 10 章「IT 機器産業における東アジア企業の成長」でも述べたように，後発企業が技術的・市場的な参入障壁という後発性の不利益を乗り越え，後発性の利益を享受するには，外部環境の変化によって生じた機会を捉える内的な能力が不可欠である。後発企業に必要とされる能力とは，どのように捉えればよいだろうか。

この点に関してマシューズ（Mathews, 2002）は，IT 機器のような先端技術分野における後発企業の成功を理解するには，経営資源の活用（resource leverage）という視点が有益であると述べている。これは，後発企業が自社にない経営資源を確保するために関係（linkage）を構築し，外部から得られた経営資源を活用（leverage）しながら，事業遂行に必要な能力を学習（learn）するプロセスとして意味づけられる。

また，アジアの経済発展を研究した末廣（2000）は，アジア企業の成長過程では組織の能力が重要であったと指摘する。組織の能力とは，個人によって習得された技術的知識を現場に適応させ，需要条件に見合う製品を生産するための仕組みづくりである。アジア企業では，個人が海外留学や海外研修を通じて得た技術・ノウハウを占有・秘匿したり，その個人が離職したりするために，企業の生産活動に支障をきたす問題がしばしば観察されてきた。末廣（1996）によると，個人が習得した技術的知識を組織全体に移転・波及させるには，組織成員の意思決定へのコミットメントと成員間の情報の共有がカギになる。

以上の視点を念頭に置きながら，本章では，代表的な成功例であるPC受託生産企業と半導体企業の事例を取り上げて，東アジア企業の能力構築のあり方を観察してみよう。

2. PC受託生産企業の能力構築

（1）PCの生産者に求められる能力

2000年代半ば頃までPCブランド企業が委託先を頻繁に切り替えていた（川上，2012）ことからうかがえるように，台湾の受託生産企業は激しい受注獲得競争にさらされており，実際に数多くの台湾企業が淘汰された。このように台湾企業が受注獲得競争のなかで生き残り，受託生産者としての地歩を固めるには，PCブランド企業の要請に対応しうる能力の構築が不可欠であった。

①設計能力

1990年代初め当時，台湾企業がノート型PCのOEM取引からODM取引に展開するにあたって，高い製品開発・設計能力を保有しているかどうかが決定的な条件であった。PCのなかでもノート型PCの場合，放熱などの性能とともに，製造・検査のしやすさや不良品率の引き下げ

なども考慮しながら，小さい筐体の中に多くの部品を相互干渉なく効率的に配置しなければならず，デスクトップ型 PC に比べて設計の難易度が高いからである（中原，2007，川上，2012）。

②時間管理能力

1990 年代後半以降，インテルによるリファレンス・ガイドの提供を機に，ノート型 PC の設計の難易度が低下する一方，エンジニアの引き抜きを通じて台湾企業間の設計能力の差が縮まると，次第に製品設計のスピードが重視されるようになった。受託生産企業における製品開発のリードタイムの短縮は，PC ブランド企業における頻繁なモデルチェンジと低価格いう製品戦略に直結するためであった。こうして受託生産企業では，開発リードタイムの短縮を可能にする時間管理能力の重要性が高まることとなった（川上，2005）。

③総合的な能力

第 10 章で述べたように，1990 年代末の PC 市場の急激な拡大や，PC ブランド企業における見込み生産方式から BTO／CTO 方式への移行に伴い，受託生産企業には製品開発能力だけではなく，生産管理能力，部品調達能力，ロジスティクス管理能力も含めた総合的な能力が求められるようになった（川上，2012）。

（2）技術的知識の学習

台湾の受託生産企業は，上記のような顧客の要求に応えるのに必要な能力をどのように獲得したのだろうか。ここでは，技術的知識の学習に焦点を合わせて検討してみよう。

前述したとおり，1990 年代初めのノート型 PC の ODM 取引では，受託生産企業における製品開発・設計能力が受注確保に必要な要件であったが，この技術的障壁を乗り越えて急成長を果たしたのは，広達電脳

（Quanta Computer）や仁宝電脳工業（Compal Electronics）をはじめとする一部の台湾企業に限られた。これらの企業はいずれも，早い時期からノート型 PC に経営資源を集中的に投じるとともに，電卓の開発・生産の経験があるという点で共通の特徴を持っていた（佐藤，2007，川上，2012）。デスクトップ型 PC とは異なり，ノート型 PC では小型化と軽量化が製品設計の核となる。ここに電卓の開発を通じて培われた技術・ノウハウが生かされた。

　また，台湾の受託生産企業のなかでも出荷量の多い上位企業は，早い時期から複数の委託元企業との取引を指向し，顧客の分散化を追求してきたが，このことも幅広い技術的知識を入手し蓄積する上で効果的であった（川上，2012）。PC ブランド企業によって，ターゲットとする市場や製品ラインナップ，あるいは技術支援の重点が異なるためである。実際，ある台湾の受託生産企業は，米国企業との取引は業務の幅の拡大とテスティング技術の習得に役立ち，日本企業との取引は生産プロセス・表面実装技術の向上や組立ラインの管理方法の改善に寄与したと述べている（川上，2012）。

　さらに，顧客から豊富な情報を引き出す仕組みとして特筆されるのは，ビジネス・ユニット制である。これは，顧客ごとに専属の開発エンジニア，営業担当者，専用の生産ラインを配置する体制である。大口の顧客企業から生産設備や優秀なエンジニアなどを優先的に割り当てるよう要請を受けた広達電脳が，1999 年に機能別組織からビジネス・ユニット制に移行したのを皮切りに，他の台湾企業も 2000 年代半ばまでに同様の体制を採用するようになった（川上，2012）。ビジネス・ユニット制の導入の結果，台湾の受託生産企業では顧客企業との関係が密接になり，それぞれの顧客から得られる情報が量的にも質的にも拡大するようになった。

このように多様な顧客との取引関係は，台湾の受託生産企業における技術的知識の蓄積を加速するとともに，総合的な能力の形成を後押ししたと考えられる。

（3）組織能力の構築

台湾の受託生産企業は，競争力のある製品を開発・生産するために，どのような仕組みを築いたのだろうか。ここでは，製品開発のスピードアップを可能にした時間管理能力に焦点を当てて検討してみたい。

①意思決定構造

川上（2005）による台湾の受託生産企業への聴き取り調査では，ノート型PCの製品開発の場合，PCブランド企業では商品企画から大量生産にいたるまで約9カ月間かかるところ，台湾の受託生産企業では7カ月程度にまで短縮できたという。このような開発リードタイムの短縮に寄与した要因として，長時間労働をいとわず迅速に作業を進める多数の若手エンジニアの存在とともに，意思決定の仕組みを挙げることができる。

2000年代半ば時点の台湾企業と日本企業のノート型PCの開発リードタイムを調査した中原（2007）によると，台湾企業の場合，部品の選定や試作機の修正などは開発現場の担当エンジニアに権限があり，日本企業のように複数の上層部の決裁を仰ぐ必要がない分，0次試作機の製作・評価で1カ月，1次試作機の製作・評価で0.5カ月ほど，日本企業よりリードタイムが短かった。

②開発作業の役割分担の徹底

開発作業の徹底した役割分担も，台湾企業の開発リードタイムの短縮につながる仕組みである。例えば，日本企業ではエンジニアが自ら行う部品の発注や試作機の製作・評価といった作業に関して，台湾企業では専門に行う担当者が存在する。これにより，当該作業の日程が短縮でき

るだけではなく，エンジニアを他の開発作業に専念させることも可能になる（中原，2007）。

③社内の情報共有の仕組み

後発企業のキャッチアップ過程では，開発・生産過程で生じるトラブルの迅速な解決とそれを可能にする部署間の情報共有・調整の仕組みが重要になる。この点に関して台湾の受託生産企業では，顧客から得た情報を社内で共有し現場に適応させるために，PM（プロジェクト・マネージャー）[1]制度を導入している。

PMとは，製品の企画・設計，部品サプライヤーとの交渉，製造，出荷にいたるまでの全工程を統括し，納期やコストを顧客の要求の範囲内に収めるよう全体的な調整を行う職制である（大槻，2011）。これは，日本企業における「プロダクト・マネージャー」のような期間限定で任命される特定製品の開発責任者とは異なり，図11-1のとおり，組織図の中核に位置づけられる専門職である。開発過程では，予期せぬ不具合や部品の差し替えなどのためにスケジュールの変更を迫られることがし

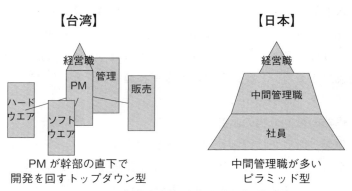

図11-1　台湾企業と日本企業の組織形態
(出所) 大槻 (2011)，p.71の図2を抜粋して引用。

---

1) PMは，研究開発（R&D）プロダクト・マネージャーとも呼ばれる。

ばしばある。その際，部署をまたがる煩雑な調整を行うのも PM の役割である（中原，2007）。このように台湾の受託生産企業では，PM を介して部署間の情報交換と調整が効率的に行われるため，個々のエンジニアのレベルで開発効率が高まり，組織全体として機動力を発揮することが可能になった。

中原（2007）や大槻（2011）は，台湾の受託生産企業でこのような組織的な仕組みが築かれた背景には，社員の頻繁な転職とエンジニアの不足という台湾に特有の事情があると指摘している。とりわけエンジニア不足の問題は，後発性の利益に基づく急成長がもたらした副作用とも捉えられるが，翻って，このことが台湾企業におけるエンジニアの開発効率を重視する組織的な仕組みづくりを促したといえよう。

3. 半導体企業の能力構築

（1）先端半導体の生産者に求められる能力

1980 年代に後れて市場に参入した韓国・台湾の半導体企業は，市場シェアのみならず，技術面でもキャッチアップを果たした。韓国のサムスン電子は 1990 年代半ば頃にメモリ分野の技術開発で先行企業に追いつき（吉岡，2010），台湾の TSMC は 1990 年代末にはロジック分野の加工技術開発で先行企業との差がなくなった（岸本，2017）。第 10 章では，2000 年代以降，先端技術開発から手を引く半導体企業が相次いだことに言及したが，こうしたなかでも両社はこの分野に注力した結果，いまや加工技術開発で世界の先導的役割を担うようになった。図 11 - 2 のとおり，チップ上に集積される半導体素子を縮小するための微細加工技術を基準にみると，2020 年時点で最先端の微細加工技術を保有するのは，台湾・TSMC と韓国・サムスン電子に限られている。先進国からの借り入れ技術に頼っていた韓国・台湾企業が，どのようにして先端

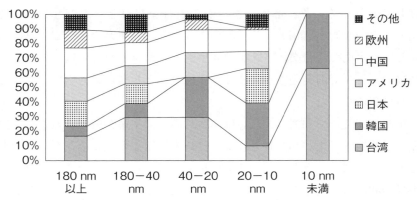

図 11-2　半導体の加工技術別・国別にみた生産能力の分布（2020年）
注：200 mm ウエハに換算した月産の設備能力を基準とする。
（出所）TechInsights Inc.（旧 IC Insights にて Oct13，2021 当時発行記事より抜粋）

技術を保有するようになったのだろうか。この節では，両社に共通する要因を探ってみたい。

　先端半導体の製品開発では，より多くの情報量を低い消費電力でより高速に処理できるようチップの性能を向上させることが課題になる。数年ごとに新製品が発売されると，先端半導体の需要者は旧世代品から次世代品への乗り換えを進める。それとともに，旧世代品の市場では需要減退と価格下落が加速する。先端半導体の生産者は，こうした製品の世代交代に対応することが求められる。

　2022年に量産が開始された3 nm（n＝ナノは10億分の1）世代の設備投資には約200億ドル（3兆円以上）かかったことからも明らかなように，先端技術の開発と量産には莫大な資金が必要である。半導体企業が研究開発と設備投資に投じた巨額の資金を回収しながら，次世代製品・技術への投資を行うには，各世代の製品需要がピークを迎えるまでの数年間で，大きな利益を稼ぐことが必須の条件になる。この利益創出の基

本は，高い価格で販売できる機会を逃さず，価格下落に備えて製品コストを下げることである。

①技術能力

半導体企業が先端技術の開発・量産で先行すれば，競合他社が存在しないため，高い価格を設定できるが，それには次世代製品開発に必要な技術を自ら創出・確立する能力が不可欠である。そのうえ，半導体産業では次世代製品開発に着手してから大量生産を開始するまでに，いくつもの課題を解決しなければならず，数年間を要する。したがって，半導体企業が先行者利益を得るには，開発活動や量産ラインの立ち上げを迅速に行う能力も肝要である。

②コスト競争力

半導体企業のコストに関わる要素は，図11-3のように整理できる。

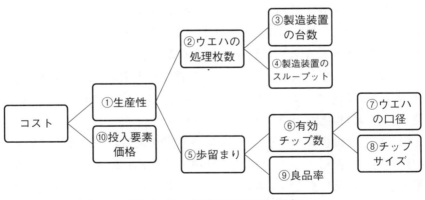

図11-3　半導体のコスト要素

注：スループットは製造装置にウエハを投入してから処理が完了するまでの時間である。歩留まりはウエハからとれる良品チップの数である。有効チップ数はウエハ当たりに造り込むことができるチップ数である。良品率はチップが完全（良品）である確率である。

(出所) 吉岡 (2010)，p.107の図3-5を引用・修正。

なかでもコスト競争力に大きく影響するのは，生産規模を拡大して規模の経済性を働かせること（図中の③）とチップサイズの縮小（⑧）である。ウエハ上に素子を造り込む際に最先端の微細加工技術を適用すれば，同じ集積度のチップの面積が小さくなり，1枚のウエハからとれるチップの数量を増やすことができる（⑥）。すなわち，半導体企業にとって先端技術の保有は，高い価値を生み出すだけではなく，製品コストを引き下げるための手段にもなる。

③設備投資能力

　半導体企業が生産規模を拡大するには，設備投資能力が要求される。ここでいう設備投資能力は，3つの要素からなる。第1に，設備投資の規模である。半導体企業には，世代交代を重ねるごとに膨張する巨額の投資資金を動員できる資金調達能力が求められる。

　第2に，設備投資のタイミングである。これは，半導体ビジネスにはシリコンサイクルと呼ばれる好不況の波があることと密接な関係がある。半導体企業が景気回復期に盛り上がる需要を先取りするには，直前の不況期に大規模な設備投資を実施することが適切なタイミングになる。とはいえ，事業収益が落ち込む不況期に，企業が巨額の設備投資を決断し実行に移すには，大きな困難が伴う。ここでは，半導体企業の投資リスクの負担能力が問われることとなる。

　第3に，設備投資の対象となる市場の選択である。先端技術にかかる投資費用が巨額化するにつれて，利益を出すために最低限必要な生産規模の水準が次第に高まってきた。このことは，膨大な投資費用を回収できる大きな市場を確保しなければ，それだけ持続的な研究開発や設備投資が制限されることを示唆している。その意味で，半導体企業では保有する生産設備を有効に活用できる市場・製品選択が重要になる。

④生産管理能力

半導体の生産過程では超微細な加工が施されるため，欠陥をゼロにすることは難しく，完成品のすべてが良品になるわけではない。とくに量産ラインの立ち上げ初期には，一般的に良品率が低い傾向にある。したがって，量産現場で効率的に良品率を上げるための生産管理能力は，コスト競争力と迅速な量産ラインの立ち上げの両面で極めて重要になる。

（2）技術的知識の学習

ここでは，サムスン電子と TSMC が技術的知識をどのように学習したかについて，外部との関係に焦点を合わせて検討してみよう。

①キャッチアップ期

1980年代までメモリの製品開発では，加工技術の微細化が中心を占めていた。韓国企業がキャッチアップ過程にあった時期には，加工技術が組み込まれた製造装置の自動制御化がかなり進んだものの，未完成の状態にあった。この当時のサムスン電子は，米系半導体企業に勤務していた在米韓国人エンジニアをスカウトするとともに，日本企業で同じ世代の DRAM の開発・生産経験のある日本人エンジニアを技術顧問として迎え入れることで，製造装置の導入だけでは足りない技術・ノウハウを得ることができた（徐，1995，吉岡，2010）。学習者が効率的に技術・ノウハウを獲得・蓄積するには，同じ分野の専門家のもとで経験を積み重ねることが効果的である。先行企業で経験を積んだエンジニアの移動が，サムスン電子における技術・ノウハウの効率的な学習に大きく寄与したと見なされる。

TSMC は，1990年代初めまで旧世代の加工技術を使った ASIC（Application Specific Integrated Circuit，特定用途向け集積回路）の受託製造が主であり，出資者でもあったオランダのフィリップス社からの

技術供与と政府系の電子工業研究所（ERSO）との共同開発を通じて，必要な技術・ノウハウを習得した（青山，1999）。また，エンジニアの確保や市場・技術情報へのアクセスにおいては，シリコンバレーとの人的ネットワークが役立った（サクセニアン，2000）。そもそもファウンダリ構想はシリコンバレーに拠点を置く華人系ファブレスの提言に端を発するもので，TSMCの創業者である張忠謀（モーリス・チャン）も米国留学後にシリコンバレーの米系半導体企業に長年在籍した人物である。シリコンバレーとのコネクションは，台湾企業の躍進を支えた重要な資産になった。

②キャッチアップ完了後

2000年代に入ると，サムスン電子とTSMCはそれぞれメモリとロジックの加工技術の開発と量産化で，世界の先頭を走るようになった。後発ゆえに技術能力に乏しかった両社が，イノベーションの担い手に変貌できたのはなぜか。外部との関係に着目すると，この主な要因として，次の3つが挙げられる。

第1に，半導体の技術開発環境である（吉岡，2010）。1990年代末以降，半導体の研究開発は世界中の大学や研究機関も含めてオープンな形で推進されており，技術シーズとなる物理・化学や材料工学・電子工学など基礎科学の知見の多くは世界的に共有されている。このような状況下で半導体企業の開発課題は，将来技術の候補として列挙されている複数の新製法や新材料を試し，量産に適した技術をいち早く見極めることに重点が置かれている。この成否は，開発資源の動員力に規定される部分が大きい。その意味で，2000年代以降，半導体企業の中でも研究開発に多額の資金を投じてきたサムスン電子やTSMCは，有利な立場に立つことができた。

第2に，製造装置・材料企業との協力関係である。先端の加工技術開

発の過程では，それが組み込まれる製造装置・材料企業との緊密な連携が欠かせない（楊・阿部，2019）。とくに2000年代に米欧日の半導体企業が次々と先端技術開発から撤退したことで，米欧日の製造装置・材料企業にとって，サムスン電子やTSMCはなくてはならないパートナーに位置づけられるようになった。サムスン電子やTSMCが新製法や新材料の導入過程で生じるさまざまな問題を解決する際，製造装置・材料企業の技術的知識が大きな助けになったと考えられる。

第3に，先端技術を要求する顧客企業との関係である。2010年代には，同一品種の高性能チップを大量に消費するスマートフォンが，メモリとロジックの最大の需要に台頭した。スマートフォン向け需要を取り込むにあたって，サムスン電子とTSMCはチップの高性能化を可能にする先端技術を有する点で競争優位にあるが，この先進的な顧客から得られるフィードバックは，次世代製品開発や加工技術の改善につながる有益な情報源である。先進的な顧客の獲得も，韓国・台湾企業によるイノベーションを後押ししたものと見られる。

（3）組織能力の構築

サムスン電子とTSMCは，外部との関係を活用しながら，どのようにして先端技術分野で競争力を築いたのだろうか。ここでは，両社の組織能力を詳しく見てみよう。

①統合型の組織形態

前述した顧客との関係とも関わって特筆されるのは，サムスン電子とTSMCの統合型の組織形態がメリットをもたらした点である。

世界最大のスマートフォン生産部門を社内に抱えるサムスン電子の場合，半導体の製品開発に必要な市場ニーズの把握や技術情報へのアクセスという面で，競合企業に比して有利な状況にあった（吉岡，2024）。

TSMC の場合，顧客（ファブレス）向けサービスを充実させるべく，1990年代末頃から社内に設計機能を拡充するとともに，後工程専業企業との提携を通じてパッケージやテストまで提供できる体制を整えていった。ファウンダリとして自社ブランド製品がない点を除いて，TSMC には IDM に匹敵する機能があり（呉，2005），このことが同社の顧客獲得の強みになっている。

②生産能力と設備投資能力

サムスン電子と TSMC は，競合企業に比べて大規模な生産能力を持っている。半導体企業の生産能力は，顧客に対しては製品の供給力，サプライヤーに対しては製造装置・材料の購買力に直結する要素であり，先進的な顧客・サプライヤーに対する求心力として作用する。他方で，生産能力が大きいほど規模の経済性が働くため，コスト競争力にも寄与する。さらに，サムスン電子では DRAM，NAND 型フラッシュメモリ，イメージセンサー，ファウンダリといった複数の半導体事業を手掛けており，TSMC では多数の顧客から多種多様な製品を受注することから，それぞれ生産設備の稼働率が高く保たれ，範囲の経済性も発揮された。

サムスン電子と TSMC は，巨大な生産能力を構築するべく，半導体企業のなかでもトップクラスの大規模投資を維持してきた。この果敢な設備投資に際しては，資金調達能力とリスク負担能力が不可欠である。

まず，資金調達能力に関しては，とりわけキャッチアップ完了後は，両社とも半導体ビジネスから生まれる潤沢な利益にその源泉があると見られる。両社の大きな利益は，先端技術開発に基づく先行者利益とともに，顧客支援に基づく高付加価値化にも起因する。サムスン電子では，汎用品のメモリ事業において，大口需要者向けに専用の生産ラインを設け，規格外の仕様変更の要求にも応じることで，高付加価値化を実現した（吉岡，2024）。TSMC では，前で指摘したような設計支援と後工程

を含めた顧客サービスの充実が，高付加価値化につながった。

　次に，リスク負担能力に関しては，投資の意思決定を担うトップマネジメントの役割が重要である。不況期の投資戦略が半導体ビジネスの鉄則であることは既に指摘したとおりであるが，先端技術分野でサムスン電子と TSMC が競合企業を引き離した最大の要因はここにあるといっても過言ではない。財閥グループに属するサムスン電子の場合，日常的な投資の権限と責任は専門経営者（事業部長）にあるが，彼らでは決断の難しい大きなリスクを伴う投資に関しては，財閥会長が責任を負う。半導体事業を中核に置くサムスン・グループでは，厳しい時期こそ未来のための投資を止めてはいけないとの方針が歴代会長に受け継がれている（吉岡，2024）。このような財閥特有のリスク負担のあり方が，不況期の果敢な投資を可能にしていると見なされる。TSMC では，半導体ビジネスを熟知する創業者の張忠謀のリーダーシップが，不況期の投資戦略の牽引力になった。このことは，張忠謀が世界金融危機の最中にコスト削減を推進した自身の後継者を解雇するとともに，レイオフされた労働者を呼び戻して投資を強化したエピソード（Miller，2022）からうかがい知ることができる。

③社内の開発組織と情報共有の仕組み

　サムスン電子と TSMC が先行者利益を享受したのは，開発から量産ラインの立ち上げまでの一連のプロセスを競合他社より早く完了したからである。ここで両社に共通する特徴として，次のような仕組みが指摘できる。

　第 1 に，加工技術の並行開発である（徐，1995，岸本，2017）。並行開発とは，現世代の加工技術の量産が始まる前に，次世代や次々世代の加工技術開発を同時並行で進めることである。同じ世代では，サムスン電子や TSMC は競合他社より早い段階で開発に着手することになるた

め，開発完了の時期もそれだけ先んじる可能性が高くなる。

第2に，保守的な技術選択である。次世代製品開発に際して技術選択の問題が生じたとき，サムスン電子とTSMCでは新しいコンセプトの技術を量産品に取り入れることに保守的な傾向がある（大石，2007，吉岡，2010）。多くのノウハウが蓄積されている旧来技術を改良して使ったほうが，解決すべき問題が少なく，開発や量産立ち上げが円滑に進むためである。

第3に，部署間の情報共有の仕組みである。半導体企業では一般的に，研究所で開発・導入された技術は，量産技術を確立する技術センターを経て量産工場に移管される。この部署間の技術移管の過程では，各種の不具合やトラブルが常に生じる。このため，量産ラインの立ち上げを効率的に進めるには，問題発生の原因を早急に特定して解決できるよう，部署間の情報交流・共有が欠かせない。この点に関して，サムスン電子とTSMCでは，次のような仕組みが構築された（呉，2005，吉岡，2010）。

サムスン電子では，開発部門から量産部門への技術移管の際，開発チームのエンジニアの一部がそのまま量産工場に異動し，量産ラインの立ち上げまで責任を持つよう，エンジニアの配置換えを組織的に行っている。これは，開発部門のエンジニアに量産現場を学習させることで，量産の際に発生しうる技術的問題を事前に察知し，開発段階で予め対応するよう促し，ひいては量産ラインの立ち上げを円滑に進める効果があると理解できる。サムスン電子では，その他にも，異なる世代の開発チームの間，設計部門と製造部門の間，量産工場内のエンジニアとメンテナーの間など，多方面で部署間のフィードバックを働かせる仕組みが築かれた。台湾のファウンダリでも，エンジニアがセクショナリズムに陥らずに問題解決に取り組めるよう，事業開始当初は機能別（製品／工程）に

分かれていたエンジニア組織が工程別（拡散・薄膜形成／露光・エッチング）に再編成された。また，サムスン電子では事業部長が主催する定例会議によって，台湾のファウンダリでは全工程プロセスを専担する組織によって，加工技術の全体的な最適化も図られた。

　以上の製品・技術開発から大量生産までの一連のプロセスを効率的に進める仕組みは，いくつかの相違はあるものの，かつて対米キャッチアップを成し遂げた日本の半導体企業の組織能力にも通底する。その核心は，密なコミュニケーションを通じて，部署間でうまく折り合いをつけながら最適解を求める開発アプローチにあった（米山・野中，1995）。先端技術分野におけるサムスン電子と TSMC の強みは，外部の経営資源を活用しながら，こうした半導体ビジネスの基本原則を組織レベルで徹底して実行してきた点にあるといえる。

まとめ

　IT 機器市場における東アジアの後発企業の成長は，後発ゆえに不足する経営資源を，外部との関係を通じて確保し，これを活用しながら，競争力のある製品を生み出すための組織能力を構築するプロセスとして把握される。

　台湾の PC 受託生産企業は，ビジネス・ユニット制の導入により，委託元の顧客企業から幅広い技術的知識を引き出す一方，これらが部署間の橋渡し役である PM を介して社内で共有されることで，組織全体として製品開発の効率性と機動性を高めることができた。

　韓国・台湾の半導体企業は，先端技術開発と量産化に際して，先進的な顧客とサプライヤーとの協力関係をフルに活用した。この誘因になったのは，韓国・台湾企業のトップマネジメントに支えられる設備投資能力である。これに裏付けられた生産能力の高さに部署間の情報共有を促

す開発組織が相まって，韓国・台湾企業は先行者利益とコスト競争力を確保し，利益創出と投資拡大の好循環を築くことができた。

《学習課題》

1．後発企業のキャッチアップ過程で能力が必要とされるのはなぜか，またこの能力とはどのようなものか，整理してみよう。
2．あなたが関心を持つ産業・企業を取り上げ，当該産業に参入する企業にはどのような能力が必要とされ，当該企業がその能力をどのように獲得することができたか，考えてみよう。

参考文献

本章は，原田順子・洞口治夫『改訂新版　国際経営』（2019年，放送大学教育振興会）の第11章「新興国企業の学習と組織能力」（吉岡英美）を基に，加筆修正したものである。

・青山修二（1999）『ハイテク・ネットワーク分業―台湾半導体産業はなぜ強いのか―』白桃書房.
・大石基之（2007）「45 nm 世代 LSI 量産で TSMC はなぜ先陣を切れるのか」『日経エレクトロニクス』4月23日号.
・大槻智洋（2011）「台湾メーカー流『速さ』の秘密　日本と大きく異なる組織運営法」『日経エレクトロニクス』11月14日号.
・川上桃子（2005）「台湾パーソナル・コンピュータ産業の成長要因―ODM 受注者としての優位性の所在」今井健一・川上桃子編『東アジア情報機器産業の発展

プロセス』日本貿易振興機構アジア経済研究所.

・――――（2012）『圧縮された産業発展　台湾ノートパソコン企業の成長メカニズム』名古屋大学出版会.

・岸本千佳司（2017）『台湾半導体企業の競争戦略―戦略の進化と能力構築―』日本評論社.

・呉團焜（2005）「半導体ファウンドリー・メーカーの競争優位―台湾におけるTSMCとUMCの事例から―」『日本経営学会誌』第13号.

・サクセニアン，アナリー（2000）「シリコンバレーと台湾新竹コネクション―技術コミュニティと産業の高度化」青木昌彦・寺西重郎編『転換期の東アジアと日本企業』東洋経済新報社.

・佐藤幸人（2007）『台湾ハイテク産業の生成と発展』岩波書店.

・末廣昭（1996）『戦前期タイ鉄道業の発展と技術者形成』京都大学東南アジア研究センター（重点領域研究総合的地域研究成果報告書シリーズ　第15巻).

・――――（2000）『キャッチアップ型工業化論』名古屋大学出版会.

・徐正解（1995）『企業戦略と産業発展―韓国半導体産業のキャッチアップ・プロセス』白桃書房.

・中原裕美子（2007）「パソコンのODMサプライヤーとしての台湾企業の優位性―開発プロセスの時間管理能力―」『アジア経済』第48巻第7号.

・楊英賢・阿部嘉隆（2019）「半導体産業における組織間関係の構築―TSMCと日系装置メーカーJ社の取引関係の事例分析―」『国際ビジネス研究』第11巻第2号.

・吉岡英美（2010）『韓国の工業化と半導体産業―世界市場におけるサムスン電子の発展―』有斐閣.

・――――（2024）「エレクトロニクス産業における垂直統合の優位性―サムスン電子の事例―」『韓国経済研究』第21号.

・米山茂美・野中郁次郎（1995）「集合革新のダイナミクス―半導体産業におけるDRAM開発の事例研究」野中郁次郎・永田晃也編『日本型イノベーション・システム』白桃書房.

・Mathews, J. A.（2002）, *Dragon Multinational: A New Model for Global Growth*, Oxford University Press.

・Miller, C. (2022), *Chip War: The Fight for the World's Most Critical Technology*, Simon & Schuster Ltd（千葉敏生訳『半導体戦争—世界最重要テクノロジーをめぐる国家間の攻防』ダイヤモンド社，2023 年）．

12 多国籍企業と外国為替レート

洞口治夫

《**目標＆ポイント**》 外国為替レートの変化は多国籍企業のマネジメントにさまざまな影響を与える。本章では円高や円安といった外国為替レートの変動がどのような理由によって起こるのかについての標準的な学説を解説する。外国為替レートの変動を予測するうえで重視すべき要因と，予測を困難にしている要因について学ぶ。

《**キーワード**》 購買力平価（purchasing power parity, PPP），ビッグマック指数（Big Mac index），金利平価（interest rate parity, IRP），ランダムウォーク（random walk），オーバーシューティング（overshooting），ニュースの役割，集合知予測

1. 参入戦略と円高・円安

　図 12 - 1 は 1994 年から 2024 年 1 月までの円ドル為替レートの推移を示している。1995 年末から 1996 年初頭までには 1 ドル 85 円前後の円高を記録し，2011 年末から 2012 年初頭前後は 1 ドル 80 円を超える円高を記録している。他方で 2024 年初頭には一時 1 ドル 150 円を超える円安を記録しており，これは 1999 年の円安水準を上回る大幅な円安水準であった。

　外国為替レートは，多国籍企業のマネジメントにどのような影響を与えているのだろうか。為替レートの変化を予測するためには，どのような手法を用いればよいのだろうか。本章では，為替レートが国際経営に及ぼす影響と，為替レートが決定される要因について解説する。

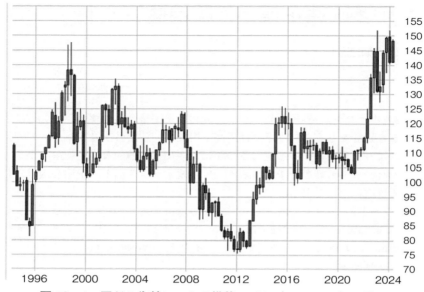

図 12-1　円ドル為替レートの推移—1994 年〜 2024 年 1 月—

(注 1)　四半期データ。
(注 2)　「ローソク」と呼ばれるグラフであり、太線は主要取引での為替レート変化、細線は少額の為替レートの変化があったことを示す。
(出所)　https://insight.monex.co.jp/symbol/chart?symbol＝USDJPY より許可を得て引用。

　為替レートは，私たちの生活に影響を及ぼす。たとえば，私たちが海外旅行をするときには，外国の通貨を手に入れる必要がある。日本国内で外貨を扱う銀行か，あるいは旅行先となる海外の銀行で日本円を外国通貨に取り替える。このように外貨を手に入れるときの交換比率のことを外国為替レートという。円高になれば，外国通貨 1 単位を手に入れるために支払う円の額は少なくなる。円高では，外国通貨に対する円の価値は高まる。私たちがすでに経験しているように，円高であれば海外旅行をして使える外貨の額は増える。円安であれば，より多額の日本円を

出して外国通貨を買うことになるので，海外で使える外貨の額は減る。こうしたときに，私たちは海外旅行が高くなったと感じる。

多国籍企業の行う対外直接投資では，アメリカの在外子会社が獲得したドルでの利益を配当という形で日本本社に送金する必要が生まれる。日本本社は，受け取ったドルの配当を円に交換するが，円高のもとでは，円安でのレートよりも日本円での配当金額は少なくなる。こうした場合に，円高は多国籍企業の親会社が受け取る配当を目減りさせる。

対外直接投資に対する円高の効果には，これとは逆の側面もある。つまり，これからアメリカに直接投資をして，在外子会社の設立を計画している日本の多国籍企業にとって円高は追い風となる。円高のもとでは，同額の円による投資金額で，円高が進む以前のレートよりも多額のドル投資を行うことができる。たとえば，グリーンフィールド・インベストメントを行い，アメリカで工場を立地するための土地を購入し，建設資材を購入するときに，円高はプラスに働く。これは，私たちが個人でアメリカ旅行をして，日本に持ち帰るお土産をアメリカで購入するときに，円高のメリットを享受できることに似ている。グリーンフィールド・インベストメントによって工場を新設するという場合だけでなく，追加的な投資をしたり，外国企業のM&A（合併・買収）をしたり，日本からアメリカの子会社に海外駐在のために従業員を派遣する場合なども，円高はプラスに働く。端的に言えば，「投資」という企業行動の場合には，自国通貨が強いほうが有利に働く。

ライセンシング契約の場合には，外国為替レートの影響は，契約内容に依存する。つまり，技術やノウハウを与える企業（ライセンサー）に対して，その利用をする企業（ライセンシー）が，どの通貨でロイヤリティ・フィーを支払う契約をしているかに依存する。仮に，アメリカで活動するライセンシーが，現地通貨であるドル建てで販売高の一定割合

を日本にいるライセンサーに支払う契約をしているとすれば，円高になると，日本のライセンサーが獲得する円でのロイヤリティ・フィーは低くなる。しかし，もしも円建てで支払うことを契約のなかに含んでいれば，日本円での受取額は円高ドル安であろうが，円安ドル高であろうが，変化しない。

牛丼のチェーン店が外国に店舗を開く場合や，コンビニエンス・ストアのようなフランチャイズ・ビジネスでは，収入は現地通貨で得られる。牛丼チェーン店のアメリカ現地法人が獲得したドル建て利益の一定割合を円に交換して送金するとすれば，円高になると日本本社が受け取る円の額は少なくなる。

2. 為替レートの決定理論

為替レートの水準がどのように決まるのか，についてはいくつかの理論がある。理論は現実を完全に説明するものではないが，将来の為替レートを予測するうえでの基準を与えている。完全な予測は不可能であるが，なぜ不可能なのかという理由も，理論の内容を知ることで理解できる。

（1）購買力平価

為替レートとは，自国通貨と外国通貨の交換比率のことである。通貨によって購買活動が行なわれることに着目すれば，2つの国で同じ財を購入するときの価格の比によって，各国の通貨価値の比率が決まると考えることができる。こうした考え方を購買力平価（purchasing power parity, PPP）という。平価とは parity の訳であるが，parity には「同等」，「等価」といった意味がある。天秤の両側に，異なる形をしていながら，しかし，重さの等しいモノが乗ってバランスしている状態を思い浮かべると意味を理解しやすい。

購買力平価とは，2 カ国の通貨がもつ購買力を比較することによって，その価格比としての為替レートが決まる，という考え方である。たとえば，私たちが一日の生活に必要な食料を買うときに，日本円では 1,000 円かかり，米ドルでは 10 ドルかかるとすれば，同じ食料を基準として，1,000 円と 10 ドルが釣り合っていることになる。つまり 100 円が 1 ドルに釣り合っているのだから，為替レートも，その水準に決まるはずである，と考えるのが購買力平価の考え方である。

購買力平価は実際に測定可能だが，価格を比較すべき財を何にするか，という方法論的な問題がある。消費者物価指数，あるいは，任意の特定の財を選び，それをマーケット・バスケット方式（market basket method）と呼んで比較が行なわれる。

購買力平価の考え方を応用した経済記事を特集して，為替レートについての興味を高めてきたのが，イギリスの経済誌であるエコノミスト誌である。同誌による「ビッグマック指数」の調査は，物価比較の対象をマクドナルドの「ビッグマック」に特定して，世界各国の購買力を比較している。表 12−1 には，エコノミスト誌の調査に依拠してデータを集めたサイトに掲載された結果のうちから，数カ国のデータを取り出している。

表 12−1 における第 1 の列（1）は，世界各国においてマクドナルドのビッグマックがいくらで販売されているか，というデータである。単位はそれぞれの国の通貨である。アメリカではビッグマック 1 つが 5.58 ドル，日本では 450 円，ブラジルでは 22.9 レアルといった価格調査の結果が得られている。

ドルや円などの異なる通貨で同じ商品を購買するとき，それぞれいくらを支払う必要があるのか。その支払い価格の比率を計算すれば，通貨価値の交換比率を計算することができる。こうした意味での購買力平価

表 12-1　ビッグマック指数―2023 年 7 月―

	(1) ビッグマックの国内価格	(2) 購買力平価（PPP）で計算した為替レート	(3) 2023 年 7 月の現実の為替レート	(4) 現実のレート (3) と購買力平価 (2) が乖離している比率（％）	(5) 2023 年 7 月のドル為替レートで計算したビッグマックの米ドル価格
アメリカ	5.58 ドル	—	—	—	5.58 ドル
日本	450 円	80.65	142.08	− 43.2	3.17 ドル
中国	25.0 人民元	4.48	7.14	− 37.3	3.50 ドル
ブラジル	22.9 レアル	4.10	4.76	− 13.7	4.81 ドル
カナダ	7.05 カナダドル	1.26	1.32	− 4.5	5.34 ドル
ノルウェー	70 クローネ	12.54	10.12	23.9	6.92 ドル
スイス	6.7 スイスフラン	1.20	0.87	38.5	7.70 ドル

（注 1）（4）の乖離率は（(2) − (3)）÷ (3) の値をパーセントで表示した。
（出所）https://economist.com/big-mac-index/ と題された Economist 誌のホームページを参照し筆者作成（2024 年 1 月 7 日確認）。

を計算した結果を表 12-1 の第 2 列（2）に示している。ビッグマックの価格比で測った 1 ドルあたりの円の価値は，450 円÷5.58 ドル＝80.65 円／ドルとなる。購買力平価の一例としてのビッグマック指数からは，80.65 円／ドルが理論的に妥当な円ドル為替レートの値だということになる。

　調査時点である 2023 年 7 月における現実の為替レートは，表 12-1 の第 3 列（3）に示されている。1 ドルに対する円のレートは 142.08 円／ドルであった。ビッグマック指数を理論値とみなすとすれば，現実の為替レートが円安ドル高になっていることがわかる。もしも，現実の為替レートが購買力平価の示す理論値に近づいていくとすれば，為替レー

トは，1ドルあたり142.08円の現実値から80.65円への理論値へと円高ドル安に推移していく，と予想することが可能である。

表12-1では，購買力平価と現実の為替レートとが乖離している比率を第4列（4）に示している。その比率は購買力平価の理論値と現実値の差を，現実値との比率で評価した数値であり，乖離率＝（購買力平価の理論値－現実値）÷現実値，である。日本の場合について計算すると，(80.65－142.08)÷142.08＝－0.432が得られ，購買力平価よりも現実値が43.2パーセント円安になっていることがわかる。カナダでは，購買力平価と実際の為替レートとの乖離率は－4.5パーセントであり，他の国々よりも相対的に小さな値を示していた。

中国では，ビッグマック指数から求めた購買力平価は1ドルあたり4.48人民元であった。現実の為替レートは1ドルあたり7.14人民元であったので，人民元の為替レートが37.3パーセント安く評価されていたことになる。中国とは逆に，スイスやノルウェーといった国々では，自国通貨が高く評価されている。スイスでビッグマックを購入すれば，1つ6.7スイスフランであり，アメリカでのビッグマック価格5.58ドルから購買力平価を求めると1ドルあたり1.20スイスフランとなる。実際の為替レートは1ドルあたり0.87スイスフランであり，スイスフランが高く評価されていることになる。その乖離率は38.5パーセントである。

表12-1の第5の列（5）に示された数字は，ドルを各国の外国為替相場で各国通貨に両替して，ビックマックを買ったときに対応するドルでの値段を示している。もしも，アメリカでビッグマック1個に対して5.58ドルを支払っているアメリカ人が，中国に旅行してドルを1ドルあたり7.14人民元のレートで両替し，そしてビッグマック1個を購入したとすれば，中国国内でビッグマックを購入するときに支払う25.0

人民元は，3.50 ドルに換算できる。つまり，中国では，アメリカより
も 2 ドル 08 セント安い価格でビッグマックを購入できる。アメリカ人
がビックマックを中国で購入したときに安いと感ずるのは，中国での消
費者物価の安さと，中国の通貨である人民元が安く評価されているとい
う通貨の安さの双方が寄与していることになる。中国からアメリカに
ビッグマックが輸出されることはないが，もしも，輸出品目によって比
較されたとすれば，その製品は通貨安の効果をともなった安い価格で輸
出されることになる。

　同じように米ドルによって，スイスで販売されているビッグマックを
評価すれば，7.70 ドルになるのであり，アメリカでのビッグマック価
格 5.58 ドルに比較して 2.12 ドル割高になっている。スイスの通貨であ
るスイスフランの外国為替レートが高いとすれば，スイスからアメリカ
への輸出は割高に感じられることになる。中国の場合とは逆の例である。

　購買力平価の理論にはいくつかのメリットとデメリットがある。

　第一のメリットは，為替レートの金額が計算されうる唯一の理論であ
る，という点である。以下に説明する他の為替レートの決定理論は，為
替レートの変化の方向を示すことはできるが，金額としていくらになる
のかを説明することはできない。

　第二のメリットは，長期あるいは超長期と呼ばれる長い計測期間につ
いてみると，基準とみなしうる変化を示している，という点である。購
買力平価は，10 年程度の長期にわたる為替レートの推移を示すときに
用いられる指標であり，2 国間の貿易交渉が政策的な課題となるときに
も，為替レートの過大評価，過小評価を判断する基準となっている。こ
こで，為替レートの過大評価とは，購買力平価で想定される為替レート
よりも，実際の為替レートにおいて自国通貨が高く評価されていること
を意味する。過小評価とは，その逆である。

実際の為替レートは，外国為替市場において日々変化するが，長い期間をみてみると購買力平価は一つの基準を示している。それは，世界各国を旅行するときに，日々の最高気温・最低気温といったデータの変化よりも，季節ごとの温度変化や温帯・熱帯・亜熱帯といった地域ごとのおおまかな差異を理解しておくことが，気温の変化を長期的に予測し，対応するのに役立つことに似ている。

　購買力平価理論の限界もある。

　第一に，財の価格は，時間単位ないし分単位で変化することは少ないので，短期的な将来の為替レート変動を予測する役には立たない。

　第二に，購買力の比較を行なうときに，どのような指標で比較すべきか，という問題がある。購買力平価の計算のためにGDPや消費者物価指数で比較する場合には，土地や株価といった資産価格を無視していることになる。ホテルの宿泊料や病院での診察料といったサービス料金についても，購買力平価の対象として比較されることは少ない。非貿易財と呼ばれるような，貿易で交換されることのない財やサービスについて購買力平価が計算されることも少ない。また，以下で述べるように金利の比較を行ってもいない。

　第三に，欧州連合（European Union, 略称EU）において導入されている法定通貨ユーロについてみると，EU加盟国ごとに物価水準が異なるにもかかわらず，ユーロ対ドル，ユーロ対円などの外国為替レートはユーロ圏全地域を通じて同一である。物価を反映した購買力が異なるのに応じて為替レートが異なるという購買力平価の理論からすれば，ユーロを用いる国々の物価水準が異なるときには，単一の為替レートを維持することが困難であることになる。これは購買力平価という理論の限界を示すものかもしれず，逆に，超長期において有効な購買力平価理論の特徴から言えば，物価水準が大きく異なる国々によってユーロ通貨圏を

維持することが困難であることを予測していることにもなりうる。

（２）金利平価

　購買力平価では物価を比較していたが，金利の比較によっても人々によって選好される外国通貨を示すことができる。これが金利平価（interest rate parity, IRP）の考え方である。金利平価の理論は，金利の異なる２国間を資金が移動することを前提とした理論である。

　もしも，手持ち資金に余裕があって，アメリカと日本のどちらの国にも銀行口座があり，どちらかの国で預金を行おうと考えている，としよう。いま３ヶ月間の銀行定期預金に対して，アメリカの銀行は２パーセント，日本の銀行では0.02パーセントの金利がつくとしよう。「あなた」は，どちらの国に預金するだろうか。

　与えられている条件が金利の差だけであるとすれば，金利の高い国で預金をしようとするはずである。すると，金利の高い国で預金を行うためには，その国の通貨を手に入れる必要がある。したがって，金利の高い国の通貨に対する需要が高まることが想定される。上記の例では，米ドルを手にいれるために日本円を売る，という行動が予想される。

　金利格差を外国為替レートの基本的な要因とみるのが金利平価の理論である。ただし，金利平価からは，為替レートの金額は計算できない。上述の例でいえば，金利と元本を足し合わせると，アメリカの金利は1.02となり，日本では1.0002となるが，１ドルあたりの日本円を計算するために金利の比率として1.0002÷1.02という計算をしたとしても，実際の為替レート水準としての円ドルレートの理論値を求めることはできない。

　金利平価によって為替レートを予測することの問題点としては，金利の差を選好するときに，将来にわたる為替レートの変化を読み込まなけ

ればならないことである。金利の高いアメリカに預金をしても，預金を引き出して日本円に換金するときに，為替レートが円高ドル安になっていたとすれば，円換算でみた金額は目減りしてしまう。

金利平価が意味を持つのは，為替レートの変化の方向性である。中央銀行による公定歩合の変更によって金利の格差が広がれば，金利の高い国に資金が流入するであろうという予測が生まれる。金利平価は，そうした予測の根拠となることに意義がある。この点は，オーバーシューティングとニュースの役割において，改めて説明する。

（3）ランダムウォーク

為替レートに関する第3の理論は，為替レートがランダムに変動する，というものである。ランダム（random）とは統計学の用語で，「無作為」と訳される。英和辞書では，「手当たりしだいの」，「でたらめの」，「行き当たりばったりの」，「任意の」といった訳が当てられている。ランダムウォークは統計学の用語であり，古い統計学の教科書では「酔歩」と訳された。酒によった人がふらふらと歩くのと同じように変化するというほどの意味である。花粉を水に浮かべたときに，水分子に花粉が衝突して不規則に動く現象をブラウン運動と言うが，ランダムウォークの考え方は自然科学において開発されたのちに経済現象の説明に応用された。

為替レートが「でたらめ」に変化するのであれば，そもそも理論として意味がないのではないか，と考えられるかもしれないが，為替レートをランダムウォークとして捉えることには少なくとも2つの意味がある。

第1に，ランダムウォークが無作為な為替レートの変化であるとしても，ある変化のルールや範囲が存在するならば，「でたらめ」のなかに

規則性があることがわかる。第2に，購買力平価や金利平価のように，特定の指標をもってしては為替レートの実際の変化を説明しきれない，という現実からの要請がある。為替レートの変化をみると，必ず，細かなジグザグの通貨価値変動を示しているが，その細かな変動は，一定期間の値が安定している物価や金利からは説明できない。

　ランダムウォークにおいても「ある変化のルール」を想定することができると述べたが，この場合の「ある変化のルール」とは以下のようなものである。まず，時点t=0からt=1への時間の推移に応じて，為替レートが上がる確率が2分の1，下がる確率が2分の1と考える。また，円ドル為替レートであれば，この時点t=0からt=1までの間に，1ドルあたりa円の変化が起こると仮定する。たとえば，時点t=0からt=1を1分として，a円を0.1円，つまり1ドルあたり10銭の円ドル為替相場の変化と仮定する。

　もちろん，ここでは説明を簡単にするために時間単位と金額の変化を任意に設定しているが，時間単位の幅を長く捉えれば，変化の幅が大きくなることも説明できる。つまり，1分あたり10銭の変化をするのであれば，1時間後には，その60倍である6円の変化をすると想定する

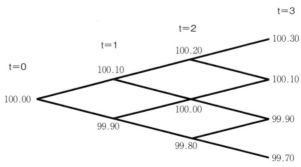

図12-2　ランダムウォークによる為替レートの変化

こともできる。

　図12-2では，時間 t が1分ごとに変化するときの為替レートの変化を示している。枝分かれしていく1本の線が1分の時間経過を示している。1ドル100円から動き出した為替レートは，1分後には100.10円か，99.90円に変化し，2分後には，さらにその価格から0.1円ずつ上下いずれかに変化していく。1分後に100.10円に変化した場合には，2分後に100.00円ないし100.20円に変化する。1分後に90.90円に変化した場合には，2分後には99.80円ないし100.00円に変化する。3分後には，1ドル100.30円から99.70円までの幅で変化すると予測される。

　こうした例示が恣意的に感じられる読者は，時間単位と為替レートの変化を，任意の時間ないし任意の値に設定してよい。ここで重要なのは，為替レートが上がるか，下がるか，という変化を現時点で予測すれば，そこに確率の考え方を応用できる，という点である。購買力平価や金利平価には，そうした確率的な考え方はなかった。

　図12-3には，1分ごとの変化の確率を示した。1ドル100円から，1分後に100.10円に変化する確率が2分の1，99.90円に変化する確率が2分の1である。さらに1分が経過して初期時点から2分後になると

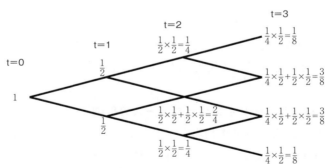

図12-3　ランダムウォークの確率

100.20円に変化する確率が初期時点からみて4分の1，99.80円に変化する確率が同じく4分の1である。

1分後の100.10円から2分後に100.00円に下がる確率が4分の1であり，1分後の99.90円から100.00円に上がる確率が4分の1なので，それらを合計すると4分の2（2分の1）となる。

3分後には，100.30円から99.70円までの円ドル相場の幅があり，予測される最高値と最安値の確率は8分の1（0.125），中央の二つの値である100.10円ないし99.90円をとる確率は8分の3（0.375）ずつである。こうした変化のパターンは，統計学においては二項分布と呼ばれている。

このようにランダムウォークは「でたらめ」なのではなく，統計学的な無作為 標本 抽出の理論に近いものであることがわかる。無作為標本抽出とは，つぼの中に赤い球と白い球が入っていて，一回に数個ずつ取り出したときに，つぼの中には，どのような比率で赤い球と白い球が入っていると推定できるか，といった問題を考える理論である。この例でいう赤い球と白い球は，為替レートの上昇と下落に対応している。

ランダムウォークの理論は，為替レートの値を単一の金額で示すものではなく，ある確率的な幅で示すものである。ある時点で，円ドル為替相場が1ドルあたり100.00円であるとしたら，3分後に円ドル為替相場が100.10円から99.90円の幅に入る確率は8分の6（75パーセント）である，と予測できる。こうした確率的な表現方法は，天気予報の降水確率に近いと感じられるかもしれない。

（4）オーバーシューティングとニュースの役割

ある時点で，円ドル為替相場が1ドルあたり100.00円であるときに，1分後に100.10円になったり，99.90円になったりする理由は何だろうか。ランダムウォークが発生する背後には，為替相場に対する人々の期

待や予測がある。

　最終的に，より多額の日本円を持ちたいと希望する人たちを考えよう。ある人は，円ドル為替相場が1ドルあたり100.00円から100.10円になったときに，将来，100.20円から100.30円へとさらに円安が進むと考えて1ドル100.10円でも円を売ってドルを買い，そのドルを将来のさらなる円安の時点で売ろうとする。

　別の人は，同じ状況のもとで円高ドル安基調への逆転を予測するので，ドルを売って円を買おうとする。つまり，将来，1ドルを売っても100.00円あるいは99.90円しか手に入れることのできない円高になる前に，1ドル100.10円のレートのうちにドルを売って円を手にいれておきたいと考えるかもしれない。

　こうした人々の期待に大きな影響を与えるのがニュースの役割である。金利平価説が重要なのは，実際の金利水準の格差だけでなく，金利が変更になったというニュースが，人々の投資行動に変化を与えると予測され，さらに，その予測のもとに為替相場での投機が行われるからである。

　日本の中央銀行である日本銀行が，日本国内の金利（公定歩合）引き上げを発表したとしよう。そのとき，アメリカの連邦準備制度理事会が，日本国内の金利よりも高い水準にあるアメリカ国内金利を一定のままにしていたとしよう。この場合，日米間の金利格差が狭まるために，アメリカから日本に資金が移動すると予測される。金利平価説によれば，ドルを日本円にかえて，円で預金することで以前よりも高くなった利子を手に入れようとする人々が増えるからである。多くの人々が円を買おうとするので，こうした状態では，円への需要が高まる。

　人々は，日本の国内金利引き上げというニュースに接して円高ドル安になることを予測する。この予測に対して多くの人々が反応して，ドル

を売り，円を買おうとすれば，金利水準の変化以上に為替レートは急激
に変化することになる。このような急激な変化のことをオーバーシュー
ティング（overshooting）といい，動詞的には「オーバーシュートする」
と言う。

　図12－3では円高になる確率と円安になる確率は2分の1ずつであっ
たが，円安になる確率を3分の1，円高になる確率を3分の2とすれば，
t＝3の時点で1ドル100.30円となる確率は27分の1となり，100.10
円となる確率は27分の6，99.90円となる確率は27分の12，99.70円
となる確率は27分の8となる。1ドル100.00円よりも円高になる確率
は27分の20となり，約74パーセントの確率で円高ドル安となること
がわかる。つまり，オーバーシューティングは人々の予想が一方向に偏っ
たときに生まれる，といえる。

　オーバーシューティングは，為替レート以外の財の取引でも観察され
る。投機，つまり，売却を目的とした特定の財への需要の高まりは，オー
バーシューティングの原因となる。

　投機には，2つの方法がある。第一は，将来の値上がりを期待して多
額の商品，通貨，株などを買うことである。値段の安いうちに購入して，
値上がりしたときに売却する。投機をする人のなかには，借金をしてで
も値上がりの期待できる商品や通貨，株を買う場合がある。

　第二の方法は，商品，通貨，株などの値段が高いうちに，その商品や
通貨ないし株などを借り，直ちに売却して現金にしてしまい，値段が安
くなったときに借りたのと同じ種類の商品や通貨，株などを買い戻して
借り入れ利子の分とともに返済する，という方法である。この第二の方
法のことを「カラ売り」と言う。自分では商品・通貨・株などを保有せ
ずに，借り入れておいて売却してしまうことを指している。

　第一の方法は，商品，通貨，株などの価格が上昇する局面での投機で

ある。第二の方法は，それらの価格が下落する局面での投機である。外国為替市場でも通貨価値が変動すると予測されるときには投機が行われる。

まとめ

外国為替レートの決定理論は進化を続けている。本章で紹介した4つの理論のほかに，第五の新たな理論として集合知予測と呼ばれる方法がある。集合知予測の方法によれば，その予測値と現実の為替レートとの乖離率が小さいことが報告されている。洞口（Horaguchi, 2023）では日本経済新聞社が主催する「日経円ダービー」に参加した3,657グループによる1か月後の円ドル為替レート予測値と現実値を比較して，平均1.43パーセントの乖離率であったことを報告している。

外国為替レートは，その市場に参加する人間の予測に基づいて決定されるため，多数の人間による予測値を「集合」させると現実値に近くなると解釈できる。つまり，従来の理論には人間行動の特性が反映されてこなかったとも言える。経済活動に人間の行動特性を組み込んだ考え方を指して行動経済学と呼び，その一分野として行動ファイナンスという研究分野が確立されつつある。

円高や円安のような通貨価値の変動は，企業の外国市場参入戦略に影響を与える。輸出を行なう製造業企業にとっては，円高のもとで輸出が困難になる。それは，たとえば，日本の自動車メーカーがアメリカに自動車を輸出すると，輸出をした相手先国の通貨であるドルを円に交換する必要があるからである。

為替レートの変動は対外直接投資に対しても影響を与える。その影響は，輸出の場合よりも複雑である。たとえば，日本企業の在アメリカ子会社が製造業であり，日本の親会社が部品や原材料をアメリカ子会社に

輸出している場合には，円高によって部品・原材料の価格は高くなり，ドルベースで計算した子会社の製造コストは高くなる。これは輸出を行うときの円高の効果と同じである。

　日本企業の在アメリカ子会社が製造業であり，部品や原材料をアメリカ国内で調達している場合には，円高によっては部品・原材料の調達価格が高くはならず，ドルベースで計算した在アメリカ子会社の製造コストに変化は無い。この点は，日本国内からアメリカ向けに輸出を行っている日本企業が円高によって受ける影響との大きな違いである。

《学習課題》

1．本章を最初に読んだ年月日とその日の円ドルレート，円ユーロレート，円と韓国ウォンのレート，円と中国・人民元のレートを調べてメモしておきましょう。そのとき，1カ月後，2カ月後，3カ月後，1年後のレートを予測して記載しておきましょう。その際，為替予測の根拠についてもメモを残しておきましょう。1カ月後，2カ月後，3カ月後，1年後のそれぞれの時期に現実の為替レートを確認し，予測と実際の為替レートとの差を計算してみましょう。また，予測とのずれが生まれた理由について文章にまとめてみましょう。

2．新聞記事では，為替レートの変動と株価の変動に，どのような関係が想定されているか，読み取ってみましょう。また，その想定の理由と本章で紹介した理論との関係を考察してみましょう。

3．ビッグマック指数に代わる独自の購買力平価指標を考えて計算してみましょう。コカコーラ指数，スターバックス指数，ケンタッキー・フライドチキン指数などの購買力平価をウェブサイトに掲載された値段から計算し，現実の為替レートとの差を計算してみましょう。その計算結果から，将来の為替レートを予測してみましょう。

参考文献

本章は原田順子・洞口治夫『改訂新版　国際経営』（2019年，放送大学教育振興会）の第13章をもとに大幅に加筆修正したものである。

・河合正弘・翁邦雄・須田美矢子・村瀬英彰（1993）『ゼミナール国際金融―基礎と現実―』東洋経済新報社.
・須田美矢子（1996）『ゼミナール国際金融入門』日本経済新聞社.

・Daniels, J. D., Radebaugh, L. H., and Sullivan, D. P.（2019）*International Business: Environments & Operations*, 16th edition, Harlow, England：Pearson.
・Eiteman, D. K., Stonehill, A. I., and Moffett, M. H.（2016）*Multinational Business Finance*, 14th edition, Essex：Pearson Education.
・Horaguchi, H. H.（2023）Forecasting foreign exchange rates as group experiment：Actuality bias and fact-convergence effect within wisdom of crowds, *Review of Behavioral Finance*, vol. 15, no. 5, pp. 652-671.

13 | 国際経営と資金調達

篠沢義勝

《目標＆ポイント》　企業が海外での事業を始め拡大するにあたって，新たな資金を調達する必要が生じる。本章では企業の国際化を背景に，まず資金調達の基礎知識と重要性から始め，次に海外での資金調達の利点と難点についてまとめる。続いて，代表的な資金調達経路である海外の株式市場への株式上場や，オフショア市場での社債発行について，より具体的に解説する。

《キーワード》　自己資本と他人資本，資本コスト，流動性，コーポレート・ガバナンス，米国預託証券（ADR），ユーロ市場

1. 資金調達の基礎

　資金調達の理解に一番役に立つ基本情報は，企業の有価証券報告書の一部を構成する「貸借対照表（英文：balance sheet）」である。貸借対照表は左に資産の部，右に負債の部と純資産の部という対照的な2つの表から成っており，この左右のそれぞれの合計額が必ず一致する。このように左右の額が同一で均衡がとれる点が，英文名の「バランスシート」の由来である。

　貸借対照表を端的に説明すると，右の負債の部が示すのは「企業の資金がどこから得られたのか？」であり，左の資産の部は「企業が調達した資金を何に費やしたか？」を示している。具体的な例として東京ディズニーリゾートを運営するオリエンタルランドの貸借対照表を簡単に図としてまとめたのが以下の図13-1である。

図 13-1　オリエンタルランドの貸借対照表
（出所）2024 年 1 月 30 日発表の同社の決算短信を基に筆者作成。

　これを見るとオリエンタルランド社は総資産 1 兆 3,228 億円（＝負債＋純資産）を有し，資金の 66％以上は土地や建物に代表される固定資産に費やされていることが分かる。

　左右の額が必ず一致する仕組みを最も簡単な例で説明すると，仮に 1,000 万円を借り入れて資金調達したが，すぐに投資に向けず現金として手元に残していた場合，右側の「負債」の部に 1,000 万円が，左側の資産の部に「現金」として 1,000 万円が同時に記されるのである。

　本章では「どのように資金を使うか」という投資の視点ではなく，貸借対照表の右側にある負債と純資産に関する国際化，具体的には資金調達の国際化とその効果について考える。

（1）資本の種類：自己資本と他人資本

　資金の調達の源を示す負債の部には，上下 2 つの区分がある。負債の部と純資産の部である。上の枠の負債の部は「他人からの借入」であり，いつかは貸主に返さないといけない種類の資金調達を表す。代表的な負

債の一つとして，企業が発行する社債がある。負債の部の下の枠は「純資産」であり「起業家あるいは株主が自分で出した資金」すなわち資本金である。また，配当金を払った後で，これまで蓄積された利益（利益剰余金）も純資産の一部に含まれる。資本金や利益剰余金は，株主が自ら拠出した資金や，これまで自ら稼いで貯めた資金であるので他人に返却する義務は生じない。この区分をもとに，負債の部の借入は他人資本と呼ばれ，純資産の部は自己資本と呼ばれる。資金の調達という視点で言い換えると，資金を募るには誰から借りるか？それとも返済義務のない株を売るか？の2択となる。図13-1のオリエンタルランドの例を見れば，資金の約3割が他人資本（3,950億円），約7割が自己資本（9,278億円）ということが分かる。

（2）資本コストと為替リスク

　負債と資本の部を大きくする資本調達を行う際，どのくらいの費用がかかるのであろうか？ここでいう費用とは事務手続にかかる諸費用を指すのではなく，債券や株式を買う投資家が，どの程度の〝見返り〟すなわち利益を期待して資金を提供するのか？という問いへの回答を意味している。これは期待収益率（または期待利益率）と呼ばれ，投資家の視点での利益水準のことである。資金を受取る企業側にとっては，その期待に応えなくてはならないので，投資家からの期待利益率はコストと考える。このコストは資本コストと呼ばれ，企業側にはコストであるので，低いほど有利となる。企業が借入により資金を調達する場合を考えれば分かりやすい。借入金利は低い方が，企業には金利負担が少なく利益が増える。

　為替リスクを減らすと資本コストも下がると期待できる。その理由は，資本を出す投資家から見れば，リスクの高いプロジェクトへの投資は，

高リスクに応じた高い期待収益（リターン）を求めるからである。「虎穴に入らずんば虎子を得ず」という，ことわざの意味合いに近い。反対に，リスクのあまり無いプロジェクトへの投資については，高リスクのプロジェクトにくらべて確実に収益が得られるので，投資家の求めるリターンは相対的に低くなる。この「リスクとリターン」の関係を根拠に，事業活動において為替というリスク要因が減ってくれば，資本コスト自体も低くなることが期待される[1]。

　この資本コストを抑える手段の一つとして海外からの資金調達についての利点と難点を解説するのが，次節の目的である[2]。

2. 海外からの資金調達：利点と難点

　企業はさまざまな方法で資金調達をしているのであるが，この教科は国際経営であり，その視点から「そもそも，どうして海外から資金を調達するのか？」という点に関して，利点と難点について以下にまとめよう。

（1）利点 1：為替リスクの低減

　まず国内外で回転すしチェーンを展開する「くら寿司」の例で考えよう。くら寿司は国内外で約 650 店舗を運営する寿司レストランのチェーンである。2023 年 10 月期の決算短信によると売上額 2,114 億円，経常利益 28 億円を計上，売上規模では業界第 2 位の大手だ。2019 年には，米国の証券取引所の一つナスダック市場に，続いて 2020 年には台湾株式市場に子会社を上場させ，海外に積極的に業務拡大を計っている。2023 年秋の時点で米国と台湾の各国でそれぞれ約 50 店舗を運営する[3]。

---

1) もちろん米国での業務そのもののリスクは完全には払拭できない。ここで為替リスクと事業リスク（例：米国での反寿司運動）を区別する必要が出てくるが，本章では扱わない。

2) さらに企業財務を学びたい方は「ファイナンス論・入門：イチからわかる証券投資と企業金融」（有斐閣コンパクト）俊野雅司，白須洋子，時岡規夫（著）などを参照するとよい。

3) 出典：同社のホームページ　https://www.kurasushi.co.jp/company/company/aboutus.php（2024 年 5 月 31 日確認）

くら寿司が米国に店舗を立ち上げる場合，まず直面するのは店舗や人材の確保だろう。米国のお店であるので，店舗の家賃や従業員への支払いは通常は米ドルと考えてよい。この開業資金をどこから調達するか？たとえば，日本の銀行から日本円で借り入れ，その資金を米国店舗の開店費用に充てると，為替リスクが生じる。特に短期間で米ドルが日本円に対して高くなる「円安」が進むと，当初の円建ての借入額だけでは米国出店費用が賄えなくなる可能性もある。

このようなリスクを回避する手段の一つとして，米ドル建ての借入がある。米国に本支店を有する銀行から米ドルを借りれば，米国店舗の開業に関する為替リスクを低減できる。さらに米国内の時差も少なく，米国の事情の把握に長けているだろうから，融資の審査に要する時間も他の一般的な在米企業と変わらないだろう。さらに重要な点は，借入に伴って生ずる利子の支払いも，くら寿司は米ドル建てで返済すれば済む。すなわち現地の店舗から生じた利益（ドル建て）の一部を，そのままドル建ての利払いにあてれば良い。その結果，くら寿司全体でみれば，業務が米国内で完結しており，為替リスクを低減することができ，先に述べたように資本コストの低下につながる[4]。

（2）利点2：流動性の高い市場からの資金調達

企業が債券や株を発行して資金調達を実施する際に重要なのが，資本市場の規模である。市場に参加者が多く取引量も大きいと，株や債券を大量に発行した場合でも，それら新規の発行証券の価格の動きは，小さな市場での取引に比べて安定化し，かつ速やかに発行証券は売買される。反対に取引量や参加者が少ない市場で大量の証券が発行されると，多くの買い手が見つからず，新たに売り出された証券の価格が極端に一方的になったり，発行日当日には売れ残ってしまう可能性もある。この

---

4) 2019年8月12日の日経MJ（流通新聞）によれば，今回のナスダック上場で調達した資金の半分は出店拡大にあてるとしている。

ような市場の厚みを経済財務の用語で「流動性」と呼び，企業が資金調達を行う際の市場選びでは，重要な要素となっている。

　たとえば世界取引所連合（The World Federation of Exchanges）の2023年9月末の統計によると世界の株式市場の規模は107兆USドル（1USドル140円換算で約15,000兆円相当）である。同連合の2023年11月のデータでは，日本の株式市場の時価総額は約5.9兆USドル（826兆円）であるのに対して，米国の株式市場の時価総額は，ニューヨーク株式市場（約24兆USドル）とナスダック市場（約22兆USドル）を合わせると46兆USドル（6,440兆円）となり，日本市場の7倍以上の規模となる。つまり米国の株式市場は（日本の市場に比べて）投資家層が非常に厚く，資金を大量に，しかも容易に調達できることを示唆する。比較的容易に資金が集まるということは，資金を調達する企業からすれば，適切な水準（たとえ借入の際の金利）が高騰しないことにつながる。国際的な金融市場を通じた資金調達には，このような流動性の面での利点がある。

（3）利点3：広範囲な投資家層からの資金調達と業界の知見の収集

　世界中の大小さまざまな投資家が市場に参加していることが，市場の大きさの背景にある。国際金融市場で，大口資金を提供する投資専門家集団があり，個人投資家との対比で，大きな組織的な投資家は総じて「機関投資家」と呼ばれる。生命保険会社や年金基金，投資信託運用会社などが代表的な機関投資家である。これらの投資家は，まさに投資の専門職として投資業務に携わり，投資対象を分析する。機関投資家は巨額の資金を運用するだけに国際的な金融市場からの資金調達にあたっては，次の2つの点で無視できない存在である。

　第一に，資金調達企業は大口資金を提供する投資専門家集団への株や

債券の売り込みに際し，説明の場を設け，彼らに自社の事業内容をより深く理解してもらうことで株や債券の大量購入へとつなげようとする。第二に機関投資家への説明会の場での質疑応答を通じて，資金調達企業はあらたな知見を得て事業に反映することができる。機関投資家は証券投資の専門家として，業界や他社動向に詳しく，株や債券を発行する企業を多面的に分析できる立場にある。彼らからの意見は，資金調達企業の将来の経営にとって重要な情報源になる。

（4）利点4　多様性と分散化

　前出の利点（1）から（3）を総合すると〈資金提供者や借入通貨を多様化することで，資金の分散化を図る〉ということができる。ここでいう分散化による利点とは，たとえば株式保有者の特定のグループ（たとえば米国の資産運用会社）が何らかの事情（多数の投資家の一斉解約）で，一斉に資金を引き揚げざるを得ない事態に直面した時に対応ができる。借入先も国際的に複数の国にまたがれば（たとえばユーロ通貨危機や，アジア通貨危機）ある一つの種類・通貨・国籍に依存するリスクを回避することが可能となる。

（5）利点5：知名度や信用度の向上

　海外市場で株や債券を上場すると，それに伴って知名度や信用度は上がる。そもそも投資家は，なかでも機関投資家は，事業内容が分からないと投資を控えるという研究もある（Merton, 1987）。

　ここで，くら寿司の例を再度とりあげよう。前に触れたように同社は2019年8月に米国の株式市場ナスダックに子会社を上場した。さて知名度をどう計量化するか？これは統計的に難題である。ここではグーグルのトレンド機能を使い，「くら寿司」という単語の検索指数を知名度

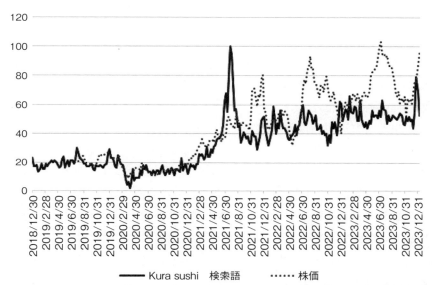

図 13-2　くら寿司のキーワード検索と Kura Sushi USA の株価の推移
(出所) 同社の株価は Yahoo Finance より，検索データはグーグルトレンドより入手し，筆者がグラフを作成。

の代理指数（データ期間の最高値を 100）と見なし，「くら寿司」の人気度・興味度合いが上場前後でどう変化し，同社の株価との関係を視覚化し，作成したのが上の図 13-2 である。

　グラフから読み取れるのは上場後 1 年間の指数は上場前とさほど変わらないが，2021 年以降，指数の水準が上がり，特に米国上場の株価と連動が顕著になったことだ。もちろん米国での寿司ブームによる影響もあろうが，少なくとも株式の上場は，米国での「くら寿司」への興味関心に一役買っていると言えるだろう。（もちろん米国での寿司ブームがあるからこそ，くら寿司が米国上場を図ったという逆の因果関係の可能性もある。因果関係を明らかにするには，より正確な統計分析が必要と

なる。)

　日本であれ，外国であれ，証券取引所に株や債券を上場することの利点は，企業の知名度の向上だけに止まらず，企業の信用度も増す。信用度が増すと，たとえば納入業者からの仕入れや金融機関との折衝がより容易に進むようになる。

　上場で会社の信用度を上げることができるのは，一定の上場基準を満たし審査を経て上場が認められ，上場後も取引所の基準を維持し，諸規則に順じなくてはならないからである。たとえばロンドン証券取引所の株式上場基準は 2021 年 12 月末の時点で，資金面で言えば（a）時価総額（株数に株価を乗じた額）で測る企業規模が 3,000 万ポンド（日本円で約 18 億円），かつ（b）上場に関する目論見書が配布された日から少なくとも 12 ヶ月間，上場予定の企業の業務に必要な運転資金を十分に有することが求められる[5]。

（6）難点（1）：上場維持に求められる株価と利益の確保

　ここまで述べたいくつかの利点を得るには，時間と手間がかかる。すなわち代価が生じるということである。本節の難点（1）と，次節の難点（2）としてまとめた点は，主に上場維持のために必要な負担である。難点（3）については上場・非上場にかかわらず，海外の投資家から資本を調達する際に考慮すべき点である[6]。

　まず難点（1）の具体例として「くら寿司」の子会社が上場している米国のナスダック市場の The Nasdaq Capital Market® の例を紹介する[7]。

　NASDAQ Capital Market では，(i) 株式資本であれば 250 万ドル，(ii)

---

[5]　出典：https://www.handbook.fca.org.uk/handbook/LR.pdf　および　https://human capital.aon.com/insights/articles/2021/new-rules-for-listing-on-the-london-stock-exchange-could-ease-the-path-to-ipo（2024 年 5 月 31 日確認）

[6]　最近の詳細はナスダックの資料を参照するとよい。https://listingcenter.nasdaq.com/assets/initialguide.pdf　および　https://www.nasdaq.com/solutions/listings/list-your-company（2024 年 5 月 31 日確認）

上場証券の時価総額が3,500万ドル，（iii）純利益で50万ドルのいずれか一つを満たさねばならない。さらに一般株主の数と株式保有数，売買仲介業者の数などの条件も加わる。これら株価や，取引や顧客からもたらされる利益などは外部からの企業への評価に依るものである。それゆえに社外評価を基にした（ii）の株数に株価を乗じた時価総額と（iii）の利益を確保するには，継続的かつ本質的な経営努力が求められる。

（7）難点（2）：適時の情報公開とコーポレート・ガバナンス体制の構築

　前出の財務的な基準維持に加え，速やかな情報公開ができ，取引所が求める企業統治（以下コーポレート・ガバナンス[8]）の要件を満たすことも上場維持には必要である。ここでナスダック市場の情報公開とコーポレート・ガバナンスの例を紹介する。

　まず情報公開では，上場企業は投資判断に重要な影響を与えかねない情報を一般へ情報公開する際，遅くとも公示10分前にナスダックの電子開示システム経由でナスダックに通知しなくてはならない。配当を出す場合は，配当支払いの基準日の遅くとも10日前までに電子開示システムを通じてナスダックへ通知する必要がある[9]。東京証券取引所と同様にナスダック市場も上場企業には，迅速に情報の適時開示を求めており，これに対応できる社内体制が大切な用件となる。

　次にコーポレート・ガバナンス体制については，年次報告書や中間報告書の開示義務の他，取締役会の構成に関して次のような満たすべき基準が設定されている。

　　●社外取締役を取締役数の過半数以上にすること。

7）ナスダック市場は企業規模に応じて3つの市場（The Nasdaq Global Select Market®, The Nasdaq Global Market®, The Nasdaq Capital Market®）に区分されている。東京証券取引所で2022年4月から導入された「プライム市場」，「スタンダード市場」，「グロース市場」に類似すると考えてよい。

8）コーポレート・ガバナンスとは企業における利益関係者（株主，経営者，従業員，債権者，取引業者など）の関係を定める規則や商習慣のことを指す。

9）　その他の開示ルールは https://listingcenter.nasdaq.com/assets/continuedguide.pdf で閲覧できる。（2024年5月31日確認）

- 役員のうち，少なくとも1名は女性とすること。また役員のうち，1名は社会的少数者であること。これを満たさない場合は，その理由を記すこと，
- 3人以上の社外取締役から構成される監査委員会を設置すること，

などである[10]。

上記の多様性の観点から取締役会の構成を求める動きは，2021年6月に東京証券取引所が設定した「改定コーポレートガバナンス・コード」の2点目，「企業の中核人材における多様性の確保」にもみられる。

企業にとって，このような社内体制を確立し，社内体制の効力が実際に明確になるまで，相当の時間と費用を要するだろう。したがって海外市場への上場による資金調達にあたっては，社内の財務情報システムを整備し，絶えず内外に適切な人材を求めるなど，中長期的な取組が必須である[11]。

（8）難点（3）：海外投資家への対応と経営幹部の直接の関与

3点目は，外国の証券市場への上場・非上場を問わず，海外からの資金調達を受ける際に共通する代償としては，海外投資家への対応があげられる。2021年の新聞報道（日経新聞電子版2021年1月18日）によると，東京証券取引所に株式公開する企業の中で，上場すると同時にさまざまな海外の投資家からの資金を集める企業数も増え始めているという。例としては，個人間の商品売買の場をネット上で提供する「メルカリ」

---

10) その他詳細は https://listingcenter.nasdaq.com/assets/continuedguide.pdf を参照すること。（2024年5月31日確認）

11) 関連するサイト（i）取締役会の多様性向上を図るナスダックの上場規則改正｜2020年｜大崎貞和の Point of グローバル金融市場｜野村総合研究所（NRI）https://www.nri.com/jp/knowledge/blog/lst/2021/fis/osaki/0812 （ii）米ナスダック上場企業，女性・非白人取締役の登用義務に―日本経済新聞 https://www.nikkei.com/article/DGXMZO66890380S0A201C2I00000/ （iii）改訂コーポレートガバナンス・コードの公表 日本取引所グループ https://www.jpx.co.jp/news/1020/20210611-01.html（上記のサイトすべて2024年5月31日に確認）

は 2018 年の上場時に新株発行数を 1,816 万株としたが，その内訳は日本国内向けが 429 万株，海外向けが 1,387 万株となっており，海外株主重視を鮮明に打ち出した。このような海外投資家対応の基本は，「経営幹部が事業への理解を求めて対話すること」である。社内の IR 部門の拡充は元より，海外投資家との対話で首脳陣たちの時間と労力をとられるため，相当の経営負担の増加となることを覚悟しなくてはならない[12]。

海外からの資金調達の利点や難点を理解した上で次に，株式発行ならびに主要借入手段の一つである社債の発行について，少し具体的に説明したい。

3. 外国株式市場への上場

定時のニュース番組でも東京証券取引所やニューヨーク証券取引所の株価動向を示す指数が伝えられる。それほど世界の株価動向が，身近になってきている。本章第 2 節の利点（2）で触れたように市場の大きさは流動性につながり，株式の発行，すなわち増資の際や大量に売買する際の値段への影響を抑えられる要因となる。これは資本調達側の企業からみれば，資本コストが抑えられることにつながる。特に多国籍大企業にとって自国の株式市場の規模が小さい場合，海外での資金調達の長所が鮮明となる。たとえばメキシコ株式市場は 2023 年時点で 5,362 億 US ドル（約 75 兆円）規模である。その市場からメキシコ企業で時価総額約 1.6 兆円を有する世界有数のセメント会社セメックス社（Cemex）が資本増強を図ろうとすると，自国市場からだけでは資金が十分に調達できない懸念が生じる。その懸念を回避するために，同社の株はニューヨーク市場に米国預託証券（ADR：次に解説）を利用し取引され，資本増強の際の指標となる「適切な株価形成」を狙い，また自社株の流動性の維持を図っている。

---

12) IR とはインベスターズ・リレーションズ（investors' relations）の略であり，要するに，投資家向け広報のことである。上場している企業では，社内の IR 部門を重視する企業も増えており，多くの人材を配置している。

（1）子会社の上場と ADR

　株式を上場させるのにもいくつか種類がある。くら寿司のように米国の子会社を米国のナスダック市場に上場させる他に，前出のメキシコのセメックス社が使った「米国預託証券（American Depositary Receipt, 以下 ADR）」という方法もある。ADR を通じて非米国企業は，自社の株式を証書という形で世界最大の株式市場である米国市場に上場させ，自社株の流動性を高めることで，資本コストの低減効果が期待できる。2022 年に発表された実証研究では，非米国企業，中でも新興国の企業が ADR を用いて米国に上場した場合，自国の株式市場内での流動性（株の取引量・出来高）が長期的に上昇することが報告されている（Ghaffar, H., Azmat, S., & Hassan, M. K., 2022）。

　非米国の株式が ADR として売買される仕組みとして，たとえばインドの W 社が自社の株の ADR を発行して米国市場で売買可能にする場合を想定すると以下のようになる。まず W 社は自社株を米国の Y 預託銀行またはインドの X 証券管理銀行（Custodian, カストディアンと呼ばれる）等に預ける。次に Y 預託銀行あるいは X 証券管理銀行は預かった株券をもとに預り証を発行し，この W 社株の株券証書が米国市場で取引される。

　また ADR は，在米国の投資家にとって外国株を簡単に投資できる仕組みである。たとえば，ADR として取引できないインド株を米国の投資家が買う際には，まず米国の証券会社に外国株取引口座を作り，次に株式を購入する代金であるインドルピーを米国ドルから用意するため為替取引を実施，続いてその資金で注文を出す。この注文がインドの株式市場で執行されるのを見届けるには，時差のために米国の投資家は夜中まで起きていなくてはならず，なかなか手順が面倒である。ADR は米国で取引されるため，米国の投資家にとっては，これらの手間を省きな

がら米国以外の企業の株式を買うことが出来る点で，利便性が高い証券である。

（2）ADR の具体例

より理解を深めるため，2024 年時点の武田薬品工業株式会社（以下，武田薬品）を例に取り上げる。同社の ADR はニューヨーク証券取引所に原株 1 に対して 50％の価値を有する。つまり原株 1 株は ADR 2 株に相当している（これは原株と ADR の交換比率と呼ばれる）。米国の預託銀行はニューヨーク・メロンバンクである。

重要な点は，ニューヨーク市場で売買される ADR の株価はドル建てであり，東京証券取引所で売買される原株は日本円だということである。そのため武田薬品の ADR の価格が，原株の半分で，かつ円ドルの為替レートを反映したものでなくてはならない。公式のように表せば，ADR の価格 ＝ 原株の価格 ÷ 為替レート × 交換比率となるのだが，ここで具体的な数値を用いて計算してみよう。

2023 年 8 月 3 日の東京証券取引所の武田薬品の終値は 1 株 4,363 円，ニューヨーク市場での武田薬品の ADR の終値は ＄15.16 であった。同日の円ドル為替レートは 1 ドル 142.50 円の水準である。これを元に ADR と原株の価格の関係は次のように計算できる。

$$\$ 15.16 = 4{,}363 \text{円} \div (142.50) \times (\tfrac{1}{2})$$

上記の左辺と右辺が等しくならない場合もある。主な理由は，為替レートは絶えず動いているためである。また実際の売買にあたっては取引手数料も発生する。もし，なんらかの理由で左辺と右辺に「大きな差」が出た場合には，裁定取引の機会が生まれる。裁定取引とはアービトラージ（arbitrage）とも呼ばれ，異なる市場または異なる時間における同じ資産の価格差を利用して売買益を得る投資手法のことである。この場

合は，ニューヨーク市場で安値がついている武田薬品の株を買い，東京市場で高値がついている武田薬品の株を売ることで収益を手にすることを意味する。

　配当の際も為替レートにより通貨の違いは調整される。ADR を 1 株保有する者は，原株配当金の半分をドルで受け取る。米国の預託銀行ニューヨーク・メロンバンクは原株 1 株あたりの円建ての配当金額を配当支払い時期に応じてドル換算・確定する[13]。

4. オフショア市場と社債による資金調達

　前節では海外の株式市場からの資本調達についてまとめた。以降の節では株式同様に重要な資本調達である「海外での社債発行」について触れる。なかでも国際的な資本調達の市場となる「オフショア市場」について解説する。

（1）金融の規制緩和や国際化を背景に発展した「オフショア市場」と「ユーロ・ダラー」

　オフショア市場とは自国の国内金融市場とは別に，主に非居住者同士の為替取引や，貸し借りなどの大口資本取引の場のことである。自国の市場に比べ規制や税制面で優遇されており，市場参加者は有利な取引条件（例：金利）で金融商品が売買されることで，1970 年代から急速に拡大した。歴史的には，高いインフレ率とスエズ動乱による財政悪化に苦慮した英国が，非居住者へのポンド建て融資を規制した際，英国の銀行がポンドの代わりに米ドル預金を非居住者向け金融商品として提供したのが始まりとされる。1957 年のことである。当時の英国では自国の通貨への規制は強かったものの，他国の通貨については比較的に規制が緩かったのである。また 1969 年の米国の金利上限規制を利用してロン

13）　武田薬品の次のサイトを参照した。https://www.takeda.com/jp/investors/stock-information/（2024 年 5 月 31 日確認）

ドンの銀行は「金利裁定取引」を行い，ロンドン市場のドル建て取引は急増した。さらに1970年代は2度の石油危機で潤沢なドルを得た中東産油国のドル資金がロンドンに還流してきたのである。

ここで取引の対象となった米ドルは「ユーロ・ダラー」と呼ばれ，米国の法治区域の外で売買される米ドルのことを指す。同様に日本国外で取引される日本円は「ユーロ円」と呼ばれる。ここで「ユーロ」という名称がつけられているが，この「ユーロ」という接頭語は欧州連合の通貨であるユーロとは関係がない。「ユーロ市場」とは，「自国の外」で，非居住者の機関投資家や金融機関の間で，自国の通貨取引が行われている「市場」の総称と考えてよい。

ユーロ市場に代表されるオフショア市場の特徴を3点挙げる。第一に市場参加は，大企業や政府関係機関であり，取引単位は巨額である。したがって取引一回あたりにかかる費用の割合は，たとえば個人対象の小口取引にくらべ低く抑えられる。第二の特徴は，実際の取引が銀行間で行われる点である。この銀行同士の相対取引の場は「インターバンク市場」と呼ばれ，短期資金取引や為替取引が行われる。第三の特徴として挙げられるのは，オフショア市場は政府監督庁などの規制を受けないため，銀行にとってオフショア市場への参入や市場からの撤退は自国市場に比べて容易であることである。しかし，このような自由市場では競争相手も多いことから，銀行の収益源である利ざや（低金利で資金を集め，高金利で貸し出すこと）は圧迫される。このような競争が激しい市場環境下では，資金の貸し手としての銀行であれば，より低い金利を提示する一方で，金額面で規模を拡大するなど経営努力を図らなくてはならない。他方で，借り手として社債を発行する企業の視点からは，自国の国内市場より低金利で借り入れることができるのでオフショア市場は魅力的な市場である。

実際のところオフショア市場は，発祥時の 1960 年代初頭より今日に至るまで大きく発展し続けている。しかしながら，政府機関の監督外にあるため正確な市場の大きさを推測するのは困難である。いくつかの資料をもとにオフショア市場にあるユーロドルの残高を試算すると，米国の商業銀行の資産規模の約 8 割に相当する 17 兆ドルとなる。これを 1 ドル 140 円で換算すると 2,400 兆円，日本の GDP の約 4～5 倍の規模である。この巨額なドルが米国の統治下の外に存在しているがゆえに，金融システムの不安定さを誘発するものとして金融安定理事会（FSB, Financial Stability Board）をはじめ，各国の中央銀行や金融監督庁によって監視されている[14]。

（2）社債（外貨建て）：オフショア市場で発行する背景と事例

外貨建社債発行の主な理由は，前出の海外からの資金調達の利点としてまとめた内容に集約できる。すなわち社債の発行および取引市場としてのオフショア市場は巨大であり，一度に大量の資金を調達できる。また社債を購入する投資家層だけでなく，様々な通貨を社債の借入通貨とできる点で，資金調達を多様化できる。さらに日系企業が海外進出したり，海外企業を買収する際，進出先あるいは買収企業の国籍の通貨で起債することで為替の変動リスクをできるだけ抑えることが可能となる。たとえば 2021 年 2 月にセブン＆アイ・ホールディングスは，北米のガソリンスタンド併設型コンビニ「スピードウェイ」の買収資金を米ドル建ての社債発行で充当した[15]。

外貨建て社債発行は，日本の企業が国際化を進めるにあたり，オフショ

---

14)　金融安定理事会の説明は，日本銀行の次のホームページを参照すると良い。https://www.boj.or.jp/about/education/oshiete/intl/g06.htm　ユーロドルの懸念については次のホームページが参考になる。https://www.stlouisfed.org/on-the-economy/2022/january/bretton-woods-growth-eurodollar-market（上記 2 つのホームページ 2024 年 5 月 31 日確認）

15)　出典記事：アングル：日本企業の外貨建て社債発行急増，M&A など背景｜ロイター（reuters.com）　https://jp.reuters.com/article/corporate-bonds-japan-idJPKCN2DD25G/（2024 年 5 月 31 日確認）

ア市場での資金調達手法の一つとして今後も注目されるだろう。

まとめ

　企業が海外へ進出する際，新たな資金調達が必要となる場合がある。本章では，海外の資本市場から資金を調達する際の為替リスクの低減や，流動性の高い市場から比較的有利な条件での調達といった利点を挙げた。一方で，上場維持基準の確保や情報開示体制の整備といった課題がある点も指摘した。更に具体的な調達手法として，外国の株式市場への上場やオフショア市場での外貨建て社債発行も紹介した。これらの方法を駆使することで，企業は海外からの資金調達にかかわる「費用と効果」のバランスを図りながら，必要な資金を効果的に調達することができるという示唆を本章は含んでいる。

《学習課題》

1．米国で創業され，スーツケースの世界的なブランドを有する「サムソナイト」，イタリアの高級ファッションブランドの「プラダ」，フランスの化粧品メーカー「ロクシタン」などは香港株式市場に上場しています。なぜ自国の株式市場ではなく，香港市場に上場しているのか，日本経済新聞やニューズウィーク日本版の記事を参考に[16]，理由を考えてみよう。

2．大手精密機器メーカーの「キャノン」は 2023 年 2 月にニューヨーク証券取引所から自社の ADR を上場廃止にすることを決めました。上場廃止の理由は何でしょうか？同社の開示情報から調べてみましょう[17]。

3．日本の企業（およびその海外子会社）が，日本の国外で外貨建て社債を発行する事例を探し，それらの発行企業が調達した資金を何のために用いるか調べてみよう。参考例として武田薬品工業の公式ホームページで「米ドル建無担保普通社債」[18]のキーワードで検索すると，同社の外貨建社債の発行（2018 年や 2020 年）と理由が分かる資料が閲覧できます[19]。

---

16) 参考記事(1) プラダ・コーチなど欧米ブランド，相次ぎ香港上場　中国開拓の足場に　日本経済新聞 2011 年 6 月 1 日（https://www.nikkei.com/）より記事検索で 2024 年 3 月 23 日確認。参考記事（2）香港上場のサムソナイト，重複上場を計画　投資家基盤拡大へ
ニューズウィーク日本版 2024 年 03 月 22 日 https://www.newsweekjapan.jp/headlines/business/2024/03/490478.php（2024 年 5 月 31 日確認）

17) キャノンの次のホームページ https://global.canon/ja/ir/release/2023/p2023feb13j.pdf を参照するとよい。（2024 年 5 月 31 日確認）

18) 無担保社債とは，債務が返済不能に陥った場合でも，債権者に対して債務者は自らの所有財産等を差し出す必要が無い社債のことである。

19) 武田薬品工業の次のホームページが一例である。https://www.takeda.com/jp/newsroom/newsreleases/2018/20181120-8019/
また 2022 年 3 月に本田技研工業は，資金使途を環境保全向け事業に限定し，「米ドル建無担保普通社債」を発行しました。こういった環境対策のために発行される債券は「グリーンボンド」と称されることもある。興味のある方は，同社の公式ホームページで詳細を参照するとよい。https://global.honda/jp/news/2022/c220304.html（上記 2 社のホームページ 2024 年 5 月 31 日確認）

参考文献

- 西村陽造・佐久間 浩司（2020 年）『新・国際金融のしくみ』有斐閣
- 市場構造の見直し 日本取引所グループ（jpx.co.jp） https://www.jpx.co.jp/equities/improvements/market-structure/01.html 2024 年 4 月 2 日にホームページを確認

- Ghaffar, H., Azmat, S., & Hassan, M. K. (2022). Domestic liquidity of cross-listed stocks：Evidence from the ADR market. *Pacific-Basin Finance Journal*, 75, 101843. https://doi.org/10.1016/j.pacfin.2022.101843
- Merton, R. C. (1987). A Simple Model of Capital Market Equilibrium with Incomplete Information. *Journal of Finance*, Vol.42, Issue.3. pp. 483-509 https://doi.org/10.1111/j.1540-6261.1987.tb04565.x

14 | 多国籍企業の社会的責任

原田順子

《目標＆ポイント》　現代の企業経営においては，経済的指標（収益性，規模，ROE，成長性等）に加えて，社会的指標（社会的公正性，環境への配慮，倫理性に基づいた企業活動）も重視されるようになってきた。また一般の消費者が企業の社会的指標に関心を向ける傾向があらわれ，倫理配慮型の市場が生れた。本章では，こうした動向を関連する指標を含めて学習する。
《キーワード》　企業の社会的責任（CSR），ESG（環境・社会・ガバナンス）投資，持続可能な開発目標（SDGs），エシカル消費（倫理的消費）

1. 企業と倫理—社会的責任，持続可能性の視点から—

　社会に有用な価値を生むビジネスには倫理観と知力をふまえた行動力が不可欠であると実務家の鈴木（2018）は論じている。倫理観を欠いた知力は単なる悪知恵になり下がり，考える前に決断する経営者は会社を迷走させ，考える前に行動する従業員は徒労を繰り返すのみである（鈴木，2018，p. 149）。わが国では高度経済成長期に企業の社会的責任を厳しく問わなければならない公害問題が発生した。今も後遺症に苦しむ人がいる。私たちは企業倫理の重要性を忘れてはならない。

　企業倫理に影響を及ぼすのは，個別の倫理的意思決定と行動のほか，業界団体・企業団体・経営者団体等による自主規制，行政による公的規制もある（松本・佐久間，2015）。そして経済活動のグローバル化が進む今日においては，世界的な潮流が国内の企業経営にも影響を与える。

　現代では企業倫理に対する目が厳しくなり，情報は瞬時に世界に広ま

る。社会の反発を招けば，消費者の反感，企業イメージ悪化，不買運動，マスコミや NGO からの批判，労働組合からの問題提起等につながる可能性がある。企業活動がグローバル化するなか，他国にある「取引先の取引先」などサプライチェーン（原材料調達から販売までの供給工程，supply chain）の問題も看過できなくなってきた。児童労働（パームやカカオの収穫，縫製工場，鉱物採掘等）や環境破壊は，私たちが日常的に利用する物の製造過程に深く関わっているかもしれない。国内法遵守でビジネスを行うだけでは企業倫理を満たすとは必ずしもいえない場合がある。たとえば農産物商社のオラム・インターナショナル（シンガポール）は，かつてアフリカのガボンにおける農園開発が環境破壊であると環境団体から責められた。同社は社会的責任を重視して，2024 年までに，ゴム，木材製品，肥料など環境への影響が大きい事業から撤退することを決めた（日本経済新聞，2019a）。今日では，社会的責任，持続可能性という倫理的な姿勢をアピールしたり，経営に反映させたりする動きが拡大している。

　企業は様々な立場の多様な人々・組織等と関係を持ちながらビジネスを継続する。単純化して考えると，資金調達，物やサービスの生産，販売という流れのなかで，出資者，取引企業，労働者，労働組合，顧客等と深く関わる。また行政機関，格付け機関，報道機関（広報活動）等の特定の機能をもつ組織，さらに地域社会，消費者団体，環境保護団体等と良好な関係を維持することも重要である。このように企業の利害関係者（以下ステークホルダー，stakeholder）は幅広く存在する。

　企業が利益を生むには商品（物やサービス）が市場競争力を有していることが必要である。企業活動を通じて経済的産出である商品（物やサービス）と非経済的産出（廃棄物・水質汚濁・騒音等の環境への影響，業界や地域における人的ネットワーク，労使関係，名声等）が生じる（森

本，1994)。近年，企業は非経済的産出のコントロールを意識して経営することが求められている。

　企業は各方面のステークホルダーに対しても社会的責任（Corporate Social Responsibility, CSR）を果たすべしとする認識は一般化している（松本・佐久間，2015）。ただし企業の本文が経済活動であることは当然であり，CSR の範囲について絶対的な尺度を示すことは難しい。この点について森本（1994）は次のように述べている。すなわち，企業にとって最も基本的な法的責任が満たされることを前提に，経済的責任を果たし，それが満たされたら制度的責任（コーポレート・ガバナンス，環境マネジメントの ISO 認証等），社会貢献（文化やスポーツ支援などの企業メセナ，途上国援助等）という図 14-1 のような階層（順序）があると論じている。

　会社が CSR をどこまでカバーするかは企業体力とも関連するであろう。芸術支援のような高次元の事柄を実施する大企業がある一方で，中小企業がもっぱら法的・経済的責任を主な守備範囲とする例もあり得る

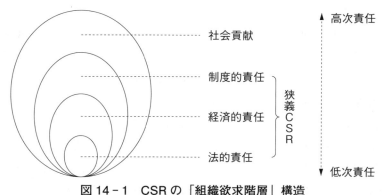

図 14-1　CSR の「組織欲求階層」構造
（出所）森本三男（1994）『企業社会責任の経営学的研究』白桃書房，p. 318.

（森本，1994）。注目すべきは，図14－1における各責任の範囲が時代と共に変化する点である。法改正によって法的責任は拡大する傾向がみられる。近年では従来の経済的指標（収益性，規模，ROE，成長性等）のみならず社会的指標（社会的公正性，環境への配慮，倫理性に基づいた企業活動）が，企業を評価するうえで重要になってきた（佐々木，2007）。さらに，一般の消費者のなかにも企業の社会的指標に関心を向ける人々が出現している。環境にやさしい商品，環境や人権に配慮したフェアトレード等，近年では倫理配慮型の市場が生じているのである。

　また社会的指標が機関投資家の投資基準となり，経済的指標に直接的に影響を与えるという関係性があらわれてきた。企業が経済的指標の上昇を図ることは従来から必要であるが，現代では，それに加えて社会的価値を高めることも企業価値の持続的に向上につながると考えられるのである（佐々木，2007）。次節以降，これらの面について深く考えて行く。

2. 社会的指標と経営

　本節では世界的な潮流である ESG 投資（環境 Environmental・社会 Social・ガバナンス Governance の課題を組みこんだ投資手法）について背景を含め理解を深める。なお，ESG は SDGs（持続可能な開発目標，Sustainable Development Goals）と密接に関連している。持続可能な開発という概念は 1987 年に国際連合に設置された「環境と開発に関する世界委員会」（ブルントラント委員会）の報告書にさかのぼる。2015年の国際連合サミットは「持続可能な開発のための 2030 アジェンダ」を採択したが，SDGs はその分野別の目標を示している。そして SDGsの目標およびターゲット，技術指標は，ESG 投資のための情報（評価すべき事項，公開すべき事項）と対応しているのである（沖，2018）。

　企業の倫理的行動の周囲には多くの要素が相互に関連しながら存在し

ているが，梅津（2002, p.132）は以下のように各要素を整理している。ビジネス倫理の促進・支援制度には，①企業内制度，②民間支援制度，③公的支援制度があると分析される。最初に①企業内制度を解説すると，コーポレート・ガバナンスの整備，コンプライアンスの強化，ヴァリュー・シェアリングの浸透（企業理念，行動原則等）が含まれる。次に，多岐にわたる②民間支援制度を説明したい。例をあげると，業界別行動憲章の制定（自治的アプローチ），倫理的企業評価・格付けシステム（評価的アプローチ），倫理的投資システム（市場的アプローチ），専門職の倫理教育強化（教育的アプローチ），企業情報開示の促進（広報的アプローチ），NGO・市民団体による監視（市民運動的アプローチ）等である。最後に③公的支援制度であるが，関連法令の制定等の立法的アプローチ，行政による監督や検査等の行政的アプローチ，罰金や内部告発等の司法的アプローチがあげられる（梅津，2002, p.132）。

　商品（物やサービス）の価値は品質や機能という要素と密接に結びついているが，今日では社会的指標の影響も見逃せない。前節で述べたように，社会的指標が機関投資家の投資基準となって，経済的指標に影響を及ぼすという関係が生じているからである。次に，前述の「評価的アプローチ」と「市場的アプローチ」に該当するESG投資について解説する。

　ESG投資は，2006年に国際連合のアナン事務総長が機関投資家に対してESGを考慮して投資する責任投資原則（Principles for Responsible Investment, PRI）を提唱したことで世界に広まった。

　それ以前のわが国においては，1999年に現れた「環境問題への取り組みが進んだ企業に投資することで，優れた投資収益の獲得を目指す」エコファンドがあった（安達，2017）。当時，日本のESG投資の主な顧客は個人であり，欧米で年金基金などの機関投資家がESG投資の主役

であることと対照的だった（安達, 2017）。その後, 2013年に日本政府は外国人投資家による株式投資を促進することを決め, 翌2014年2月に金融庁が非財務面（投資先企業のガバナンス, 社会・環境問題に関するリスク等）の状況も把握すべきとする「スチュワードシップ・コード」（責任ある機関投資家の諸原則）を定めた（安達, 2017）。

　同年9月, 欧州理事会は大企業に対して社会的責任投資という非財務情報の開示に関する指令を承認し, 事業体は方針を開示しない場合は理由を説明しなければならないこととなった。非財務情報のうちESGのG（ガバナンス）に関しては, 人権の尊重, 腐敗防止, 贈収賄などに関する説明が必要であるとされた。ここで参考に, 人権の尊重に関連する例として英国の現代奴隷法（UK Modern Slavery Act 2015）を紹介しよう。イギリス国内の一定規模の営利団体・企業は, 自社の事業活動とサプライチェーン（外国を含む）において現代奴隷（人々が奴隷状態をまたは隷属状態を強要されるといった拘束労働, 児童労働, 強制労働等）と人身取引について年次報告を公開することが義務付けられた。

　わが国においては2015年6月, 金融庁と東京証券取引所を中心にまとめられたコーポレートガバナンス・コードで中長期的な企業価値の創出がうたわれ, ①株主の権利・平等性の確保, ②株主以外のステークホルダーとの適切な協働, ③適切な情報開示と透明性の確保（リスクやガバナンスにかかる情報等の「非財務情報」の開示を含む）, ④取締役会等の責務, ⑤株主との対話が掲げられた（東京証券取引所, 2018）。さらに2015年9月, 日本の年金基金（年金積立金管理運用独立行政法人, GPIF）が国連責任投資原則（2006年から国連環境計画と国連グローバル・コンパクトが推進しているPrinciples for Responsible Investment, PRI）に署名し, 2017年から公的年金の運用基準にESG評価が組み込まれた。

表 14 - 1　年金積立金管理運用独立行政法人（GPIF）が採用する ESG 指数

総合型指数　合計 約 1.1 兆円
・FTSE Blossom Japan Index（国内株）
・FTSE Blossom Japan Sector Relative Index（国内株）
・MSCI ジャパン ESG セレクト・リーダーズ指数（国内株）
・MSCI ACWI ESG ユニバーサル指数（外国株）
テーマ指数
【E 環境】合計 5 兆 1,204 億円
・S&P/JPX カーボンエフィシェント指数シリーズ（国内株，外国株）
【S 社会】6,492 億円
・MSCI 日本株女性活躍指数（WIN）（国内株）
【G ガバナンス】1 兆 90 億円
・Morningstar　ジェンダー・ダイバーシティ指数シリーズ（GenDI）

注：2023 年 3 月末時点。
（出所）年金積立金管理運用独立行政法人（2024）『GPIF が採用する ESG 指数一覧』より筆者作成。

　このように各国において ESG 配慮の要請が嵩じており，グローバル企業のみならず，取引先の中小企業も ESG に関連する情報開示を求められる例があらわれるようになった。わが国の年金積立金管理運用独立行政法人（GPIF）が投資業務において採用する ESG 指数は，表 14 - 1 に見られるように，総合型指数とテーマ指数に区分される。テーマ指数であるカーボン・エフィシェント指数は環境（ESG の E＝Environmental）に，女性活躍指数は社会（ESG の S＝Social）に対応するものである。

　また ESG 投資に関心をもつ個人投資家は，ESG に配慮する企業へ投資する投資信託を購入したり，各企業が公開する情報をもとに購入する株式を選択したりすることで，企業の社会的指標（例：ESG）に反応することができる。

海外においても ESG 投資の影響は勢いを増している。ロンドン金属取引所は 2022 年の規制強化（生産過程で児童労働があったり，環境を破壊したりした商品を排除する）に向けて，サステナビリティ（持続可能性）に関する情報開示要請を強めている（日本経済新聞，2020a）。またノルウェー政府年金基金は兵器，たばこ，石炭など，彼らが生み出したくないと思う製品を製造する企業，倫理的に擁護が難しい企業，30 年ほど先の持続可能性が高いとは思えない企業には投資しないと決めている（日本経済新聞，2020b）。

3. エシカル消費（倫理的消費）

国際経営を考えるうえで，消費者の意識の変化を認識することは重要である。本節では，環境問題への配慮に根差したエシカル（倫理的，ethical）消費について解説する。消費者庁（2017）によると，エシカル（倫理的，ethical）消費とは人や社会・環境に配慮した消費行動である。また企業の側に，エシカル消費に敏感な消費者に好まれたり，アピールしたりするモノやサービスを提供する動きがみられる。

例をあげると，海洋のプラスチックごみを再利用した容器を利用したシャンプーが欧州で（米 P&G 社），スキンケア商品が米国等で（英蘭ユニリーバ社）販売された（日本経済新聞，2019b）。また食品ロス削減を掲げるビジネスでは，スマートフォンのアプリを利用して余った食品（店，企業）と欲しい人（安く買いたい人等）をマッチングすることで食品ロス削減を図る Olio（イギリス），FoodCloud（アイルランド），Too Good To Go（デンマーク），Karma（スウェーデン）等の企業があらわれ，事業を拡大している。

国内外に実に様々なエシカル消費がみられる。地産地消，被災地産品の応援消費，障がい者支援につながる消費，フェアトレード商品，寄付

付き商品，エコ商品，リサイクル製品，資源保護等に関する認証付商品（森林保全，海洋資源の保全）の消費，地域の伝統品の消費，動物福祉につながる消費（例：ドルフィンフレンドリーなツナ缶）等が知られている（消費者庁，2017）。

　現在，エシカル商品の指標として多様なラベル（例：環境ラベル，フェアトレード認証ラベル等）が存在している。環境ラベルの嚆矢は 1978 年からドイツ政府によって運用される環境認証 Blauer Engel（ブルーエンジェル）であると認知されている。わが国においても，最も身近なものは環境に関するラベルであろう。試しに「環境省，環境ラベル等」で検索をしてみると，わが国に数多くのラベルがあることがわかる。環境ラベルは，①第三者認証により合格 / 不合格が判定されるもの（例：エコマーク），②事業者の自己宣言によるもの，③定量的製品環境負荷データの開示するが合格/不合格の判定はされていないもの，に分類することができる（経済産業省，2018）。

　エシカル商品（物やサービス）を取り扱う事業者は，①サプライチェーン（供給工程）の透明性向上，②差別化による新たな競争力の創出，③利害関係者からの信頼感/イメージの向上（資本市場での事業者の評価向上）を期待できる（消費者庁，2017）。他方の消費者は，倫理的に自分の物差しに合う「物を買うこと」「サービスを利用すること」で社会的インパクトを生み出すことが可能である。また，「その商品を買わない」「そのサービスを利用しない」という選択（ボイコット）をすれば，お金が無い人でも自分の意思を社会に示すことができる。子どもの教育現場で 3R（Reduce ごみを減らす，Reuse 再使用，Recycle リサイクル）が教えられていることからも，倫理や持続可能性に敏感な消費者は増加していくと考えられる。エシカル消費は静かに社会に浸透してきている。

《学習課題》

1. あなたの住む地域の中小企業でSDGsに積極的に取り組んでいる会社をみつけ，その取り組みがどのような効果をもたらすか考えましょう。
2. フェアトレードの認証を1つとりあげて，その認証を取得する利益とコストについて調べましょう。

参考文献

本章は松原隆一郎・山岡龍一（2021）『社会と産業の倫理』（放送大学教育振興会）の原田順子「第14章　経営と倫理的指標」を基に加筆修正したものである。

・安達英一郎（2017）「日本のESG投資の現状と今後の展望」
　　＜https://www.oecc.or.jp/wp-content/uploads/2017/08/005_日本のESG投資_足達先生.pdf＞（2020年1月31日検索）.
・梅津光弘（2002）『ビジネスの倫理学』丸善出版.
・沖大幹（2018）「2030年のSDGs達成とBeyond SDGsに向けて」,『SDGsの基礎』第6章，事業構想大学院大学出版部.
・経済産業省（2018）『国際的な環境ラベル制度の動向分析』
　　＜https://www.meti.go.jp/policy/recycle/main/data/research/h18fy/180605-3_jema-mri/180605-3_3.pdf＞（2020年1月31日検索）.
・佐々木弘（2007）「良き「企業市民」としての企業」, 佐々木弘・奥林康司・原田順子編著『経営学入門：現代企業を理解するために』第14章，放送大学教育振興会.
・消費者庁（2017）『「倫理的消費」調査研究会取りまとめ：あなたの消費が世界の未来を変える』＜https://www.caa.go.jp/policies/policy/consumer_education/consumer_education/ethical_study_group/pdf/region_index13_170419_0002.pdf＞（2020年1月31日検索）.

・鈴木孝嗣（2018）『外資系企業で働く：人事から見た日本企業との違いと生き抜く知恵』労働新聞社.
・東京証券取引所（2018）「コーポレートガバナンス・コード」
　　＜https://www.jpx.co.jp/equities/listing/cg/＞（2020年2月15日検索）.
・日本経済新聞（2019a）「環境配慮，ゴムや木材撤退：農産物商社大手オラム」2019年2月2日朝刊，p.11.
・日本経済新聞（2019b）「P&G，海洋プラから容器：漂着多い日本に照準」2019年11月7日朝刊，p.16.
・日本経済新聞（2000a）「英金属取引所にESGの波：LME生産過程の規制厳しく」2020年1月31日朝刊，p.7.
・日本経済新聞（2000b）「50年先見てESG投資：ノルウェー政府年金基金CEO」2020年1月29日朝刊，p.7.
・年金積立金管理運用独立行政法人（2024）『GPIFが採用するESG指数一覧』
　　＜https://www.gpif.go.jp/esg-stw/esginvestments＞（2024年6月29日検索）.
・松本芳男・佐久間信夫（2015）「企業の社会的責任（CSR）と企業倫理」，日本経営協会監修『経営学検定試験公式テキスト①経営学の基本』第4章，第5版，中央経済社.
・森本三男（1994）『企業社会責任の経営学的研究』白桃書房.
・渡辺龍也（2017）「欧州調査のまとめ」，消費者庁『海外における倫理的消費の動向等に関する調査報告書』
　　＜https://www.caa.go.jp/policies/policy/consumer_education/consumer_education/ethical_study_group/pdf/160331_1.pdf＞（2020年1月31日検索）.

15 | 組織と文化

原田順子

《目標＆ポイント》 われわれは他の組織の人と接して，組織文化の違いを認識することがある。さまざまな要素が組織文化と関わっている。企業文化，社会文化についても考え，文化という多面的なものについて学説を中心に学習する。

《キーワード》 国際化，異文化，企業文化，組織文化

1. 日本人と国際化

　初期の国際化にあっては国や地域間を移動するのは財（モノ）が中心であったが，現代ではサービス，知的財産，資本，人（ヒト）の移動がますます盛んになってきた。単なる貿易というより多面化した国際商取引が進展しているとボールドウィン（2018）は指摘する。このなかで最も移動しにくいのが人であることに異論はないであろう。人が馴染みのない社会で本来の力を発揮できるとは限らない。一般に，商習慣，法律，言語・非言語のコミュニケーションや文化の違いを克服することは簡単ではない。日本人にとって外国は文化圏も異なるから，エジプト人がアラブ首長国連邦に行ったり，オーストラリア人がイギリスに行ったりするのとは比較にならないほど大変である。同様に，外国人が日本人と国内外で働く場合にも摩擦を感じるであろう。また，たいていの場合，人には面倒をみたり，気にかけたりする家族がある。一人の社会人につき何倍かの関係者がおり，海外赴任の負担は軽くない。たとえ単身赴任であろうとも，海外赴任には家族単位での努力が必要になる。

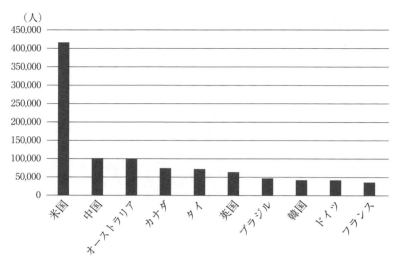

図 15-1　地域別在留日本人数推移

注：在留邦人は海外に3か月以上在留している日本国籍を有する者。2023年10月1日現在。米国の海外領土（グアムなど）は本国とは別集計。
（出所）外務省（2024）『在留邦人数調査統計』より筆者作成。

　日本企業の海外事業活動，および国内における外国人雇用は増加している。外務省（2024）によると，海外に3ヶ月以上在留する日本国籍を有する者は129万人を超えている（2023年10月1日時点）。地域別では北米が第1位49万人で，在留邦人全体の37.9％を占めている。北米は1985年以降一貫して在留邦人の最多地域である。次にアジア（36万人），西欧（21万人）と続く。国別では，図15-1に示されるように米国が41万人，中国が10万人，以下オーストラリア，カナダ，タイ，英国，ブラジル，韓国，ドイツ，フランスであり，これら10カ国で全体の77％を占める。

　一方，図15-2にみられるように，日本企業の海外現地法人による従業者数は569万人で，うち378万人（66％）がアジア地域の人である（経

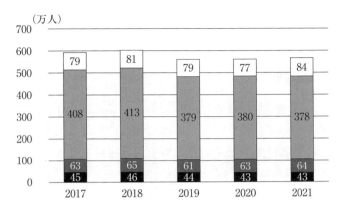

図 15-2　日本企業の海外現地法人における従業者数
注：現地法人とは，海外子会社（日本側出資比率が10％以上の外国法人）と海外孫会社（日本側出資比率の50％超の海外子会社が50％超の出資を行っている外国法人）。数値は各年度末の実績値。
（出典）経済産業省（2023）「海外事業活動基本調査」

済産業省，2023）。多数の従業員が雇用されていることから，その雇用管理は重要である。

　他方，国内の外国人労働者も決して少なくはない。厚生労働省（2024）の調べによると，2023年（10月末時点）に外国人労働者数は200万人を超えており，届出が義務化された2007年以降，過去最高を更新した。国籍別の上位3カ国はベトナム（全体の25.3％），中国（19.4％），フィリピン（11.1％）である。在留資格別の状況で多いものは，「身分に基づく在留資格」（全体の30.1％），「専門的・技術的分野の在留資格」（29.1％），技能実習（20.1％）となっている。都道府県別にみると，外国人労働者数が多い順は，東京（全体の26.5％），愛知（10.3％），大阪（7.1％）である。

以上のように，国内外を問わず，日本人，日本企業が，文化の異なる人や地域特性を意識して，共に働く機会が増加している。

2. 多文化と経営

人間の考え方や行動の仕方は多様である。さまざまな文化の定義があるが，まず，心のプログラムとしての文化というとらえ方を紹介する。人間の文化に優劣はないとする考え方を文化相対主義というが，文化の伝達は学習されるものであるという。人をコンピュータにたとえると，ハードウェアに大差はないが，組み込まれているソフトウェアが異なる，とホフステード（1995）は主張する。彼は，考え方・感じ方・行動の仕方をメンタル・プログラム／ソフトウェア・オブ・ザ・マインドと表現している。すなわち，人類には，喜怒哀楽，他者とのつきあい，遊び，コミュニケーションなど普遍的な精神の働き（オペレーティング・システム）があり，それを人間性という言葉で置き換えることもできる。しかしこれらの感情の処理と表現は学習により体得するもので，集団やカテゴリーに特有の文化によって異なる（ソフトウェア・オブ・ザ・マインド）というのである。

次に，言語・非言語のコミュニケーションは，個人の文化的背景が解読に影響を及ぼすと説明するアドラー（1996）の学説を紹介していく。言語・非言語のメッセージの発信者と受信者の文化的差異が大きければ大きいほど誤解や摩擦が生じる。しかし今日の企業社会においては，国際化は徐々に深化してきている。図15-3のように，国内企業は国内の文化的多様性にのみ注意を払えばよいが，輸出を行う国際企業は相手国・地域の文化を知る必要がある。それに比べると，価格が最優先事項になっているような多国籍企業では，文化そのものの影響はかえって小さいかもしれない。さらに，人の国際化がすべての階層で進展し，国・地域の

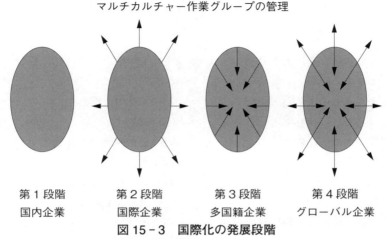

図15-3　国際化の発展段階

〔出典〕アドラー，N. J.『異文化組織のマネジメント』セントラル・プレス，1996年〕

嗜好を製品やサービスに反映した上で，生産・供給チャネルを全世界的に決定するような真のグローバル企業においては，異文化相互作用の管理はより重要になる。

　では文化的多様性は，企業に損失しかもたらさないのかという疑問がわいてくる。多文化は混乱を起こすというデメリットがある一方で，文化的多様性が多様な視点や解釈，問題解決スキルの増大，外国人顧客への対応能力の向上など，組織にとってのメリット（異文化シナジー効果）があると考えられている（表15-1）。

　ところで，異文化シナジー効果はどのような条件下で発揮されるのであろうか。その鍵となるのは，タスクの性質と多様性の管理である。各自が高度に専門的な役割を担い，困難で自由裁量の余地の大きいタスクでは，多元的視点が生かされるであろうが，ラジオの組み立て作業のよ

表15-1　文化的多様性のメリットとデメリット

利　点	欠　点
多様性は創造性を増大させる	多様性は一体感を十分に育てない
より広い視野	不信感
より多くの優れたアイデア	互いに魅力を感じない
「集団思考」の抑制	固定観念
多様性は他の人々の	同一文化圏同士の会話
アイデア	コミュニケーション・ミス
意味合い	遅い話し方：母国語以外での
議論	会話と通訳の問題
を理解するための集中力を養う	不正確さ
	ストレス
	より多くの非生産的な行動
	内容に関して少ない異議
	緊張
創造性の増大は次のことをもたらす	一体感の欠如により次のようなことが
より的確な問題規定	できない
より多くの代替案	アイデアとメンバーの適正な評価
より効果的な解決策	合意が必要な時の合意
より優れた意思決定	意思決定に対する合意の確保
	調和的な行動
グループは次のようになる	グループは次のようになる
より効果的	より低い効率
より高い生産性	より小さい効果
	より低い生産性

（出典）アドラー，N. J.『異文化組織のマネジメント』セントラル・プレス，1996 年。

うに単純な反復作業が期待される場面では，多様性が強みになるとは考えられない。そして，文化に関する訓練を受けたリーダーが，多様なメンバーが相違を超越するような目標を適切に示し，メンバーを同等に扱い（主流・反主流をつくらず），相互の尊敬を醸成し，適切なフィードバックを与え，巧みに管理することが，多文化グループの生産性の向上に不可欠であるといわれている（アドラー，1996）。

3. 企業文化

この節では，企業文化とその管理について学習したい。

（1）戦略的資源としての企業文化

そもそも経営戦略は，1960年代のアメリカで生まれ，多角化により成長する大企業の事業部制組織の問題を中心に発展をとげてきた。現代では経営戦略の分類に諸説あるが，1990年代以降に研究が盛んになった資源ベース理論（たとえば Praharad and Hamel，1990）により，多角化した企業において，事業の束（バンドル）のみならず，自社のコア・コンピタンス（優位性のある中核能力）が価値の源泉として注目されるようになった。企業の戦略的資源とは，人的資源，物的資産，金融的資産，組織的資産に大別できる。組織的資産は，知識，知的資本（形式知，内在知，暗黙知），利害関係者からの評判（顧客からの評判であるブランドを含む），コンピテンシー（高い成果の源泉となる行動特性），そして企業文化を指す（クルイヴァー＆ピアースⅡ世，2004）。すなわち企業文化は組織の心理的な財産であり，将来の業績予測にも関連するのである（ホフステード，1995）。

また，組織文化には以下の4機能があるといわれている（北居・出口，2003）。第一に，組織文化を共有することで組織内のマネジメントが容

易になる。第二に，「暗黙の了解」があるために組織内の情報伝達がスムーズになる。第三に，組織が共有する目標や理念によりメンバーの動機付けが行われる。第四に，組織とメンバーの行動が首尾一貫していることで組織の信用が高まる。そして，企業の繁栄に望ましい文化には共通点があるとするワン・ベスト・ウェイ理論と，条件によりベスト・ウェイは変わるとする条件適合理論という異なる考え方がある。

（2）企業文化の形成とリーダーシップ

　企業文化についてよく引用されるシャイン（2004）の論説を紹介する。彼は，すでに形成された企業文化は階層的であり，文物（レベル1），標榜されている価値観（レベル2），共有された暗黙の仮定（レベル3）という段階を想定する。従業員は企業文化の背後に潜む基本的仮定をもとに行動するから，「ここでのやり方（the way we do things around here）」が形成されると説く。つまり彼の文化の定義は，観察される行動や意思決定そのものではなく，その下にある価値観や暗黙の仮定から発生する特徴や癖なのである。以下にシャインの考え方を紹介しよう。

　シャイン（2004）は架空の企業，アクション社，マルチ社を例に，文化を解読するためには多層的な要素の理解を解説した（表15-2）。アクション社にはドアや仕切りが少なく，社員はカジュアルな服装で働き，活気があり，物事のテンポが速い。一方，マルチ社のオフィスではドアは閉ざされ，きちんとした服装をした人々が静かに仕事をしており，時間をかけて物事が進められている。両社の企業文化を知るためには，こうした表面的な観察だけでは不十分であるという。このレベルの下にある価値観がチームワーク重視なのか深慮重視なのか，共有された暗黙の仮定が，従業員間の議論重視なのか，経営者が立案の効率的な実行を重視するのかということを理解しなければ，真の理解とはいえないと説か

第 15 章　組織と文化 | **253**

表 15 - 2　文化のレベル

	アクション社	マルチ社
【レベル 1】 文物（人工物）	開放的なオフィス空間。カジュアルな服装。賑やか。テンポが速い。	閉鎖的なオフィス空間。フォーマルな服装。静寂。時間をかけて物事が進められる。
【レベル 2】 標榜されている 価値観	チームワークを大切にするため，コミュニケーションをとりやすくしている。	慎重に考えて良い決断を下すことが重要である。そのための環境に配慮している。
【レベル 3】 共有された暗黙 の仮定	議論を尽くした決定がよい。そう考えた創業者の考えの影響。	アイディアを効率よく実施できる規律の厳しい組織がよい。創業者は精密な製造工程に特許権を持つ科学者だった。
	各社の創業者に共感する人々が引き付けられ，両社は市場で生き残り（成功体験），創業以来の価値観が維持された。	

(出典) シャイン (2004) 第 2 章の記述から筆者作成。

れている。では，共有された暗黙の仮定はどのように形成されるのであろうか。表 15 - 2 最下段にあるように，まず創業者の意思があり，共鳴する社員が集まってくる。そして，創業者のやり方が的外れではないから市場競争で生き残り，その成功体験から創業以来のやり方を変えず，次第に暗黙の文化として継承されていく。したがって創業者（および，その後のリーダーたち）の影響が文化を形成する鍵となると考えられる。

　企業文化は市場での生き残り競争に重要な役割を果たすので，その管理（文化の創造，維持，必要な場合の破壊）は重要である。今日では，ビジネス環境の変化が激しいため，組織の慣性が経営にマイナスの影響

を与えてしまうこともあろう。そのような場合に文化を破壊することも含めて，企業文化の管理はリーダーの使命であると考えられている（シャイン，2004）。これには異なる考え方もあり，最高経営幹部によるトップダウンのリーダーシップが唯一絶対ではなく，企業内でそれなりの責任を持つマネジャーたちが，企業文化と一致するビジネスミッションを策定したり，ビジネスミッションに適合するように企業文化を変化させたりするということも必要（たとえば，トロンペナールス＝ウーリアムズ，2005）と指摘されている。

　最後に付け加えると，前述のような一つの全社文化（organizational total-culture）の研究が多くみられるが，視点をマクロからミクロに移すと，部門別，階層別の下位文化（sub-culture）も存在し（咲川，1997），この分野の研究もなされている。

4．組織文化と社会文化

　国際経営を考える上で，企業文化と社会文化の関連を整理することは重要である。企業文化を形成する内部的要素には，組織の経営者や創設者による理念や行動，過去の成功体験，神話・武勇伝，儀式・儀礼，人事諸制度などが挙げられるが，法律，社会制度，習慣，風土，社会文化などの企業外の社会的要素も密接に関わっている（北居・出口，2003）。企業文化よりも広い範囲を指す組織文化と国家レベルの社会文化に関して，ホフステード（1995）は次元の異なる現象であると結論づけている。図15−4に示されるように，国家による差異が大きいのは価値観で，勤務する組織による差異が大きいのは慣行である。同様に，トロンペナールス＝ウーリアムズ（2005）も組織内で仕事上，共有する「方法」は国や国民性の違いに支配されないと述べている。

　ホフステード（1984）は，1967〜73年に40か国のIBMにおいて，

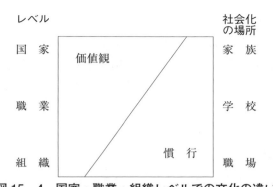

図 15-4　国家・職業・組織レベルでの文化の違い
(出典) ホフステード, G. (岩井紀子・岩井八郎訳)『多文化世界：違いを学ぶ共存への道を探る』有斐閣, 1995年。

営業部門, 管理部門に勤務する11万人以上に対する調査を実施した (後に, 10か国と3地域が加えられた)。同一企業において以下の4つの指標が, いかに国別に異なるかが研究された。研究結果は, これらの指標は国ごとに明らかに差異があり, IBMという多国籍企業内における国別の文化により差異があるということが示された。

① 階層内で受容される権力格差の程度
② 個人主義─集団主義の程度
③ 仕事の方法, 結果に対する不確実性の回避度
④ 仕事に付随する価値の男性度・女性度 (給与・承認・昇進・やりがいに対する欲求を男性的価値, 上司・同僚・居住地・雇用保障に重きを置くことを女性的価値など, いくつかの指標により定義される)。

この調査を踏まえて, 高橋 (1997) は図15-5と同様の分析軸 (①権力格差指標, ③不確実性回避指標) に焦点を当て, 日本の大手電気メー

カー3社（F社, N社, T社）を調査した。その結果, 図15-6のように3社は近接しているが, 日本IBMは乖離した位置にあることが明らかにされ, 日本企業3社に共通する特徴があると論じられた。

前述のように, 組織文化と社会文化が次元の異なる現象であると考え

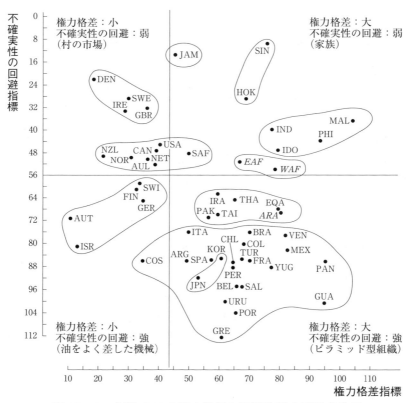

図15-5　各国IBMの権力格差と不確実性の回避の次元
（注）日本はJPN, アメリカはUSAと記されている。
（出典）ホフステード, G.（岩井紀子・岩井八郎訳）『多文化世界：違いを学ぶ共存への道を探る』有斐閣, 1995年, p.150。

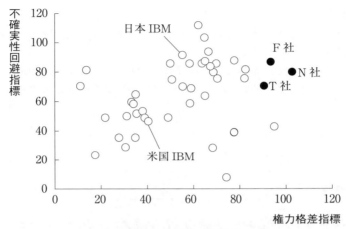

図 15-6 日本 IBM と日系電気メーカー

(Hofstede〔1980, Figures 7.2〕を簡略化したうえに日本企業 3 社〔F 社，N 社，T 社〕を重ねてプロットしたもの)
(出典) 髙橋伸夫「組織文化と日本的経営」，髙橋伸夫編著『組織文化の経営学』第 1 章，中央経済社，1997 年。

れば，「多くの国に支社を持つ一つの企業」と「一つの国にある複数の企業」の研究は同等に意義深く，ホフステード（1984）と髙橋（1997）の調査結果が矛盾しているとはいえない。「多くの国に支社を持つ一つの企業」の中で，社会文化による差異が見られるのは納得できる。同時に，その多国籍企業には独自の組織文化というものがあり，純粋なローカルの会社とは異なる特徴が観察されることも理解できるからである。

《学習課題》

1. あなたが経験した異文化体験について，教材に示した視点から振り返ってください。

2. 日常生活の中で，企業文化が生産性に関わっていると思う例を考えてみましょう。たとえば消費者の立場から何らかの意見があるはずです。

参考文献

本章は吉森賢・原田順子（2009）『国際経営』（放送大学教育振興会）の原田順子「第5章 組織と文化」を基に加筆修正したものである。

・アドラー，N. J.（1996）『異文化組織のマネジメント』セントラル・プレス。
・外務省（2024）『在留邦人数調査統計』＜https://www.mofa.go.jp/mofaj/toko/tokei/hojin/index.html＞（2024 年 5 月 6 日最終閲覧）。
・北居明・出口将人（2003）「経営戦略と組織文化」加護野忠男編著『現代経営学講座 6：企業の戦略』第 4 章，八千代出版。
・クルイヴァー，C. A.，ピアース II 世，J. A.（2004）『戦略とは何か：ストラテジック・マネジメントの実践』東洋経済新報社。
・経済産業省（2023）「海外事業活動基本調査」2021 年度実績（2022 年 7 月調査）＜https://www.meti.go.jp/statistics/tyo/kaigaizi/index.html＞（2024 年 5 月 6 日最終閲覧）。
・厚生労働省（2024）『「外国人雇用状況」の届出状況』＜https://www.mhlw.go.jp/stf/newpage_37084.html＞（2024 年 5 月 6 日最終閲覧）。
・シャイン，E. H.（2004）『企業文化：生き残りの指針』金井壽宏監訳，白桃書房。
・トロンペナールス，F.，ウーリアムズ，P.（2005）『異文化間のビジネス戦略：多様性のビジネスマネジメント』白桃書房。
・プラハラード，C. K.，ハメル，G.（1990）「コア競争力の発見と開発」ダイヤモン

ド・ハーバード・ビジネス，9月号。
- ホフステード，G.（1984）『経営文化の国際比較：多国籍企業の中の国民性』産業能率大学出版部。
- ホフステード，G.（1995）『多文化世界：違いを学ぶ共存への道を探る』有斐閣。
- ボールドウィン，R.（2018）『世界経済 大いなる収斂：IT がもたらす新次元のグローバリゼーション』日経BP。

索 引

●配列は五十音順，＊は人名を示す。

●あ 行

アークライト＊　47
アービトラージ　227
相手先ブランドによる生産　26, 31, 33
アウトプット　82
悪意　90
悪事　89
アジア・アフリカ諸国　51
味の素　113
アシュトン＊　46, 47, 55
預け入れの利子　29
アダム・スミス＊ →スミス＊
アップル　42
アパレル・メーカー　33
アマゾン　42
アメリカ　24, 51
　アメリカ公民権運動　45
　アメリカ国内金利　209
アライアンス　35
　アライアンス構築　139
アリソン＊　58
アルファベット　42
ある変化のルール　206
アンゾフ＊　86
暗黙の協調　67
暗黙の前提　89
暗黙知　78, 80, 81, 82, 84, 89, 90
　暗黙知の形式知化　85
　暗黙知の次元　80
飯田＊　47, 48, 56
域内関税　53
域内共通通貨　53
イギリスの産業革命　47
囲碁　76, 77

意思決定　134, 179
　意思決定機関　112
　意思決定権　111
　意思決定権限のあり方　112
イスラエル　72
イスラム教徒　74
イスラム原理主義　58
異説　41
イ・セドル＊　76
イタリア共産党　133
一党独裁　51, 52
移転価格税制　153
猪木＊　81
イノベーション　54, 132
　イノベーションの進化　54
異文化シナジー効果　249
違法行為　89
意味　78, 79
　意味の体系　79
移民制限政策　137
医薬品開発　84
伊予銀行　68
インカム・アプローチ　107, 116, 117
インカム・ゲイン　23, 29
インターナショナル　127, 129, 130, 134, 138
　インターナショナル組織　130
　インターナショナル・ビジネス　127, 128
インターネット　54, 139
　インターネット中継サイト　77
インターバンク市場　229
インプット　82
ウィルキンス＊　38

ウィンド＝ダグラス＝パールミュッ
　ター　134
ウォン　212
ウクライナ　53, 59, 73
　ウクライナ侵攻　40
嘘　87, 88, 89, 90
　嘘をついた　90
　嘘をつく　88
内向き志向　140
宇野＊　42, 48, 56
売上原価　24
エア・カナダ　34
営業権　53
営業費用　122
影響力　135
エーザイ　84
液化天然ガス　45
エコノミスト誌　199
エシカル消費　241
エシカル商品　242
エスノセントリズム　132, 134
越後＊　50, 56
エンゲルス＊　50
怨恨　74
エンジニアの移動　185
エンジニアリング企業　33
円高　125, 195, 196, 197, 198, 209, 210, 211,
　212
　円高ドル安　35, 198, 201, 205, 209
円ドル
　円ドル為替相場　208
　円ドル為替レート　195, 200
　円ドル為替レート予測値　211
　円ドル相場の幅　208
　円ドルレート　212
　円ドルレートの理論値　204

円の価値　196
円への需要　209
円安　195, 196, 209, 210, 211
　円安ドル高　198
円ユーロレート　212
欧州連合　203
大株主　111, 115
オーバーシューティング　195, 205, 208,
　210
オープン・モジュール化　163
小澤＊　50, 56
オフショア市場　228, 229, 230
オランダ　24
オリエンタルランド　31
音符　85

●か　行

カートライト＊　48
外貨　196, 197
海外現地法人　107
海外子会社　28
海外駐在　197
海外直接投資　28
海外投資　52
海外旅行　196, 197
会計処理　123
外国株式市場　225
外国為替　25
　外国為替業務　36
　外国為替市場　203, 211
　外国為替相場　201
　外国為替レート　195, 196, 197, 202, 204,
　211
　外国為替レートの決定理論　211
外国企業のM&A（合併・買収）　197
外国市場参入戦略　211

外国通貨　196, 197, 204
外国への往来禁止　140
会社ぐるみの不法な活動　89
会社法　112
改善　134
買い付け　115
解任　111
開発途上国　139
乖離率　201, 211
顔の認識　81
核戦争　59
核の無政府状態　58, 59
核による最終戦争　58
核兵器　59
　核兵器国　60
　核兵器の保有国　59
　核兵器不拡散条約　60
核保有国　59
確率　206, 207, 208, 210
　確率的な考え方　207
隠れた債務　119
過小評価　202
合併　107, 110, 114
　合併・買収　32, 35
家電メーカー　131
過度な依存　141
金型設計　85
株　210
株価の変動　212
株式　115, 116, 124
株式会社　110
　株式会社法　23
　株式交換　114
　株式市場　114
　株式資本　124
　株式の買い付け　115

株式の売却益　28, 29
株主　73, 111
　株主総会　32, 107, 111, 112, 114
カラ売り　210
ガルリ・カスパノフ*　76
為替相場　208, 209
為替レート　58, 69, 195, 196, 198, 201, 202, 203, 204, 210
　為替レート水準　204
　為替レートの過大評価　202
　為替レートの決定理論　202
　為替レートの変化の方向性　205
　為替レートの変化　207
　為替レートの変動　212
　為替レート変動　203
感覚への自覚　85
環境の不確実性　83, 84
監査法人トーマツ　78
完全所有　32
環太平洋戦略的経済連携協定　28
カンボジア　53
管理職　132
管理論　26
関連会社　114
関連多角化　107, 113
官僚的態度　134
記憶　80
機会の窓　162
機関　112
機関投資家　219
企業
　企業価値　116
　企業化調査　120
　企業規模　107
　企業経営の歴史　120
　企業戦略　54

企業組織　138
企業統治　223
企業内貿易　28
企業の戦略　40
企業文化　251
起業　26
　起業形態　139
議決権　110, 111, 114
気候変動　58
記号論　79
技術　30, 197
　技術移転　37, 69
　技術ギャップ　161
　技術供与　30
　技術選択　190
　技術・ノウハウ　170
　技術能力　183
　技術の蓄積　54
　技術の積み上げ　54
気象庁　90
規則性　206
期待　208, 209
　期待収益率　216
北大西洋条約機構　51
北朝鮮　51
技能　80
　技能形成　81
規模の経済性　148
客観的知識　81, 82
キャッシュフロー計算書　23
キャッチアップ　146
　キャッチアップ・プロセス　139
キャピタル・ゲイン　23, 29, 124
キャピタル・ロス　124
ギャラハー＝ロビンソン＊　43
キャロンの製鉄所　47

嗅覚　80
急激な変化　210
牛丼チェーン店　198
教育コスト　134
恐慌　48, 50
共産主義　51
共産党　133
強制収容所　51
共通の利害　67
共同運航便　35
共同化　82, 83, 86
共同コミュニケ　140
恐怖政治　60
協力関係　139
虚偽　89, 90
極洋　24
キリン　125
銀行倒産　49
キンドルバーガー＊　50, 56
金融化　146
金融寡頭制　48
金融恐慌　49
金融資本　48
金融商品取引法　23, 115
金融庁　24
金利　58, 69, 203, 204, 205, 209
　金利格差　204
　金利水準の格差　209
　金利水準の変化　210
　金利の格差　205
　金利平価　195, 205, 207
クーク＊　49
グーグル　42
クーデター　70
朽木　38
クックパッド　111

クラスター　86
クラフツ＊　47, 48
グリーンフィールド・インベストメント
　71, 107, 197
グローカル　131
グローバリズム　40, 42, 45, 51, 52, 126,
　128, 140
グローバリゼーション　142
　グローバリゼーションの終焉　137
グローバル　127, 128, 129, 134, 138
　グローバル化　140
　グローバル志向性　129, 130, 131
　グローバル組織　130
　グローバル・タレント・マネジメン
　ト　100, 103
　グローバルテロ　58
　グローバルな視野　129
　グローバル・ビジネス　127, 128
クロスボーダー M&A　118, 126
クロンプトン＊　47
軍国主義　40, 50
軍事対立　51
軍事による海外領土獲得　50
君主制　44
ケイ＊　47
経営　79
　経営学　26, 61, 78, 89
　経営管理　78
　経営権　108
　経営資源の活用　175
　経営者　73
　経営者の資質　120
　経営成果　111, 112, 122
　経営責任　114
　経営戦略　78, 89, 114
　経営戦略論　26

経営組織　78, 136
　経営の進化　136
　経営リスク低減のための行動　141
　経営リスクの回避　141
　経営理論　82
計画経済　139
計画立案　132
景気循環　48
経験　81, 82
経済学　89
経済活動　211
経済恐慌　50
経済共同体　53
経済制裁　59, 140
経済政策　40, 54
経済的恩恵　68
経済的な恩恵　68, 69
経済的強靭性　140
経済的相互依存度　142
経済の自由化　139
経済の進化プロセス　81
経済犯罪　89
経済連携協定　18
形式知　78, 81, 82, 85, 86, 89
携帯電話機　141
契約　197, 198
　契約内容　197
ゲーム理論　67
決意　134
権威主義　73
幻覚　91
減価償却　107, 118
元気寿司　25
権限　135
言語　79
言語データ　88

現実値　201, 211
原始的蓄積　43
減損処理　123
減損損失　107, 122, 123
　減損損失の処理　123
ケンタッキー・フライドチキン指数　212
現地生産　28
現地通貨　198
現地適応　133
　現地適応度　129, 130, 131
現地統括本部　125
現地マネージャーの活用　133
限定された合理性　86
原綿の輸入　36
小池*　81
公開買付け　115
公共財　64
公共心　64
航空機自爆テロ事件　67
航空旅客輸送　128
航空路線のアライアンス　138
鉱山開発　54
工場（プラント，plant）　32
　工場閉鎖　60
香辛料貿易　43
公定歩合　205, 209
更迭　111
行動経済学　211
行動特性　211
行動パターンの集積　40
行動ファイナンス　211
購買力　199, 203
購買力平価　195, 198, 199, 200, 201, 202,
　203, 204, 206, 207, 212
　購買力平価指標　212
　購買力平価の理論　202, 203

購買力平価理論　203
　購買力平価理論の限界　203
後発性の不利益　161
後発性の利益　159
合弁　110
　合弁事業　32, 107
コード・シェア便　139
コーポレート・ガバナンス　26, 107, 112,
　223
子会社　114
コカコーラ指数　212
国営企業　139
国際 M&A　113
国際的な M&A　114
国際化　26
国際共産主義運動　133
国際金融市場の混乱　50
国際金融センター　50
国際経営　23, 128, 132, 133, 137
　国際経営戦略　26
国際経済論　27
国際合弁事業　23, 27, 31, 37
国際収支マニュアル　28
国際政治　134
国際石油取引　53
国際線の旅客輸送　143
国際通貨基金　28
国際独占体　48
国際貿易　27
　国際貿易論　37
国内金利引き上げ　209
国内の言論弾圧　50
国民社会主義ドイツ労働者党　51
穀物法撤廃　48
個人株主　114
個人の意志　40

個人の知的活動　86

コスト　132, 134

　　コスト・アプローチ　107, 116, 118

　　コスト競争力　183

国家社会主義（ナチズム）　50, 51

国家主権　52

国家独占資本主義　43

国家独占的交易　44

国家ファシスト党　50

固定資産　123

　　固定資産の回収可能価額　123

コニカミノルタ　78

コペルニクス理論　133

コミュニケーション　132, 134

固有性　86

雇用制度　120

コラボ（collaboration, 共同制作の略）　34

コロンブス*　43, 46, 56

コンセンサス　134

コンソーシアム　72

コントロール　127

コンピュータ言語　81

コンピュータ・システム設計　139

●さ　行

サービス　81

　　サービス産業　27

　　サービス貿易　27, 36

　　サービス料金　203

在外子会社の設立　197

最高議決機関　111

最高経営責任者　136

再就職　134

再生可能エネルギー　45, 54

裁定取引　227

財の可動性　37

財務　26

　　財務管理　78

　　財務諸表　23

　　財務担当役員　69

　　財務データ　120

　　財務報告　135

サイモン*　86

詐欺　89

さくら銀行　108

殺戮　67

佐藤天彦*　76

サプライチェーン　141

サムスン電子　181

産業革命　40, 42, 43, 44, 46, 47, 48

産業基盤　54

産業クラスター　93, 94, 96

産業集積地域　86

産業政策　171

産業立地　93

産出　82

参入形態　23, 107

参入戦略　195

三洋電機　108, 126

サンヨー　108

ジェイ・クーク・アンド・カンパニー　49

ジェトロ　72

ジェニー紡績機　47

ジェネリック　113

シェリング*　67

私怨　74

シェンゲン協定　53

ジオセントリズム　132, 133, 134, 136, 137

時価総額　219

時間管理能力　177

時間を買う　112

資金調達　214, 217, 228

資金調達能力　188
資源　81
　資源の有効活用　134
自己革新的組織　82
自己犠牲　66
自己資本　215, 216
自国通貨　197
資産価格　203
資産価値　122
　資産価値の減価分　124
資産の売却益　124
資産の売却損　124
資産の売買差益　29
資産の部　123
自然言語　81, 86
事前の知識レベル　84
思想的恩恵　68
十進法　79
支店　28
自動運転　45, 54
自動車産業　54
自動車の設計過程　82
自動パン焼き機　82
シナジー効果　107, 113
地主階級の利益　48
資本コスト　216
資本主義　40, 48, 50, 51, 54
　資本主義国家　51
　資本主義第三世代　54
　資本主義的な生産システム　52
　資本主義の危機　50
　資本主義の進化　41, 55
　資本主義の進化過程　42
　資本主義の世代　54
　資本主義の全般的危機　50
　資本主義の第一世代　54

資本主義の第三世代　48
資本主義の第七世代　40
資本主義の歴史的な進化形態　41
資本主義列強諸国　48
資本輸出　48, 49, 51
シャープ　109
シャイン＊　252
社会主義　50
　社会主義国家　51
社会制度　40, 42
社会的指標　237
社会党政権　51
社会文化　254
ジャクソン＊　48
社債　216, 228, 230
借金　210
社名ブランド　109, 113
重化学工業　54
宗教　66
集合戦略　87
　集合戦略の選択　87
集合知　78, 87
　集合知の創造　87
　集合知のパターン　87
　集合知マネジメント　78
　集合知予測　211
自由主義　42, 43, 48
　自由主義経済　51
自由貿易　43
　自由貿易請願　48
　自由貿易帝国主義　43
重商主義　42, 44, 46
集団　87
集団心理学　61
集団による知識の創造　86
集中・集積　48

集中的な投資　133
主観的な意思　90
主観的な意図　142
出資比率　31, 32, 37, 111, 114
出張のコスト　134
需要　210
ジョイント・ベンチャー　109
将棋　77
　将棋 AI　76, 77
蒸気機関　54
証券市場　115
証券取引所　49
証拠（evidence）　41
商社　36
少数者（マイノリティ）　69
商船三井　128
譲渡　60
消費者物価　202
　消費者物価指数　199, 203
商標権　118
商品　210
　商品開発　133
情報管理　78
情報共有　180
情報システム　42, 139
情報の取引　139
植民地　52, 132
　植民地化　46
　植民地獲得　44
　植民地経営　132
　植民地再分割　44
　植民地支配　51
　植民地政策　46
触覚　80
ジョン・D・ロックフェラー*　130
シリコンバレー　186

新型コロナウイルス感染拡大　53, 140
新規事業　113
　新規事業開発　26, 112, 113
新興国　139
人工知能（AI）　54, 76, 78
　人工知能チャットボット　77
人事　26
真実　89, 90
　真実と虚偽　89
信者　64, 65
新製品の導入　138
人的資源　134
　人的資源管理　78
　人的資源の質　120
真と偽　89
人民元　201, 202, 212
　人民元の為替レート　201
信用リスク　58
信頼感　114
進路予測　90
スイスフラン　202
垂直立ち上げ　139
酔歩　205
水力紡績機　47
数学　85
スカンジナビア航空　34
スコットランドにおける産業革命　47
スシロー　25
鈴木*　48
鈴木・清水・鎌田*　56
スターアライアンス　34
スターバックス指数　212
スターリン*　133
スタンダード・オイル　130
スマート・シティ　45, 54
スマートフォン　141

スミス* 27, 43, 47, 56
住友銀行 108
生産 26
　生産管理 78, 87
　生産管理能力 185
　生産能力 188
政治 69
　政治共同体 53
　政治的権力 52
　政治的・社会的な反動 132
　政治的腐敗 48
　政治リスク 69, 70
生成 AI 77, 89
製造業企業 211
製造子会社 28
製造プロセスの効率性 120
製品の可動性 31, 32
製品の組み立て 141
製品の設計 141
製品ブランド名 109
生物学の進化論 136
世界同時販売 139
世界の分割 48
石油化学プラント 33
石油産業 54
世代 41, 42
設計能力 176
絶対王政 42
接頭辞 127, 133, 140
設備投資能力 184
ゼネラル・エレクトリック 131
善意 90
繊維産業 54
戦間期 40, 42, 44, 50
全球化 128
選好 204

センサー技術 54
戦争 70, 73
　戦争と革命 40
全体主義 73
全日空 34
全日本空輸 128
船舶貨物輸送 128
専門的知識 90
戦略的提携 27, 34, 37
戦略論 26
送金 197
相互依存度 142
総合商社 25, 28, 35, 36, 143
総合的な能力 177
相互確証破壊 59
宗主国 52, 132
相乗効果 113
組織 76, 87
　組織運営 138
　組織的誘導 89
　組織による意思決定 86
　組織能力 179
　組織文化 254
　組織論 26, 61
租税回避 152
ソニー 125
ソビエト社会主義共和国連邦（ソ連） 51,
　　128, 133
ソフトウェア 118
ソ連 51
　ソ連の解体 52
　ソ連崩壊 45
損益計算書 23, 121, 124
損害保険 37
　損害保険会社 36

●た　行

ターン・キー契約　33
タイ　24
第一三共　113, 125
第一次産業　27
第一次世界大戦　44, 50
対外間接投資　28
対外証券投資　28, 29
対外直接投資　23, 28, 37, 46, 52, 107, 139, 197, 211
大恐慌　49
タイ国際航空　34
第五世代資本主義　46
貸借対照表　23, 120, 121, 123, 214
大水　25
対中国直接投資　52
大東亜共栄圏　50
対内直接投資　23, 28
第七世代資本主義　53
第二次近衛内閣　50
第二次産業　27
第二次世界大戦　44
　　第二次世界大戦後　52
太陽光発電　45
太陽光・風力・波力　54
太陽中心説　133
大容量蓄電池　54
第四世代資本主義・戦間期　51
第四世代の戦間期　50
第六世代資本主義　52, 54
対ロシア直接投資　52
対話型人工知能　77
多角化　26
多義性　79
多極主義　133
竹内*　82, 83

武田薬品工業　125
多国籍企業　23, 37, 52, 53, 58, 69, 70, 76, 107, 127, 131, 133, 134, 135, 137, 138, 139, 141, 195, 197
多数の個人　85
ダッカ　73
脱グローバル化　137, 140
脱相互依存　140
田中*　47, 56
他人資本　215, 216
断続説　47
弾道ミサイル　60
地域経済統合　45, 52
地域中心主義　134
地域統括本部　125
チェス　76, 77
地下資源　129
地下鉄運営システム　142
地球中心主義　133
知識
　知識管理　78
　知識創造　85, 87
　知識創造（の）スパイラル　83, 89
　知識創造の理論　82, 87
　知識創造理論　82, 83, 85, 89
　知識の方向性　87
　知識レベル　85
地代　29
知的財産権　149
地動説　133
チャット・ジーピーティー　77
中央魚類　25
中央銀行　205, 209
中央集権的な意思決定　130
中華民国　52
中国　45, 52

中国リスク　141
聴覚　80
朝鮮民主主義人民共和国　51
超長期　202, 203
懲罰　66, 67
重複のコスト　133
帳簿価額　123
直接投資　26, 28, 33, 137, 197
著作権　30
千代田火災海上保険　68
賃貸収入　117
賃貸料　29
追加的な投資　197
通貨　210
通貨価値　211
　通貨価値の交換比率　199
　通貨価値の変動　211
通貨安　202
通商政策　151
通信規格　166
通説　41
築地魚市場　25
ディープラーニングプログラム　76
定義できない知識　81
ディグローバリゼーション　40, 42, 45, 53,
　127, 137, 140, 142
　ディグローバリゼーションの時代　72
帝国主義　40, 43, 44, 48
　帝国主義的侵略　43
　帝国主義の基本的特徴　48
ディズニーランド本社　31
帝政ロシア　48
デカップリング　127, 140, 141, 142
適者生存　136
敵対的買収　116
適法な行為　89

哲学　90
鉄鋼業　54
撤退　59, 60, 68
鉄道　54
鉄道建設ブーム　48
鉄道網の敷設　47
デビッド・リカード*→リカード*
デモ　70
手元資金　124
デュー・ディリジェンス　71, 72, 107, 118,
　120, 137
デューデリ　120
デリスキング　142
テロ　60, 61, 67
　テロリスト　59, 60, 61, 66, 67, 74
　テロリズム　58, 60, 61, 65, 66, 67
電気自動車　45, 54
転職　132, 134
天動説　133
天然資源　129
天文学　134
トイレタリー製品　130, 131
投機　209, 210, 211
同期化　139
東京海上日動火災保険　36, 37
東京銀行　36
東京ディズニーランド　31
統合型の組織形態　187
東西ベルリンの壁　128
　東西ベルリンの壁崩壊　45
東西冷戦　51, 52
投資受入国　137
投資行動　209
東条内閣　50
鄧小平*　52
東南アジア諸国連合　53

投入　81, 82
特殊詐欺事件　89
独占体の形成　48
独占的大企業　52
特別決議　110
特別損失　122, 124,
独立国家共同体　52
特許　30, 120, 150
　特許権　118
ドネツク人民共和国　53
飛び杼　47
トヨタ自動車　60
トヨタ生産システム　45
トランスナショナル　127, 129, 134, 137,
　138
　トランスナショナル組織　131, 136
トリアッティ*　133
取締役会　112
ドルベース　212
奴隷解放宣言　36
奴隷貿易　40, 43, 44, 46, 51
ドローン輸送　45

●な　行
内戦　70, 73
内部成長　113
内面化　82, 83, 85, 86
長崎大学核兵器廃絶研究センター　59
ナスダック市場　222, 223, 226
ナチズム　51
ナッシュ均衡　67
南海泡沫事件　43
南巡講話　52
南方共同市場　53
南北戦争　36
二項分布　208

2国間の貿易交渉　202
二進法　79
日米間の金利格差　209
日米半導体協定　171
日経円ダービー　211
日産自動車　60, 109
日中戦争　44
日本板硝子　125
日本円　196
日本銀行　209
日本経済新聞　124
日本航空　128
日本国内の金利　209
日本たばこ産業（JT）　60, 125
日本貿易振興機構　69, 72
日本郵船　36, 128
人間行動の特性　211
認識　80
ネット・ビジネス　54
ネットワーク　42
　ネットワーク形成　42
　ネットワーク効果　148
ネルソン＝ウィンター*　81
ノウハウ　30, 80, 120, 197
　ノウハウの移転　132
農林水産省　77
野中*　82
　野中・竹内*　82, 83, 85
のれん　107, 120

●は　行
ハーグリーヴズ*　47
パース*　79
バートレット＝ゴシャール*　129, 130,
　131, 134, 136
バーノン*　138

パールミュッター* 131, 132, 133, 134,
  136
ハーレイ* 48
売却 210
買収 107, 108, 114, 116
  買収価格 120
  買収金額 116, 125
  買収金額の算定 116
配当 29, 197
  配当金額 197
ハイルブローナー* 43, 56
覇権 50
パナソニック 82, 108, 113
ハマスによるテロ 45
範囲の経済性 149
バングラディシュ 73
犯罪心理学 89
帆船 54
パンデミック 53
半導体 141
販売管理 78
販売代理店 28
ビジネス・エコシステム 41
ビジネス・プラットフォーム 42
ビジネス・モデル 42, 136, 138, 139
ビジネス・ユニット制 178
ビックマック指数 195, 199
ヒットラー* 50
非貿易財 203
百五銀行 68
表出化 82, 83, 86
平等主義 110
ヒルファディング* 50
品質 134
  品質管理 120
ファイナンス 78, 87

ファウンダリ 169
ファシズム 44
フィージビリティ・スタディ 58, 71, 120
フィードバック効果 148
フィリップス 130, 131
プーチン* 53
風力発電 45
フェアトレード 241
フェースブック 42
フォーカル・ポイント 58, 66, 67
フォード自動車 130
複数国中心主義 133
富士フィルム 113
2つの世界大戦 50
普通決議 110, 111, 114
物価水準 203
物的資産の価値 120
部品供給網の混乱 140
部品の調達 141
部分的無知 86
ブラウン運動 205
プラザ合意 13, 15
プラットフォーム 167
フランチャイズ・ビジネス 198
ブランド 30, 31
プラント建設 54
プラント輸出 23, 27, 31, 32, 33, 37
ブランドの認知度 33
ブランド・マネジメント 37
ブリヂストン 60, 125
ブレグジット 45
ブレトン・ウッズ 13
  ブレトン・ウッズ体制 14
プログラミング 81
  プログラミング言語 81
プロジェクト・マネージャー 180

プロジェクト・マネジメント　138, 139
プロダクト・サイクルの短縮化　139
プロダクト・サイクル理論　138, 139
分業　43
文章　85
　文章化　88
分析目的の設定　41
分断　140, 141
平行開発　189
米国預託証券　226
米ソ冷戦　45, 59
米中貿易摩擦　45
ベトナム　24, 53
ベルリンの壁崩壊　52
ベンチャー企業　138
ベンチャー精神　36
ヘンリー・フォード*　130
ペンローズ*　81, 82, 126
ホイットニー*　48
貿易（trade）　23, 27, 36, 37, 203
　貿易の発展段階　139
　貿易論　27, 37
法人格　28
報復攻撃　59
法律学　89
飽和　138
ポーター*　94, 95
ボードゲーム　77
ボーン・グローバル　138, 139
保護貿易主義　48
ポッパー*　41, 56
ホフステード*　254
洞口*　38, 52, 56
ポランニー*　80, 86
ボリシェビキ*　48
ポリセントリズム　127, 132, 133, 134, 135

ホンダ　82
本当のこと　89, 90
ホンハイ　109
鴻海精密工業　109

●ま　行
マーケット・アプローチ　107, 116, 117, 118
マーケット・バスケット方式　199
マーケティング　78, 87
マイクロソフト　42
マイノリティ　69
マイレージ・プログラム　35
マキアヴェッリ*　46, 56
マクドナルド　53, 199
マサイアス*　47
松下電器産業　125, 131
マッソン*　49
マツダ　60
マネジメント　195
マルクス*　43, 50, 57
マルティナショナル　138
マルチ・ドメスティック　131, 133
マルティナショナル　127, 129, 130, 131, 134, 138
　マルティナショナル組織　130, 131, 133
味覚　80
ミシシッピ・バブル　43
未上場企業　116
三井住友銀行　108
三井物産　35
三菱地所　125
三菱自動車　109
三菱商事　35
三菱UFJ銀行　36, 37
未払いの税金　119

ミャンマー　53
ミュール紡績機　48
民主主義　45, 73
民俗学　132, 134
民族中心主義　132
無形資産　118
　　無形資産の償却費　118
無作為標本抽出　208
ムッソリーニ*　50
明治維新　36
メタ　42
毛利*　43, 57
文字　79
モンゴル国　52
モンゴル人民共和国　52

●や　行
安田火災海上保険　68
有価証券評価損　123
有価証券報告書　23, 24, 124
有形資産の減価償却　118
友好的な買収　116
ユーロ　53, 203
　　ユーロ・ダラー　228, 229
　　ユーロ通貨圏　203
輸出拠点　28
輸出品目　202
ユダヤ人　51
ユナイテッド航空　34
ユニオン信託会社　49
ユニバーサル・ピクチャーズ　113
ユニリーバ　130, 131
預金　204, 205, 209
横浜正金銀行　36
予算　114
予想　210

予測　90, 195, 203, 204, 205, 207, 209, 211
　　予測値　211
　　予測不可能な進化形態　80

●ら　行
ライセンサー　30, 197, 198
ライセンシー　30, 197
ライセンシング　23, 26, 30, 37
　　ライセンシング契約　30, 197
　　ライセンシング・フィー（技術利用
　　料）　35
　　ライセンシング料（licensing fee）　30
ラオス　53
楽天　122
　　楽天グループ　123, 124
ラグマン*　136, 137, 138
ランダム　205
ランダムウォーク　195, 205, 206
　　ランダムウォークの理論　208
ランバクシー　125
　　ランバクシー・ラボラトリーズ　113
リージョセントリシズム　127, 134, 136
利益　134
　　利益剰余金　216
リカード*　27
理解力　85
力織機　48
利己主義　61
利己心　66
利己的　61
利子　209
リスク　132, 134
　　リスク・タイプ　69
　　リスク認知　58
　　リスクの平等　110
　　リスク負担能力　189

リスクを回避する行動　142
利他主義　61
利他心　65, 66
利他的　61, 65, 66
　利他的行動　66
　利他的懲罰　58, 60, 61, 66, 67, 68, 73
　利他的懲罰の理論　61, 65, 74
利他の心　64
リチウムイオン電池　45
利得　132
理念形　131, 136, 137
リフト　123
利回り　117
流動性　218, 219
領土　27
　領土分割の完了　48
旅客輸送　128
理論的範疇　89
倫理的消費　241
ルガンスク人民共和国　53
ルクセンブルグ＊　50
ルノー　109
ルフトハンザ・ドイツ航空　34
冷戦期　40, 42, 45, 51
レーニン＊　48, 49, 50, 57
歴史主義　41
歴史認識　41, 48
歴史の発展段階　41
連結売上高　24
連結化　82, 83, 85, 86, 89
連結最終損益　123
連続説　47
連邦準備制度理事会　209
ロイヤリティ・フィー　197, 198
ロイヤルティ（royalty）　30
労働者階級　50

ローカル・ミリュー　98
　ローカル・ミリュー論　97
ロシア　53, 59
　ロシア革命　44, 49, 50
　ロシア事業の撤退　73
ロジスティックス企業　25, 27, 36

●わ　行
ワールドトレードセンター　62, 67, 68
綿繰機　48
割引率　117
ワルシャワ条約機構　51

●アルファベット・数字
ADR（American Depositary Receipt）
　226, 227
AFTA　45, 53
AGC　60
AI　45, 54, 76, 77
ANA　128
arbitrage　227
ASEAN　53
　ASEAN 自由貿易協定　53
Ashton＊　47
Balance of Payments Manual　28
BOT　33
BRICs　139
Bruner＊　57
B／S　121
business ecosystem　41
CAD　85
ChatGPT　77, 78, 87, 88, 89, 90
CIS（Commonwealth of Independent
　States）　52
cold war era　42, 45, 51
collaboration　34

Cooke* 49, 57

COVID-19 45

Crafts* 47, 57

CSR（Corporate Social Responsibility）236

Deep Blue 76

deglobalization 42, 45

DRAM 169

EDINET 24

EPA 18

EPRG フレームワーク 127, 135, 136, 138

EPA／FTA 19

ESG 237, 238, 239, 240

EU 45, 52, 203

European Union 203

EU 離脱 137

evidence 41

FDI（Foreign Direct Investment） 28, 46

F／S 71, 72, 121, 137

FTA 18

G7 45

G7 サミット 140

G7 広島首脳コミュニケ 141

GAFAM 42

GAFA 規制 155

Gallagher* 57

Gallagher and Robinson* 43

GATT 体制 45

GDP 203

GE 131

globalism 42, 45

Harley* 57

Heilbroner* 43

Horaguchi* 57

HRM 78

IMF（International Monetary Fund） 28

imperialism 42, 44, 48, 54

industrial revolution 42, 44, 46

interwar period 42, 44, 50

IRP（interest rate parity） 204

Jackson* 57

JAL 128

Jay Cooke & Co. 49

JETRO 72

JV（Joint Venture） 32, 110

Kindleberger* 50, 57

LNG 45

M&A（mergers and acquisitions） 32, 35, 71, 107, 108, 109, 110, 112, 114, 116, 119, 122, 126, 137

Mathias* 47, 57

MCA 113

mercantilism 42, 44

MERCOSUR 53

Miller* 57

mRNA 54

Musson* 49, 57

NAFTA 45

NATO 51

NPT 60

ODM 164

OEM（Original Equipment Manufacturing） 23, 26, 31, 33, 37, 164

Open AI 77

Operation（運営） 33

P&G 131

P／L 121

plant export 32

PM 180

Ponanza 76

Popper* 41

Robinson* 57

SANYO 108
SCM 127
SDGs 237
SECI モデル 82, 84
sign 79
strategic alliances 37
symbol 79

the great depression 49
TOB 107, 114
Transfer（引き渡し） 33
TSMC 181
TTP（Trans-Pacific Partnership） 28
turnkey agreement 33
1873 年恐慌 49

分担執筆者紹介

吉岡　英美（よしおか・ひでみ）　　・執筆章→9・10・11

1974 年	広島県に生まれる
1997 年	山口大学経済学部卒業
2004 年	京都大学大学院経済学研究科博士後期課程修了（博士（経済学））
現在	熊本大学大学院人文社会科学研究部教授
専攻	韓国経済論，アジア経済論
主な著書	『韓国の工業化と半導体産業―世界市場におけるサムスン電子の発展―』（有斐閣，2010 年）
	『日韓関係史 1965-2015 Ⅱ　経済』（共著，東京大学出版会，2015 年）
	Varieties and Alternatives of Catching-up: Asian Development in the Context of the 21st Century，（共著，Palgrave Macmillan-IDE JETRO，2016）
	『低成長時代を迎えた韓国』（共著，アジア経済研究所，2017 年）
	『日韓経済関係の新たな展開』（共著，アジア経済研究所，2021 年）

（執筆の章順）

篠沢 義勝（しのざわ・よしかつ）

・執筆章 → 13

1962 年	東京に生まれる
1987 年	法政大学社会学部卒業
1996 年	英国ロンドン大学（ロンドン・ビジネス・スクール）修士課程修了（MBA）
2004 年	英国ノッティンガム大学　博士課程修了（経営学）
現在，	一橋大学　大学院経営管理研究科　教授
専攻	企業財務，コーポレート・ガバナンス

主な論文

"The Effect of Organisational Form on Investment Products: an empirical analysis of the UK unit trust industry." *Corporate Governance: An International Review* 15.6（2007）: 1244-1259.（単著）

"Mutual Versus Proprietary Ownership: An Empirical Study From The Uk Unit Trust Industry With A Company-Product Measure." Annals of Public and Cooperative Economics 81.2（2010）: 247-280.（単著）

"The 'Company with Committees': Change or Continuity in Japanese Corporate Governance?." *Journal of Management Studies* 49.1（2012）: 77-101.（共著）

"Determinants of money flows into investment trusts in Japan." *Journal of International Financial Markets, Institutions and Money* 37（2015）: 138-161.（共著）

"Women on corporate boards around the world: Triggers and barriers." *The Leadership Quarterly* 26.6（2015）: 1051-1065.（共著）

"Corporate Debt Mix and Long-term Firm Growth in Japan." *Emerging Markets Finance and Trade* 58.8（2022）: 2139-2152.（共著）

"Financial reporting lag during COVID-19: evidence from flash reporting in Japan." *Asia-Pacific Journal of Accounting & Economics* 31.3（2024）: 320-338.（共著）

編著者紹介

原田　順子（はらだ・じゅんこ）　　・執筆章→1・6・14・15

略歴　　企業勤務を経て，修士号（英 ケンブリッジ大学），博士号（英 リーズ大学）取得
現在　　放送大学教授，PhD
専攻　　経営学，人的資源管理
主な著書　『海からみた産業と日本』（共編著　放送大学教育振興会，2016 年）
　　　　―2017 年度日本港湾協会賞受賞―
　　　　『海からみた産業と日本：海事産業と地球の未来』（共編著　放送大学教育振興会，2022 年）
　　　　―2022 年度日本港湾経済学会（北見俊郎）賞（著書の部）受賞―
　　　　『改訂新版 人的資源管理』（共編著　放送大学教育振興会，2022 年）
　　　　『経営学入門』（共編著　放送大学教育振興会，2024 年）
　　　　など

洞口 治夫（ほらぐち・はるお）

・執筆章 → 2・3・4・5・7・8・12

1959 年	長野県に生まれる
1982 年	法政大学経済学部卒業
1991 年	東京大学大学院経済学研究科博士課程修了（経済学博士）
現在	法政大学経営学部教授
専攻	国際経営論
主な著書	Foreign Direct Investment of Japanese Firms: Investment and Disinvestment in Asia, c. 1970-1989, Academic Research Publication, 2022.
	Collective Knowledge Management: Foundations of International Business in the Age of Intellectual Capitalism, Edward Elgar, 2014.
	Japanese Foreign Direct Investment and the East Asian Industrial System: Case Studies from the Automobile and Electronics Industries, H. Horaguchi and K. Shimokawa eds., Springer, 2002.
	『MBA のナレッジ・マネジメント』（文眞堂，2018 年）
	『集中講義　高校生の経営学』（共編著　文眞堂，2018 年）
	『入門　経営学（第 2 版）』（共著　同友館，2012 年）
	『グローバリズムと日本企業』（東京大学出版会，2002 年）
	—第 9 回国際ビジネス研究学会賞受賞—
	『日本企業の海外直接投資』（東京大学出版会，1992 年）
	—第 35 回日経・経済図書文化賞受賞—

放送大学教材　1539698-1-2511（ラジオ）

企業経営の国際展開

発　行　　2025 年 3 月 20 日　第 1 刷
著　者　　原田順子・洞口治夫
発行所　　一般財団法人　放送大学教育振興会
　　　　　〒 105-0001　東京都港区虎ノ門 1-14-1　郵政福祉琴平ビル
　　　　　電話 03（3502）2750

市販用は放送大学教材と同じ内容です。定価はカバーに表示してあります。
落丁本・乱丁本はお取り替えいたします。

Printed in Japan　ISBN978-4-595-32522-9　C1334